Die Bücherkiepe

Kiepenheuer ist ein charaktervoller Name, mit dem Klang nach der norddeutschen Küste. Hat ein Vorfahre im Hafen die Schiffe bestiegen, mit Körben, ganzen Türmen leerer Körbe, die er den ausfahrenden Fischern abtrat? Aus ihren Netzen schütteten sie nachher das Gewimmel der gefangenen Fische in die Kiepen. Ihr Heuer schätzte die Ware und trug sie zum Markt.

Heinrich Mann

OSCAR WILDE

Die Märchen

Das Gespenst von Canterville

Mit 10 Illustrationen und
Buchschmuck
von Heinrich Vogeler

1989
Gustav Kiepenheuer Verlag
Leipzig und Weimar

Originaltitel: The Happy Prince and other Tales,
A House of Pomegranates, The Canterville Ghost
Aus dem Englischen übertragen von Alice Seiffert
Mit einem Nachwort von Günter Walch,
der auch die Zusammenstellung der Auskünfte besorgte,
und einem Porträt Oscar Wildes

ISBN 3-378-00165-8

Vierte Auflage
Lizenz Nr.: 396/265/86/89 LSV 7321
Gesamtherstellung: Karl-Marx-Werk Pößneck V15/30
Schrift: Times-Antiqua
Einband: Renate Schiwek
Typographie, Vorsatz: Lore Jacobi
Printed in the German Democratic Republic
Bestell-Nr. 788 407 7
00880

DER GLÜCKLICHE PRINZ

H. V.

HOCH über der Stadt stand auf einer schlanken Säule die Statue des glücklichen Prinzen. Er war über und über mit dünnen Blättern feinen Goldes vergoldet, er hatte zwei schimmernde Saphire als Augen, und an seinem Schwertknauf glühte ein großer roter Rubin.

Alle Welt bewunderte ihn sehr. »Er ist so schön wie ein Wetterhahn«, meinte ein Ratsherr, der den Ruf eines Kunstkenners zu erlangen trachtete. »Nur nicht ganz so nützlich«, setzte er hinzu, denn er fürchtete, die Leute könnten ihn für unpraktisch halten, und das war er keineswegs.

»Warum kannst du nicht sein wie der glückliche Prinz?« fragte eine empfindsame Mutter ihren kleinen Jungen, der weinend nach dem Mond verlangte. »Dem glücklichen Prinzen fällt's nun und nimmer ein, nach irgend etwas zu weinen.«

»Ich bin froh, daß es in dieser Welt doch Einen gibt, der vollkommen glücklich ist«, flüsterte ein Enttäuschter vor sich hin, als er zu dem wundervollen Standbild emporschaute.

»Er sieht ganz wie ein Engel aus«, sagten die Waisenkinder, wenn sie in ihren hellen scharlachroten Mänteln und den sauberen weißen Schürzchen aus der Kathedrale kamen.

»Woher wollt ihr das wissen?« fragte der Rechenlehrer. »Ihr habt ja nie einen gesehen.«

»O doch! in unseren Träumen«, antworteten die Kinder; und der Rechenlehrer runzelte die Stirn und machte ein sehr strenges Gesicht, denn er konnte es gar nicht leiden, daß Kinder träumten.

Eines Nachts nun flog eine kleine Schwalbe über die Stadt, ein Schwalbenjüngling. Seine Gefährten waren schon vor sechs Wochen nach Ägypten gezogen, er aber hatte gesäumt,

denn er war in das hübscheste aller Schilfrohre verliebt. Er hatte seine Schöne im jungen Frühling kennengelernt, als er hinter einem dicken gelben Falter her den Fluß entlangflog, und war von ihrer zarten Taille so betört gewesen, daß er in seinem Fluge eingehalten hatte, um mit ihr zu plaudern.
»Soll ich dich lieben?« fragte der Schwalbenjüngling, der gern ohne viel Umschweife zur Hauptsache kam, und die Schöne neigte sich tief vor ihm. Da flog und kreiste er um sie her und streifte das Wasser leicht mit seinen Flügeln, daß es sich silbern kräuselte. Auf solche Art warb er, und es ging so den ganzen Sommer lang.
»Das ist eine lächerliche Liebschaft«, zwitscherten die anderen Schwalben, »sie hat kein Geld und viel zuviel Verwandte« – und in der Tat war der Fluß ganz voller Röhricht. Dann, als der Herbst kam, flogen die Schwalben alle davon.
Da sie nun fort waren, fühlte der kleine Vogel sich einsam und fing an, seiner Dame überdrüssig zu werden. »Man kann sich gar nicht mit ihr unterhalten«, sagte er, »und mir scheint fast, sie ist kokett, denn allzeit flirtet sie mit dem Wind.« Und wirklich, wann immer der Wind wehte, grüßte sie ihn mit den anmutvollsten Verneigungen. »Ich gebe zu, sie ist häuslich«, fuhr der Vogel fort, »aber ich liebe das Reisen, und folglich sollte meine Frau es auch lieben.«
»Willst du mit mir kommen?« fragte er sie schließlich; aber sie schüttelte nur den Kopf, sie wurzelte allzu fest in ihrem Heim.
»Du hast dein Spiel mit mir getrieben!« schrie er. »Ich mache mich davon nach den Pyramiden. Leb wohl!« Und er flog von dannen.
Den ganzen Tag flog er, und im Abenddämmer kam er in der Stadt an. »Wo soll ich absteigen?« sagte er zu sich. »Hoffentlich haben sie hier ihre Zurüstungen getroffen.«
Dann sah er das Standbild auf der hohen Säule.
»Dort will ich absteigen«, rief er, »die Lage ist schön, und frische Luft gibt's da oben genug.« Damit ließ er sich just zwischen den Füßen des glücklichen Prinzen nieder.
»Ich habe ein goldenes Schlafzimmer«, sagte der kleine Vogel träumerisch zu sich selber, als er um sich blickte, und machte sich zum Schlafengehen bereit; aber da er eben den Kopf unter

den Flügel stecken wollte, fiel ein großer Tropfen Wasser auf ihn herab. »Wie sonderbar!« rief er, »nicht ein einziges Wölkchen steht am Himmel, die Sterne scheinen klar und hell, und dabei regnet es. Das Klima im nördlichen Europa ist wirklich schauderhaft. Das Schilfrohr schwärmte zwar für Regen, aber das war nichts als Egoismus.«

Da fiel ein zweiter Tropfen.

»Wozu nützt ein Standbild, wenn es nicht einmal den Regen abhalten kann?« sagte er, »ich muß mich nach einem soliden Schornsteinaufsatz umsehen«, und er beschloß weiterzufliegen.

Doch ehe er seine Flügel ausgebreitet hatte, fiel ein dritter Tropfen, und er blickte auf und sah . . . Ah, was sah er?

Die Augen des glücklichen Prinzen waren voll Tränen, und Tränen strömten ihm über die goldenen Wangen. Sein Antlitz war so schön im Mondlicht, daß Mitleid die kleine Schwalbe erfüllte.

»Wer bist du?« fragte sie.

»Ich bin der glückliche Prinz.«

»Warum weinst du dann?« fragte die Schwalbe, »ich bin davon ganz naß geworden.«

»Als ich lebte und ein Menschenherz besaß«, erwiderte das Standbild, »wußte ich nicht, was Tränen sind, denn ich lebte im Schloß Sorgenlos, das kein Leid betreten darf. Am Tage spielte ich mit meinen Gespielen im Garten, und des Abends führte ich den Tanz im großen Saale an. Rings um den Garten lief eine sehr hohe Mauer; aber nie kam mir die Frage, was wohl dahinter sein möge, denn alles um mich her war so schön. Die Herren vom Hofe nannten mich den glücklichen Prinzen, und glücklich war ich fürwahr, wofern Freude Glück bedeutet. So lebte ich, so starb ich. Und nun, da ich tot bin, haben sie mich in solche Höhe hier heraufgestellt, daß ich alles sehen kann, was häßlich, alles, was jammervoll ist in meiner Stadt, und wenn ich auch ein bleiernes Herz habe – wie sollte ich nicht weinen?«

›Was, er ist nicht aus massivem Gold?‹ fragte sich die Schwalbe im stillen. Sie war zu höflich, um irgendwelche anzüglichen Bemerkungen laut auszusprechen.

»Weit entfernt von hier«, fuhr das Standbild mit leiser, melodischer Stimme fort, »weit entfernt von hier in einer kleinen Gasse steht ein ärmliches Haus. Eins der Fenster ist offen, und durch dieses Fenster kann ich eine Frau an einem Tische sitzen sehen. Ihr Gesicht ist mager und verhärmt, rauh und rot sind ihre Hände und ganz von der Nadel zerstochen, denn sie ist eine Näherin. Sie stickt Passionsblumen auf ein Atlaskleid, das die reizendste unter den Ehrendamen der Königin beim nächsten Hofball tragen will. In einer Ecke der Kammer liegt ihr kleiner Junge krank im Bett. Er fiebert und möchte so gerne Orangen. Seine Mutter aber hat nichts ihm zu geben als Wasser aus dem Fluß, und deshalb weint er. Schwalbe, Schwalbe, kleine Schwalbe, willst du ihr nicht den Rubin aus meinem Schwertknauf bringen? Meine Füße sind an dies Postament gefesselt, und ich kann nicht hinab.«
»Ich werde in Ägypten erwartet«, sagte die Schwalbe. »Meine Freunde fliegen den Nil auf und nieder und plaudern mit den prangenden Lotosblumen. Bald werden sie im Grabmal des großen Königs schlafen gehen. Der König selbst liegt dort unten in seinem buntbemalten Sarge. Er ist in ein gelbes Leintuch gewickelt und mit Wohlgerüchen einbalsamiert. Um seinen Nacken schlingt sich eine Kette von blaßgrüner Jade, und seine Hände sind wie welkes Laub.«
»Schwalbe, Schwalbe, kleine Schwalbe«, sagte der Prinz, »willst du nicht eine Nacht lang bei mir bleiben und mein Bote sein? Der Knabe verschmachtet, und der Mutter ist so bang.«
»Ich kann Jungen eigentlich gar nicht leiden«, entgegnete die Schwalbe. »An dem Flusse, wo ich vorigen Sommer wohnte, waren zwei ungezogene Jungen, die Müllerssöhne; die warfen immerfort mit Steinen nach mir. Sie haben mich natürlich nie getroffen, wir Schwalben fliegen dafür viel zu gut, und überdies stamme ich aus einer Familie, die wegen ihrer Hurtigkeit berühmt ist; es war aber doch ein Zeichen von Nichtachtung.«
Aber der glückliche Prinz sah so traurig aus, daß es die kleine Schwalbe jammerte. »Es ist sehr kalt hier«, sagte sie, »doch ich will eine Nacht lang bei dir bleiben und dein Bote sein.«
»Danke, kleine Schwalbe«, sagte der Prinz.
Also pickte die Schwalbe den großen Rubin aus des Prinzen

Schwert, und den Edelstein im Schnabel, flog sie davon, über die Dächer der Stadt.
Sie kam am Turm der Kathedrale vorüber, von dem die weißen Marmorengel niederschauten. Sie kam am Schloß vorüber und hörte den Lärm des Balles. Ein schönes Mädchen trat mit seinem Anbeter auf den Altan hinaus. »Wie wunderreich die Sterne sind«, sagte er zu ihr, »und wie wunderreich ist die Macht der Liebe!«
»Hoffentlich wird mein Kleid rechtzeitig für den Hofball fertig«, antwortete sie. »Ich habe Auftrag gegeben, daß Passionsblumen daraufgestickt werden; aber die Näherinnen sind so faul.«
Die Schwalbe flog über den Fluß und sah die Laternen an den Masten der Schiffe hängen. Sie flog über das Getto und sah die alten Juden miteinander handeln und Geld auf kupfernen Waagschalen wägen. Endlich kam sie zu dem armen Häuschen und blickte hinein. Der Knabe warf sich fieberheiß im Bette hin und her, und die Mutter war eingeschlafen, sie war so müde. Durchs Fenster hinein hüpfte die Schwalbe und legte den großen Rubin auf den Tisch, neben den Fingerhut der Schlafenden. Dann umflog sie mit weichen Flügelschlägen das Bett, und ihre Schwingen fächelten des Knaben Stirn. »Wie kühl mir ist«, sagte der Knabe, »ich glaube, nun werde ich gesund.« Und er sank in einen erquickenden Schlummer.
Darauf flog die Schwalbe zurück zu dem glücklichen Prinzen und erzählte ihm, was sie getan hatte. »Es ist sonderbar«, bemerkte sie, »aber mich friert jetzt gar nicht mehr, obwohl es so kalt ist.«
»Das kommt, weil du eine gute Tat getan hast«, sagte der Prinz. Und die kleine Schwalbe begann darüber nachzudenken, und dann schlief sie ein. Denken machte sie immer schläfrig.
Als es tagte, flog sie hinab zum Fluß und nahm ein Bad. »Welch bemerkenswertes Phänomen!« sagte der Professor der Ornithologie, der eben über die Brücke ging. »Eine Schwalbe im Winter!« Und er schrieb über diesen Gegenstand einen langen Artikel für die Lokalzeitung. Jedermann zitierte ihn, er war voll so vieler Wörter, die niemand verstand.

»Heute abend reise ich nach Ägypten«, sagte der kleine Vogel, und er fühlte sich ganz angeregt von dieser Aussicht. Er besuchte alle Denkmäler und bedeutenden Bauten der Stadt und saß lange auf der Kirchturmspitze. Wo er auch hinkam, überall riefen die Spatzen zwitschernd einander zu: »Was für ein vornehmer Fremder!« So unterhielt sich die Schwalbe ganz ausgezeichnet.
Als der Mond aufging, flog sie zurück zu dem glücklichen Prinzen. »Soll ich in Ägypten etwas für dich ausrichten?« rief sie. »Ich breche jetzt auf.«
»Schwalbe, Schwalbe, kleine Schwalbe«, sagte der Prinz, »willst du nicht diese eine Nacht noch bei mir bleiben?«
»Ich werde in Ägypten erwartet«, antwortete die Schwalbe. »Morgen fliegen meine Freunde hinauf zum zweiten Katarakt. Das Nilpferd ruht dort zwischen den Binsen, und auf einem großen granitenen Throne sitzt der Gott Memnon. Die ganze Nacht hindurch schaut er nach den Sternen, und wenn das Morgengestirn aufgeht, stößt er einen einzigen tönenden Jubelschrei aus und schweigt dann wieder still. Zu Mittag kommen die gelben Löwen herab zum Ufersaum, um zu trinken. Sie haben Augen gleich grünen Beryllen, und ihr Gebrüll ist mächtiger als das Brüllen des Katarakts.«
»Schwalbe, Schwalbe, kleine Schwalbe«, sagte der Prinz, »weit entfernt von hier, am Ende der Stadt, sehe ich einen jungen Mann in einer Dachkammer. Er beugt sich über ein Schreibpult, das mit Papieren bedeckt ist, und ein Bund verdorrter Veilchen steht neben ihm in einem Wasserglas. Sein Haar ist braun und gelockt, und er hat große verträumte Augen, und seine Lippen sind wie ein Granatapfel rot. Er müht sich, ein Stück für den Theaterdirektor zu vollenden, aber er friert so sehr, daß er nicht weiterschreiben kann. Kein Feuer brennt in seinem Kamin, und der Hunger hat ihn entkräftet.«
»Ich will diese eine Nacht noch bei dir bleiben«, sagte die Schwalbe, die wirklich ein gutes Herz hatte. »Soll ich ihm auch einen Rubin bringen?«
»Ach nein, ich habe keinen Rubin mehr«, sagte der Prinz, »meine Augen sind alles, was mir geblieben ist. Sie sind aus

köstlichen Saphiren gemacht, die man vor tausend Jahren aus Indien hergebracht hat. Reiß eines von ihnen aus und trag es zu ihm hin. Er wird den Edelstein zum Goldschmied bringen und Nahrung und Feuerholz kaufen und sein Stück vollenden.«

»Lieber Prinz«, sagte die Schwalbe, »das kann ich nicht.« Und sie begann zu weinen.

»Schwalbe, Schwalbe, kleine Schwalbe«, sagte der Prinz, »tu, wie ich dich heiße.«

Also riß die Schwalbe des Prinzen eines Auge aus und flog fort zur Dachkammer des Studenten. Es war leicht genug, hineinzugelangen, denn das Dach hatte ein Loch. Da hindurch schoß sie und kam in die Kammer. Der junge Mann hatte den Kopf in den Händen vergraben; so hörte er das Flattern der Vogelschwingen nicht, und als er aufsah, fand er den schönen Saphir, der auf den verdorrten Veilchen lag.

»Man beginnt mich anzuerkennen«, rief er, »dies hier kommt gewiß von einem großen Bewunderer. Nun kann ich mein Stück vollenden«, und er sah ganz glücklich aus.

Am nächsten Tage flog die Schwalbe hinunter zum Hafen. Sie saß auf dem Mast eines gewaltigen Schiffes und sah zu, wie die Matrosen schwere Kisten an Tauen aus dem Schiffsleib hochwanden. »Hievt, a-hoi! a-hoi!« schrien sie bei jeder Kiste, die sie aufhievten. »Ich reise nach Ägypten!« rief die Schwalbe; aber niemand beachtete sie, und als der Mond aufging, flog sie zurück zu dem glücklichen Prinzen.

»Ich bin gekommen, dir Lebewohl zu sagen«, rief sie.

»Schwalbe, Schwalbe, kleine Schwalbe«, sagte der Prinz, »willst du nicht diese eine Nacht noch bei mir bleiben?«

»Es ist Winter«, antwortete die Schwalbe, »und der eisige Schnee wird bald dasein. In Ägypten scheint die Sonne warm auf die grünen Palmenbäume, und die Krokodile liegen im Schlamm und blicken träge um sich. Meine Gefährten bauen ein Nest im Tempel von Baalbek, und die weiß- und rosenfarbenen Tauben sehen ihnen zu, und eine gurrt der andern Zärtlichkeiten. Lieber Prinz, ich muß Abschied nehmen, aber ich will dich nie vergessen, und im nächsten Frühling bringe ich dir zwei schöne Edelsteine statt derer, die du weggegeben hast.

Der Rubin soll röter sein als eine rote Rose, und der Saphir so blau wie die weite See.«

»Auf dem Platze unten«, sagte der glückliche Prinz, »steht ein kleines Mädchen und verkauft Streichhölzer. Sie hat ihre Hölzchen in die Gosse fallen lassen, und sie sind ganz verdorben. Ihr Vater wird sie schlagen, wenn sie kein Geld nach Hause bringt, und darum weint sie. Sie hat nicht Strümpfe noch Schuhe, und ihr Köpfchen ist bloß. Reiß mein anderes Auge aus und gib es ihr, und ihr Vater wird sie nicht schlagen.«

»Ich will diese eine Nacht noch bei dir bleiben«, sagte die Schwalbe, »aber ich kann dir das Auge nicht ausreißen. Du wärest dann ja ganz blind.«

»Schwalbe, Schwalbe, kleine Schwalbe«, sagte der Prinz, »tu, wie ich dich heiße.«

Da riß sie des Prinzen anderes Auge aus und stieß damit hinab auf den Platz. Sie schwirrte an dem Streichholzmädchen vorbei und ließ das Juwel in ihre Hand gleiten. »Was für ein hübsches Stückchen Glas!« rief die Kleine; und lachend lief sie heim.

Dann kam die Schwalbe zurück zu dem Prinzen. »Du bist nun blind«, sagte sie, »so will ich immerdar bei dir bleiben.«

»Nein, kleine Schwalbe«, sagte der arme Prinz, »du mußt nach Ägypten reisen.«

»Ich will immerdar bei dir bleiben«, sagte die Schwalbe, und zu Füßen des Prinzen schlief sie ein.

Den ganzen folgenden Tag saß sie auf des Prinzen Schulter und erzählte ihm von allerlei Seltsamem, das sie in fremden Landen geschaut hatte. Sie erzählte ihm von den roten Ibissen, die in langen Reihen an den Ufern des Niles stehen und mit ihren Schnäbeln Goldfische fangen; von der Sphinx, die so alt ist wie die Welt und in der Wüste lebt und jedes Ding weiß; von den Kaufleuten, die gemessenen Schrittes zur Seite ihrer Kamele gehen und Rosenkränze aus Bernstein in den Händen tragen; von dem König der Mondberge, der schwarz ist wie Ebenholz und einen riesigen Kristall anbetet; von der großen grünen Schlange, die in einem Palmbaum schläft und zwanzig Priester um sich hat, ihr zu dienen und sie mit Honigkuchen zu füttern; und von den Pygmäen, die über einen großen See auf flachen breiten Blättern segeln und allzeit im Krieg liegen mit den Schmetterlingen.

»Liebe kleine Schwalbe«, sagte der Prinz, »du erzählst mir von wundersamen Dingen, aber wundersamer als alles in der Welt ist das Menschenleid. Kein Wunder ist so tief wie die Wunden des Elends. Flieg über meine Stadt, kleine Schwalbe, und erzähl mir, was du dort siehst.«

So flog die kleine Schwalbe über die große Stadt und sah, wie sich's die Reichen in ihren schönen Häusern wohl sein ließen, indes die Bettler draußen an den Toren saßen. Sie flog in dunkle Gassen und sah die weißen Gesichter hungernder Kinder, die unfroh auf die düsteren Straßen blickten. Unter einem Brückenbogen lagen zwei kleine Jungen, einer in des andern Arm geschmiegt, um sich zu wärmen. »Wir haben solchen Hunger!« sagten sie. »Ihr dürft hier nicht liegen!« brüllte der Wächter, und sie gingen hinaus in den Regen.

Da flog die Schwalbe zurück und erzählte dem Prinzen, was sie gesehen hatte.

»Ich bin mit feinem Golde bedeckt«, sagte der Prinz, »das sollst du abheben, Blatt um Blatt, und meinen Armen geben; die Lebenden meinen, daß Gold sie glücklich machen könne.«

Blatt für Blatt des feinen Goldes pickte die Schwalbe ab, bis der glückliche Prinz ganz stumpf und grau aussah. Blatt für Blatt des feinen Goldes brachte sie den Armen, und die Wangen der Kinder erblühten, und sie lachten und spielten ihre Spiele auf den Straßen. »Nun haben wir Brot!« riefen sie.

Dann kam der Schnee, und nach dem Schnee kam der Frost. Die Straßen sahen aus, als wären sie aus Silber geschmiedet, so hell glitzerten sie; lange Eiszapfen, kristallenen Dolchen gleich, hingen von den Dächern der Häuser, alle Welt ging in Pelzen einher, und die kleinen Jungen trugen rote Wollkappen und liefen Schlittschuh auf dem Eise.

Die arme kleine Schwalbe fror und fror immer ärger, aber sie wollte den Prinzen nicht verlassen, dazu hatte sie ihn zu lieb. Sie pickte Krumen vor der Tür des Bäckers auf, wenn der Bäkker nicht hinsah, und suchte sich zu wärmen, indem sie mit den Flügeln schlug.

Endlich aber erkannte sie, daß sie sterben müsse. Sie hatte ge-

rade noch Kraft genug, sich noch einmal auf des Prinzen Schulter zu schwingen. »Leb wohl, lieber Prinz!« sagte sie leise, »darf ich deine Hand küssen?«
»Ich freue mich, daß du endlich nach Ägypten reisest, kleine Schwalbe«, sagte der Prinz, »du bist schon viel zu lange hiergeblieben; aber du mußt mich auf die Lippen küssen, denn ich liebe dich.«
»Nicht nach Ägypten reise ich«, sagte die Schwalbe, »ich reise zum Haus des Todes. Der Tod ist der Bruder des Schlafes, ist's nicht so?«
Und sie küßte den glücklichen Prinzen auf die Lippen und fiel tot zu seinen Füßen nieder.
In diesem Augenblick tönte aus dem Innern des Standbildes ein seltsames Knacken, als ob etwas zerbrochen wäre. Und wirklich, das bleierne Herz war mitten entzweigesprungen. Es war ja auch eine grimmig kalte Nacht.
Früh am nächsten Morgen ging der Bürgermeister mit den Ratsherren unten über den Platz. Als sie an der Säule vorbeikamen, blickte er hinauf zu dem Standbild. »Ach, du liebe Zeit! Wie armselig der glückliche Prinz aussieht!« sagte er.
»Gewiß, wie armselig!« riefen die Ratsherren, die stets einer Meinung mit dem Bürgermeister waren; und sie stiegen hinauf, um den Schaden von der Nähe zu besehen.
»Der Rubin ist aus seinem Schwert gefallen, die Augen sind weg, und er ist gar nicht mehr golden«, sagte der Bürgermeister. »Er sieht buchstäblich kaum besser aus als ein Bettler.«
»Kaum besser als ein Bettler«, sagten die Ratsherren.
»Und hier liegt wahrhaftig ein toter Vogel vor seinen Füßen!« fuhr der Bürgermeister fort. »Wir müssen tatsächlich eine Verordnung erlassen, daß es Vögeln verboten ist, hier zu sterben.«
Und der Stadtschreiber notierte sich diesen Hinweis.
Also wurde das Standbild des glücklichen Prinzen herabgeholt. »Da er nicht mehr schön ist, ist er nicht mehr nützlich«, sagte der Kunstprofessor der Universität.
Darauf schmolzen sie das Standbild in einem Schmelzofen, und der Bürgermeister hielt eine Sitzung mit dem Stadtrat ab, um zu entscheiden, was mit dem Metall geschehen solle. »Wir

müssen selbstverständlich ein neues Standbild haben«, sagte er, »und das soll mein eigenes Standbild sein.«
»Mein eigenes«, sagte jeder der Ratsherren, und sie zankten sich und stritten. Als ich zuletzt von ihnen hörte, stritten sie sich noch immer.
»Ist das aber merkwürdig!« sagte der Werkmeister in der Schmelzhütte. »Dieses zerbrochene Herz will im Ofen nicht schmelzen. Wir müssen es wegwerfen.« So warfen sie es auf einen Kehrichthaufen, auf dem auch die tote Schwalbe lag.
»Bring mir die beiden kostbarsten Dinge dieser Stadt«, sagte Gott zu einem seiner Engel; und der Engel brachte ihm das bleierne Herz und den toten Vogel.
»Du hast recht gewählt«, sagte Gott, »denn in meinem Paradiesgarten soll der kleine Vogel singen für und für, und in meiner goldenen Stadt soll der glückliche Prinz mich lobpreisen.«

H.
V.

DIE NACHTIGALL UND DIE ROSE

SIE hat gesagt, sie wolle mit mir tanzen, wenn ich ihr rote Rosen brächte«, rief der junge Student; »aber in meinem ganzen Garten ist keine rote Rose.«

Von ihrem Nest im Eichbaum her hörte ihn die Nachtigall, und sie schaute zwischen den Blättern hindurch und wunderte sich.

»Keine rote Rose in meinem ganzen Garten!« rief er, und seine schönen Augen füllten sich mit Tränen. »Ach, von was für kleinen Dingen hängt die Glückseligkeit ab! Ich habe alles gelesen, was die Weisen geschrieben haben, und alle Geheimnisse der Philosophie sind mir bekannt; doch weil mir eine rote Rose fehlt, ist mein Leben verdorben.«

»Hier endlich ist ein wahrhaft Liebender«, sagte die Nachtigall. »Nacht für Nacht habe ich von ihm gesungen, obschon ich nicht von ihm wußte; Nacht für Nacht habe ich den Sternen seine Geschichte erzählt, und nun sehe ich ihn. Sein Haar ist dunkel wie die Hyazinthenblüte, und seine Lippen sind rot wie die Rose seiner Sehnsucht; aber die Liebe hat sein Gesicht entfärbt zu blassem Elfenbein, und der Kummer hat ihm sein Siegel auf die Stirn gedrückt.«

»Der Prinz gibt morgen abend einen Ball«, sagte der junge Student leise, »und die Geliebte meines Herzens wird unter den Gästen sein. Wenn ich ihr eine rote Rose bringe, will sie bis zum Morgen mit mir tanzen. Wenn ich ihr eine rote Rose bringe, soll ich sie in meinen Armen halten, sie wird ihren Kopf an meine Schulter lehnen, und ihre Hand wird sich in die meine schmiegen. Aber keine rote Rose ist in meinem Garten – also werde ich einsam sitzen, und sie wird an mir vorübergehen. Sie wird keinen Blick für mich haben, und mein Herz wird brechen.«

»Dies ist wirklich der wahrhaft Liebende«, sagte die Nachtigall. »Was ich singe, das erduldet er: was mir Freude ist, für ihn ist's Pein. Gewiß, die Liebe ist etwas Wundervolles. Sie ist kostbarer als Smaragde und teurer als edle Opale. Für Perlen und Granatäpfel ist sie nicht zu erkaufen, noch wird sie auf den Märkten feilgeboten. Sie kann nicht von Kaufleuten gehandelt noch auf der Waage gewogen werden wie Gold.«

»Die Musikanten werden auf der Empore sitzen«, sagte der junge Student, »und auf ihren Saiteninstrumenten spielen, und die ich liebe, wird zum Klang der Harfe und der Geige tanzen. So leicht wird sie tanzen, daß ihre Füße den Boden nicht berühren, und die geputzten Höflinge in den bunten Kleidern werden sie umdrängen. Doch mit mir wird sie nicht tanzen, denn ich kann ihr keine rote Rose geben.« Und er warf sich ins Gras und vergrub sein Gesicht in den Händen und weinte.

»Warum weint er?« fragte ein kleines grünes Eidechschen, während es erhobenen Schwanzes an ihm vorüberlief.

»Ja, warum denn?« sagte ein Schmetterling, der tänzelnd hinter einem Sonnenstrahl herjagte.

»Ja, warum denn?« wisperte ein Gänseblümchen mit sanfter, zarter Stimme seiner Nachbarin zu.

»Er weint wegen einer roten Rose«, sagte die Nachtigall.

»Wegen einer roten Rose!« riefen sie alle. »Oh, ist das aber komisch!« Und das Eidechschen, das so etwas wie ein kleiner Zyniker war, lachte laut heraus.

Die Nachtigall jedoch begriff des Studenten Kummer, der den anderen verschlossen blieb; schweigend saß sie in dem Eichbaum und sann dem Mysterium der Liebe nach.

Plötzlich breitete sie ihre braunen Flügel zum Fluge und schwang sich hochauf in die Luft. Sie strich durch den Hain wie ein Schatten, und wie ein Schatten schwebte sie über den Garten.

Inmitten des Rasenplatzes stand ein schöner Rosenstrauch, und als sie ihn erblickte, flog sie hin zu ihm und ließ sich im Gezweige nieder.

»Gib mir eine rote Rose«, rief sie, »und ich will mein süßestes Lied für dich singen.«

Der Strauch aber schüttelte den Kopf.

»Meine Rosen sind weiß«, erwiderte er, »weiß wie der

Schaum des Meeres und weißer als der Schnee auf den Bergen. Doch geh zu meinem Bruder, der jenseits der alten Sonnenuhr wächst, vielleicht wird er dir geben, was du wünschest.«
Da flog die Nachtigall hin zu dem Rosenstrauch, der jenseits der alten Sonnenuhr wuchs.
»Gib mir eine rote Rose«, rief sie, »und ich will mein süßestes Lied für dich singen.«
Der Strauch aber schüttelte den Kopf.
»Meine Rosen sind gelb«, erwiderte er, »gelb wie das Haar der Meerjungfrau, die auf bernsteinenem Throne sitzt, und gelber als die Narzisse auf der Flur, bevor der Mäher mit der Sense kommt. Doch geh zu meinem Bruder, der unter des Studenten Fenster wächst, und vielleicht wird er dir geben, was du wünschest.«
Da flog die Nachtigall hin zu dem Rosenstrauch, der unter des Studenten Fenster wuchs.
»Gib mir eine rote Rose«, rief sie, »und ich will mein süßestes Lied für dich singen.«
Der Strauch aber schüttelte den Kopf.
»Meine Rosen sind rot«, erwiderte er, »rot wie die Füße der Taube und röter als die Korallenfächer, die sich ohne Ende in der Meeresgrotte wiegen. Doch der Winter ließ meine Adern erstarren, und der Frost hat meine Knospen erstickt und der Sturm meine Äste gebrochen, und ich werde keine Rosen tragen in diesem ganzen Jahr.«
»Eine einzige rote Rose begehre ich«, rief die Nachtigall, »nur eine einzige rote Rose! Gibt es kein Mittel, sie zu erlangen?«
»Es gibt ein Mittel«, antwortete der Strauch, »aber es ist so grausig, daß ich dir's nicht zu nennen wage.«
»Nenn es mir«, sagte die Nachtigall, »ich fürchte mich nicht.«
»Wenn du eine rote Rose willst«, sagte der Strauch, »so mußt du sie dir selber bilden aus Wohllaut im Mondenlicht und sie mit deinem eigenen Herzblut färben. Du mußt für mich singen und deine Brust gegen einen meiner Dornen pressen. Die ganze Nacht lang mußt du für mich singen, und der Dorn muß dein Herz durchbohren, und dein Lebensblut muß in meine Adern strömen und mein eigen werden.«
»Der Tod ist ein hoher Preis für eine rote Rose«, rief die Nach-

tigall, »und das Leben ist einem jeden sehr lieb. Es ist lustig, im grünen Wald zu sitzen und die Sonne in ihrem goldenen Wagen zu betrachten und den Mond in seinem Wagen aus Perlen. Lieblich ist der Duft des Hagedorns, und lieblich sind die Glockenblumen, die sich im Tal verstecken, und das Heidekraut, das auf den Hügeln wogt. Doch die Liebe ist größer als das Leben, und was ist das Herz eines Vogels gegen ein Menschenherz?«

So breitete sie ihre braunen Flügel zum Fluge und schwang sich hochauf in die Luft. Sie wehte über den Garten wie ein Schatten, und wie ein Schatten schwebte sie durch den Hain.

Der junge Student lag noch im Grase, wie sie ihn verlassen hatte, und die Tränen in seinen schönen Augen waren noch nicht getrocknet.

»Freue dich!« rief die Nachtigall, »freue dich, du sollst deine rote Rose haben. Ich will sie aus Wohllaut bilden im Mondenlicht und sie mit meinem eigenen Herzblut färben. Nichts sonst verlange ich dafür von dir, als daß du ein wahrhaft Liebender sein sollst, denn Liebe ist weiser als Weisheit, so weise die auch ist, und mächtiger als Macht, so mächtig diese ist. Flammenfarben sind ihre Fittiche, und ihr Leib ist von der Farbe der Flamme. Ihre Lippen sind süß wie Honig, und dem Weihrauch gleicht ihr Atem.«

Der Student blickte aus dem Grase auf und horchte, aber er konnte nicht verstehen, was die Nachtigall zu ihm sprach: er wußte nur von den Dingen, die in Büchern aufgeschrieben sind.

Doch der Eichbaum verstand sie und ward traurig, denn er liebte die kleine Nachtigall sehr, die ihr Nest in seinen Zweigen gebaut hatte.

»Sing mir ein letztes Lied«, rauschte er, »ich werde mich sehr einsam fühlen, wenn du dahingegangen bist.«

Da sang die Nachtigall für den Eichbaum, und ihre Stimme war wie Wasser, das aus einem Silberkruge perlt.

Als sie ihr Lied geendet hatte, erhob sich der Student und zog ein Notizbuch und einen Bleistift aus der Tasche.

»Sie hat Talent für die Form«, sprach er bei sich, während er durch den Hain hinwegschritt, »das ist nicht zu bestreiten;

aber hat sie auch Seele? Ich glaube kaum. Nein, sie ist ebenso wie die meisten Künstler; sie ist ganz Stil, ohne jede echte Empfindung. Sie würde sich nie für andere opfern. Sie hat nichts im Sinn als die Musik, und wie jedermann weiß, sind die Künste selbstsüchtig. Man muß ihr auch zugestehen, daß ihre Stimme einige sehr schöne Töne hat. Schade, schade, daß sie ohne Inhalt oder irgendwelchen praktischen Nutzen sind.«
Und er ging in seine Kammer, legte sich auf sein kleines Pritschenbett und begann, über seine Liebe nachzudenken; und nach einer Weile war er eingeschlafen.

Und als der Mond von den Himmeln leuchtete, flog die Nachtigall zu dem Rosenstrauch und lehnte ihre Brust gegen den Dorn. Die ganze Nacht lang sang sie, die Brust gegen den Dorn gepreßt, und der kalte kristallene Mond neigte sich herab und lauschte. Die ganze Nacht sang sie, und der Dorn drang tiefer und tiefer in ihre Brust, und ihr Lebensblut verrann aus ihr.

Sie sang zuerst von der Geburt der Liebe im Herzen eines Jünglings und eines Mädchens. Und an dem höchsten Zweig des Rosenstrauches erblühte eine wundervolle Rose, Blatt um Blatt, wie Lied auf Lied folgte. Blaß war sie vorerst wie der Nebel, der über dem Flusse hängt, blaß wie die Füße des Morgens und silbern wie die Schwingen der Dämmerung. Wie das Schattenbild einer Rose in einem Silberspiegel, wie das Schattenbild einer Rose im Teich, so war die Rose, die an dem höchsten Zweig des Strauches erblühte.

Aber der Strauch rief der Nachtigall zu, sie müsse sich fester noch gegen den Dorn drücken. »Drück fester, kleine Nachtigall«, rief der Strauch, »oder der Tag wird kommen, bevor die Rose vollendet ist.«

Da preßte sich die Nachtigall noch fester gegen den Dorn, und voller und voller tönte ihr Lied, denn sie sang von der Geburt der Leidenschaft in der Seele von Mann und Weib.

Und ein Anhauch von lichter Glut stieg in die Blätter der Rose, so wie das Antlitz des jungen Gatten erglüht, wenn er die Lippen der Braut küßt. Aber der Dorn hatte das Herz noch nicht erreicht, und das Herz der Rose blieb weiß, denn nur einer Nachtigall Herzblut kann ein Rosenherz röten.

Und der Strauch rief der Nachtigall zu, sie müsse sich fester noch gegen den Dorn drücken. »Drück fester, kleine Nachtigall«, rief der Strauch, »oder der Tag wird kommen, bevor die Rose vollendet ist.«
Da preßte sich die Nachtigall noch fester gegen den Dorn, und der Dorn traf ihr Herz, und heiße Schmerzenspein durchfuhr sie. Bitter, bitter war der Schmerz, und wilder und wilder erscholl ihr Lied, denn sie sang von der Liebe, die sich im Tod erfüllt, von der Liebe, die auch im Grab nicht stirbt.
Und die wundervolle Rose färbte sich blutrot, gleich der Rose des östlichen Himmels. Blutrot war der Gürtel ihrer Blätter, und blutrot wie ein Rubin war das Herz.
Aber der Nachtigall Stimme wurde schwächer, und ihre kleinen Flügel begannen zu zucken, und ein Flor legte sich über ihre Augen. Schwächer und schwächer tönte ihr Lied, und sie fühlte ein Ersticken in ihrer Kehle.
Dann brach ein letzter melodischer Schrei aus ihr. Der weiße Mond vernahm ihn, und er achtete nicht des Frührots und blieb am Himmel stehen. Die rote Rose vernahm ihn, und bis ins Innerste erschauerte sie in Verzückung und öffnete ihren Kelch der kühlen Morgenluft. Das Echo trug ihn zu seiner Purpurhöhle in den Bergen und weckte die schlafenden Hirten aus ihren Träumen. Er schwebte durchs Röhricht am Flusse, und es trug seine Botschaft dem Meere zu.
»Sieh, sieh!« rief der Rosenstrauch, »jetzt ist die Rose vollendet.« Aber die Nachtigall antwortete nicht, denn sie lag tot im hohen Grase, den Dorn tief im Herzen.
Und zu Mittag öffnete der Student sein Fenster und sah hinaus.
»Nein, welch ein unglaubliches Glück!« rief er, »da ist eine rote Rose! In meinem ganzen Leben habe ich keine solche Rose gesehen. Sie ist so schön, daß sie bestimmt einen langen lateinischen Namen hat.« Und er beugte sich hinaus und pflückte sie.
Dann setzte er seinen Hut auf und lief mit der Rose in der Hand zum Haus des Professors.
Des Professors Tochter saß in der Tür und wand blaue Seide auf eine Haspel, und ihr Hündchen lag zu ihren Füßen.

»Sie sagten, daß Sie mit mir tanzen wollten, wenn ich Ihnen eine rote Rose brächte«, rief der Student. »Hier ist die röteste von allen Rosen der Welt. Sie werden sie heute abend zunächst Ihrem Herzen tragen, und wenn wir miteinander tanzen, wird sie Ihnen erzählen, wie sehr ich Sie liebe.«
Aber das Mädchen zog ein mürrisches Gesicht.
»Ich fürchte, sie wird nicht zu meinem Kleide passen«, entgegnete sie, »und überdies hat mir der Neffe des Kammerherrn echte Juwelen geschickt, und jeder weiß, daß Juwelen viel mehr kosten als Blumen.«
»Auf mein Wort«, sagte der Student ärgerlich, »Sie sind sehr undankbar«, und er warf die Rose auf die Straße. Sie fiel in den Rinnstein, und ein Wagenrad ging über sie hin.
»Undankbar?« sagte das Mädchen. »Ich will Ihnen etwas sagen: Sie sind unverschämt; und überhaupt, wer sind Sie eigentlich? Nichts als ein Student. Ich glaube, Sie haben nicht einmal silberne Schnallen an den Schuhen wie der Neffe des Kammerherrn.« Und sie stand von ihrem Stuhle auf und ging ins Haus.
»Wie töricht ist doch die Liebe«, sagte der Student, als er fortging. »Sie ist nicht halb so nützlich wie die Logik, denn sie beweist gar nichts und schwatzt einem immer Dinge vor, die nachher nicht eintreffen, und macht einem Dinge weis, die nicht wahr sind. Sie ist tatsächlich ohne jeden praktischen Wert, und da heutzutage Praktischsein die Hauptsache ist, werde ich zur Philosophie zurückkehren und Metaphysik studieren.«
Damit ging er heim in seine Kammer, holte einen verstaubten Folianten hervor und fing an zu lesen.

H.
V.

DER EIGENSÜCHTIGE RIESE

AN jedem Nachmittag, wenn die Kinder aus der Schule kamen, gingen sie in den Garten des Riesen, um darin zu spielen.

Es war ein großer, wunderschöner Garten mit weichem grünem Gras. Hier und da lugten aus dem Grase herrliche Blumen wie Sterne, und zwölf Pfirsichbäume standen da, die sich im Frühling mit duftigen Blüten blaßrot und perlenfarbig übersprühten und im Herbst reiche Frucht trugen. Die Vögel saßen in den Bäumen und sangen so süß, daß die Kinder oft in ihren Spielen innehielten, um zu lauschen. »Wie glücklich sind wir hier!« rief eins dem andern zu.

Eines Tages kam der Riese heim. Er war bei seinem Freund, dem Werwolf von Cornwall, zu Besuch gewesen und sieben Jahre bei ihm geblieben. Als die sieben Jahre um waren, hatte er alles gesagt, was er zu sagen wußte, denn seine Unterhaltungsgabe war beschränkt; und so beschloß er, nach Haus in sein eigenes Schloß zurückzureisen. Da er nun heimkehrte, sah er die Kinder in seinem Garten spielen.

»Was macht ihr hier?« schrie er mit sehr barscher Stimme, und die Kinder liefen davon.

»Was mir gehört, gehört mir, und mein Garten ist mein Garten«, sagte der Riese, »das ist doch ganz klar, und ich erlaube keinem, darin zu spielen, außer mir selber.« Also baute er eine hohe Mauer ringsherum und stellte eine Warnungstafel auf.

UNBEFUGTEN IST DER ZUTRITT
BEI STRAFE VERBOTEN!

Er war ein sehr eigensüchtiger Riese.
Die armen Kinder hatten nun keine Stelle, wo sie spielen konnten. Sie versuchten es auf der Straße, aber die Straße war so staubig und voll harter Steine, und sie mochten sie gar nicht leiden. Wenn die Schulstunden zu Ende waren, liefen sie immer und immer wieder um die hohe Mauer und sprachen von dem schönen Garten drinnen. »Wie glücklich waren wir dort«, sagte eines zum andern.
Dann kam der Frühling, und überall im ganzen Land waren kleine Blüten und kleine Vögel. Nur im Garten des eigensüchtigen Riesen blieb es Winter. Den Vögeln machte es keinen Spaß, darin zu singen, weil die Kinder nicht da waren, und die Bäume vergaßen zu blühen. Einmal steckte eine schöne Blume ihren Kopf aus dem Grase, aber als sie die Warnungstafel sah, taten ihr die Kinder so leid, daß sie wieder in den Erdboden schlüpfte und weiterschlief. Die einzigen, denen das alles gefiel, waren der Schnee und der Frost. »Der Frühling hat diesen Garten vergessen«, riefen sie, »da wollen wir das ganze lange Jahr hierbleiben.« Der Schnee bedeckte das Gras mit seinem großen weißen Mantel, und der Frost malte alle Bäume silberweiß. Dann luden sie noch den Nordwind zu ihrer Gesellschaft ein, und er kam. Er war in Pelze gepackt und brüllte den lieben langen Tag durch den Garten und blies die Schornsteinaufsätze herunter. »Das ist ein entzückendes Fleckchen«, sagte er, »wir müssen den Hagel auffordern, daß er uns besucht.« Also kam auch der Hagel. Alle Tage prasselte er drei Stunden auf das Dach des Schlosses, bis er die meisten Schieferplatten zerbrochen hatte, und dann rannte er in einem fort durch den Garten, so schnell er nur laufen konnte. Er war ganz in Grau gekleidet, und sein Atemhauch war wie Eis.
»Ich kann nicht verstehen, warum der Frühling gar so spät kommt«, sagte der eigensüchtige Riese, als er einmal am Fenster saß und in seinen kalten weißen Garten hinausblickte. »Hoffentlich ändert sich das Wetter bald.«
Aber der Frühling kam nicht, und auch nicht der Sommer. Der Herbst brachte goldene Früchte in jeden Garten, doch dem Garten des Riesen brachte er nichts. »Er ist allzu selbstsüchtig«, sagte der Herbst. So blieb es dort beständig Winter, und

Nordwind und Hagel, Frost und Schnee tanzten zwischen den Bäumen umher.
Eines Morgens lag der Riese wach im Bett; da hörte er eine liebliche Musik. Es klang seinen Ohren so hold, daß er dachte, des Königs Musikanten zögen vorbei. In Wirklichkeit sang nur ein kleiner Hänfling draußen vor dem Fenster; aber da der Riese so lange schon keinen Vogel mehr in seinem Garten hatte singen hören, erschien ihm das als die herrlichste Musik der Welt. Nun tanzte der Hagel nicht weiter über seinem Kopf herum, und der Nordwind brüllte nicht mehr, und ein köstlicher Duft schwebte durch das offene Fenster in sein Zimmer. »Ich glaube, jetzt endlich ist der Frühling da«, sagte der Riese; und er sprang aus dem Bett und schaute hinaus.
Und was sah er?
Er sah ein höchst wunderbares Bild. Durch ein kleines Loch in der Mauer hatten sich die Kinder hereingestohlen und saßen nun in den Ästen der Bäume. In jedem Baum, den er sehen konnte, saß ein kleines Kind. Und die Bäume waren so froh, die Kinder wiederzuhaben, daß sie sich selber in Blüten gekleidet hatten, und sie wiegten ihre Arme freundlich über den Köpfen der Kinder. Die Vögel flogen hin und her und zwitscherten vor Wonne, und die Blumen guckten aus dem grünen Gras und lachten. Anmutig anzuschauen war das alles, nur in einem Winkel herrschte der Winter noch. Es war der entfernteste Winkel des Gartens, und dort stand ein kleiner Junge. Er war so winzig, daß er zu den Ästen nicht hinauflangen konnte, und er lief immerzu rund um den Baum und weinte bitterlich. Der arme Baum war noch ganz mit Reif und Schnee bedeckt, und der Nordwind schnob und brüllte über ihn hin. »Steig herauf, kleiner Junge!« sagte der Baum und neigte seine Zweige, so tief er konnte; aber der Junge war zu winzig klein.
Und des Riesen Herz schmolz dahin, als er hinuntersah. »Wie eigensüchtig bin ich gewesen!« sagte er. »Jetzt weiß ich, warum der Frühling nicht hierherkommen wollte. Ich will das arme kleine Jungchen ganz oben auf den Baum setzen, und dann will ich die Mauer niederreißen, und in meinem Garten sollen die Kinder spielen immerdar.« Er war wirklich sehr betrübt über das, was er getan hatte.

Also ging er auf Fußspitzen treppab und öffnete ganz sachte die Haustür und trat hinaus in den Garten. Doch als die Kinder ihn sahen, erschraken sie sehr und liefen alle davon, und im Garten wurde wieder Winter. Nur der kleine Junge rannte nicht fort, denn seine Augen waren so voll Tränen, daß er den Riesen nicht kommen sah. Und der Riese schlich sich hinter ihn und nahm ihn sanft auf seine Hand und hob ihn hinauf in den Baum. Und der Baum fing mit einemmal zu blühen an, und die Vögel kamen und sangen in ihm, und der kleine Junge streckte seine beiden Arme aus und schlang sie um des Riesen Hals und küßte ihn. Und die anderen Kinder sahen, daß der Riese nicht mehr böse war, und sie kamen zurückgelaufen, und mit ihnen kam der Frühling. »Das ist nun euer Garten, Kinderchen«, sagte der Riese, und er nahm eine große Axt und riß die Mauer ein. Und als die Leute mittags zu Markte gingen, sahen sie, wie der Riese mit den Kindern spielte, in dem schönsten Garten, den sie je erschaut.

Den ganzen Tag über spielten sie, und am Abend kamen sie zu dem Riesen, ihm gute Nacht zu sagen.

»Aber wo ist euer kleiner Spielgefährte?« fragte er, »der Junge, den ich in den Baum gehoben habe?« Der Riese liebte diesen am zärtlichsten, denn der hatte ihn geküßt.

»Das wissen wir nicht«, antworteten die Kinder, »er ist weggegangen.«

»Ihr müßt ihm bestellen, daß er morgen ganz bestimmt herkommen soll«, sagte der Riese. Doch die Kinder sagten, sie wüßten nicht, wo er wohne, und sie hätten ihn nie vorher gesehen; und das machte den Riesen sehr traurig.

Jeden Nachmittag, wenn die Schule aus war, kamen die Kinder und spielten mit dem Riesen. Der kleine Junge jedoch, den der Riese liebte, ward nicht wieder gesehen. Der Riese war sehr freundlich zu den Kindern allen, aber er sehnte sich nach seinem ersten kleinen Freunde und sprach oft von ihm. »Wie gern würde ich ihn wiedersehen!« sagte er dann immer.

Jahre vergingen, und der Riese wurde sehr alt und schwach. Er konnte nun nicht mehr draußen spielen; so saß er in einem riesigen Großvaterstuhl und sah den Kindern bei ihren Spielen zu und ergötzte sich an seinem Garten. »Viele schöne Blumen

habe ich«, sagte er, »aber die Kinder sind die schönsten von allen.«
Eines Wintermorgens, als er sich eben anzog, blickte er zufällig aus dem Fenster. Er haßte den Winter jetzt nicht mehr, denn er wußte, daß der Winter nichts ist als der schlummernde Frühling und daß die Blumen währenddes nur ausruhen.
Plötzlich rieb er sich die Augen vor Staunen und schaute und schaute. Es war auch wirklich ein zauberischer Anblick. Im entferntesten Winkel des Gartens war ein Baum ganz bedeckt mit lieblichen weißen Blüten. Seine Zweige waren von lauterem Gold, und Silberfrüchte hingen von ihnen nieder, und unter dem Baum stand der kleine Junge, den er geliebt hatte.
Die Treppe hinab lief der Riese in großer Freude und hinaus in den Garten. Er ging eilends über den Rasen auf das Kind zu, und als er ganz dicht heran war, rötete sich sein Gesicht vor Zorn, und er sagte: »Wer hat gewagt, dich zu verwunden?« Denn in des Kindes Händen waren die Male zweier Nägel, und die Male zweier Nägel waren an seinen kleinen Füßen.
»Wer hat gewagt, dich zu verwunden?« rief der Riese. »Sag es mir, auf daß ich mein großes Schwert nehme und ihn erschlage.«
»Nein!« erwiderte das Kind, »nein, denn dies sind die Wunden der Liebe.«
»Wer bist du?« sagte der Riese, und eine seltsame Scheu überfiel ihn, und er kniete nieder vor dem kleinen Kinde.
Und das Kind lächelte auf zu dem Riesen und sprach zu ihm: »Einst ließest du mich in deinem Garten spielen; heut sollst du mit mir in meinen Garten kommen, der da ist das Paradies.«
Und als die Kinder an diesem Nachmittag hereingesprungen kamen, fanden sie den Riesen tot unter dem Baume liegen, ganz überdeckt von weißen Blüten.

H.
V.

DER OPFERWILLIGE FREUND

EINES Morgens steckte der alte Wasserratz den Kopf aus seinem Loche. Er hatte blanke Kulleraugen, einen borstigen grauen Kotelettenbart und einen Schwanz wie ein langes Stück schwarzer Radiergummi. Die kleinen Enten schwammen auf dem Teich spazieren und sahen genau wie ein Schwarm gelber Kanarienvögel aus, und ihre Mutter, die ganz weiß war und rote Beine hatte, versuchte ihnen beizubringen, wie man im Wasser kopfsteht.

»Ihr werdet niemals zur feinen Gesellschaft zugelassen werden, wenn ihr nicht kopfstehen könnt«, sagte sie unausgesetzt zu den Kleinen; und alle Augenblicke führte sie ihnen von neuem vor, wie man's macht. Aber die kleinen Enten paßten überhaupt nicht auf. Sie waren noch so jung und unerfahren, daß sie nicht wußten, von welch großem Nutzen es ist, zur feinen Gesellschaft zugelassen zu sein.

»Was für ungehorsame Kinder!« schrie der alte Wasserratz, »sie verdienten weiß Gott, daß man sie ertränkte.«

»Beileibe nicht!« erwiderte die Ente, »'s ist noch kein Meister vom Himmel gefallen, und Eltern können nie geduldig genug sein.«

»Ach so! Ich verstehe nichts von elterlichen Gefühlen«, sagte der Wasserratz, »ich bin kein Familienmensch. Ob Sie's glauben oder nicht – Tatsache ist, daß ich niemals verheiratet war, und ich habe auch nicht im Sinn, es nachzuholen. Liebe ist auf ihre Art ja sehr hübsch, aber Freundschaft ist weitaus erhabener. Ich wüßte wahrhaftig nichts auf der Welt, das edler oder auch seltener wäre als aufopfernde Freundschaft.«

»Und was, wenn ich bitten darf, sind Ihrer Meinung nach die Pflichten eines opferwilligen Freundes?« fragte ein Grünhänfling, der nahebei in einem Weidenbaume saß und der Unterhaltung zugehört hatte.

»Ja, das würde mich auch furchtbar interessieren«, sagte die Ente und schwamm davon bis ans Ende des Teiches und stellte sich auf den Kopf, um ihren Kindern ein gutes Beispiel zu geben.

»So 'ne dumme Frage!« rief der Wasserratz. »Ich würde selbstverständlich erwarten, daß mein opferwilliger Freund sich für mich opfert.«

»Und was würden Sie als Gegenleistung für ihn tun?« fragte der kleine Vogel und schaukelte sich, mit den zierlichen Flügeln schlagend, auf einem silbrig grauen Zweige.

»Ich verstehe Sie nicht«, entgegnete der Wasserratz.

»So will ich Ihnen eine Geschichte zu dem Thema erzählen«, sagte der Hänfling.

»Handelt sie von mir?« fragte der Wasserratz. »In diesem Falle will ich sie mir anhören, denn ich bin ganz verrückt auf Romane aus dem Leben.«

»Die Geschichte läßt sich auf Sie anwenden«, sagte der Hänfling; und er flog herab, setzte sich auf die Uferböschung und erzählte die GESCHICHTE VOM OPFERWILLIGEN FREUND.

»Es war einmal«, begann der Hänfling, »es war einmal ein redlicher Bursche, der hieß Hans.«

»War er was Großes, was Ausgezeichnetes?« fragte der Wasserratz.

»Nein«, antwortete der Hänfling, »ich glaube kaum, daß irgend etwas groß an dem kleinen Hans war außer seiner Herzensgüte, auch zeichnete ihn wohl nichts weiter aus als sein lustiges, gutmütiges Vollmondgesicht. Er wohnte ganz für sich in einem kleinen Hüttchen und arbeitete jeden Tag in seinem Garten. In der ganzen Gegend war kein Garten so schön wie seiner. Federnelken wuchsen darin und Goldlack und Hirtentäschel und Eisenhut. Da waren gelbe Rosen und rote Damaszenerrosen, lila Krokus und goldener, und purpurne und weiße Veilchen. Akelei und Wiesenschaum, Majoran und Basilienkraut, Himmelschlüsselchen und Lilien, Narzissen und Nelken sprossen und blühten da jedes zu seiner Zeit, wie die Monate es brachten, und eine Blume trat an der vorigen Statt,

so daß es stets viel Schönes anzuschauen und liebliche Düfte zu atmen gab.
Der kleine Hans hatte sehr viele Freunde, aber der aufopferndste von allen war der Müller, der große dicke Hugo. Ja, eine so selbstlose Zuneigung hegte der reiche Müller für den kleinen Hans, daß er nie an dessen Garten vorübergehen konnte, ohne sich über das Mäuerchen zu lehnen und einen gewaltigen Blumenstrauß oder eine Handvoll würziger Kräuter zu pflücken oder sich die Taschen mit Pflaumen und Kirschen vollzustopfen, wenn gerade die Reifezeit war.
Wahre Freunde sollten alles gemeinsam besitzen, sagte er dann stets, und der kleine Hans nickte dazu und lächelte und war sehr stolz, einen Freund mit solch hohen Gedanken zu haben.
Bisweilen fanden es die Nachbarn zwar sonderbar, daß der reiche Müller dem kleinen Hans niemals etwas als Gegengabe brachte, obwohl er hundert Säcke feinstes Mehl besaß, die in seiner Mühle aufgespeichert standen, und sechs Milchkühe und eine große Herde wollige Schafe; aber Hans zerbrach sich den Kopf über solche Dinge nicht, und er kannte kein größeres Vergnügen, als all den wunderbaren Worten zu lauschen, die der Müller unermüdlich über die Uneigennützigkeit echter Freundschaft zu sagen wußte.
Der kleine Hans arbeitete also tagaus, tagein in seinem Garten. Im Frühling, im Sommer und Herbst war er froh und glücklich, doch wenn dann der Winter kam und er nicht Obst noch Blumen auf den Markt zu bringen hatte, litt er recht arg durch Hunger und Kälte, und oftmals mußte er sich schlafen legen, ohne etwas anderes gegessen zu haben als ein paar gedörrte Birnen oder einige trockene Nüsse. Auch war er im Winter ganz mutterseelenallein, denn der Müller kam dann nie zu ihm.
›Es hätte keinen Zweck, wenn ich zu dem kleinen Hans ginge, solange noch Schnee liegt‹, pflegte er zu seiner Frau zu sagen. ›Wenn einer Kummer hat, soll man ihn in Ruhe lassen und ihn nicht mit Besuchen quälen. Ich jedenfalls hege diese Vorstellung von Freundschaft, und ich bin fest überzeugt, ich habe damit recht. Deshalb werde ich bis zum Frühling warten und ihn

dann aufsuchen, denn erst im Frühling kann er mir einen großen Korb voll Schlüsselblumen geben, und darüber wird er sich so herzlich freuen.‹

›Du bist wahrhaftig sehr rücksichtsvoll gegen andere‹, erwiderte seine Frau, die behaglich in ihrem Lehnstuhl neben dem großen Kiefernholzfeuer saß, ›sehr, sehr rücksichtsvoll. Es ist ein wahrer Genuß, dich über die Freundschaft sprechen zu hören. Ich sage dir, der Pfarrer selbst kann nicht so erbaulich reden wie du, und dabei wohnt er in einem dreistöckigen Hause und trägt einen goldenen Ring am kleinen Finger.‹

›Aber könnten wir den kleinen Hans nicht zu uns einladen?‹ sagte des Müllers Jüngster. ›Wenn der arme Hans traurig ist, will ich ihm die Hälfte von meinem Haferbrei abgeben und ihm meine weißen Kaninchen zeigen.‹

›Dummer Junge!‹ schrie der Müller, ›ich möchte wirklich wissen, was für einen Zweck es hat, dich in die Schule zu schicken. Mir scheint, du wirst immer dümmer statt klüger. Verstehst du nicht – wenn der kleine Hans zu uns heraufkäme und unsern warmen Kamin sähe und unser gutes Essen und unser großes Faß voll rotem Wein, da könnte er neidisch werden, und Neid ist etwas ganz Schlimmes und verdirbt jeden Charakter. Ich aber werde es keinesfalls zulassen, daß Hansens Charakter verdorben wird. Ich bin sein bester Freund, und ich werde stets über ihn wachen und Sorge tragen, daß keiner ihn in Versuchung führt. Und noch eins: wenn Hans hierherkäme, würde er mich vielleicht bitten, ihm etwas Mehl auf Kredit abzulassen, und das könnte ich nicht tun. Mehl ist eines, und Freundschaft ist ein anderes, und sie dürfen nicht miteinander vermengt werden. Die beiden Wörter klingen ganz verschieden, und folglich bedeuten sie auch etwas ganz Verschiedenes. Ich dächte, das sieht jedes Kind.‹

›Wie gut du sprichst!‹ sagte die Müllersfrau und schenkte sich ein großes Glas Warmbier ein, ›ich bin ganz schläfrig dabei geworden. Es ist genau, als ob man in der Kirche sitzt.‹

›Viele, viele Leute handeln gut‹, erwiderte der Müller, ›aber sehr wenige sprechen gut, woraus erhellt, daß Sprechen das weitaus Schwierigere von beiden ist, und das viel Vornehmere dazu.‹ Und er schoß quer über den Tisch einen strengen Blick nach seinem kleinen Jungen, der vor lauter Scham über seine Dummheit den Kopf hängen ließ und ganz puterrot anlief und in seinen Tee zu weinen begann. Na ja, er war noch so klein, daß ihr's ihm nicht übelnehmen dürft.«

»Ist das der Schluß von der Geschichte?« fragte der Wasserratz.

»Aber nein«, antwortete der Hänfling, »das ist der Anfang.«

»Dann sind Sie ganz und gar nicht auf der Höhe Ihrer Zeit«, sagte der Wasserratz. »Jeder gute Schriftsteller fängt heutzutage seine Geschichte beim Ende an und geht dann auf den Anfang über und schließt mit der Mitte. Das ist die neue literarische Mode. Ich habe es kürzlich ganz genau von einem Kritiker gehört, der mit einem jungen Mann um den Teich herumwandelte. Er sprach sehr ausführlich über diese Materie, und bestimmt hatte er mit allem recht, was er sagte, denn er trug eine blaue Brille zu seinem Kahlkopf, und jedesmal wenn der junge Mann eine Bemerkung einwarf, machte er nur immer ›Pah!‹ Aber bitte, fahren Sie in Ihrer Geschichte fort. Der Müller gefällt mir ganz ungemein. Ich habe selber schöne Gefühle aller Art, und das schafft eine tiefe Seelenverwandtschaft zwischen uns.«

»Gut«, sagte der Hänfling und hüpfte bald auf dem rechten, bald auf dem linken Bein. »Als der Winter vorüber war und die Schlüsselblumen ihre blaßgelben Sterne eben aufgetan hatten, sagte der Müller zu seiner Frau, er wolle nun hinübergehen und den kleinen Hans besuchen.

›Nein, was für ein gutes Herz du hast!‹ rief die Frau, ›du denkst doch in einem fort an die anderen. Und vergiß nicht, den großen Korb für die Blumen mitzunehmen.‹

Also band der Müller die Flügel der Windmühle mit einer starken Eisenkette fest und ging den Hügel hinab, den Korb am Arm.

›Guten Morgen, kleiner Hans‹, sagte der Müller.

›Guten Morgen‹, sagte Hans und lehnte sich auf seinen Spaten und lachte von einem Ohr zum andern.

›Und wie ist dir's den ganzen Winter durch ergangen?‹ fragte der Müller.

›Oh, danke‹, rief Hans, ›du bist sehr gütig, dich danach zu erkundigen, wirklich sehr gütig. Offen gesagt, ich habe eine ziemlich böse Zeit hinter mir, aber nun ist der Frühling da, und ich bin wieder ganz vergnügt, und alle meine Blumen gedeihen.‹

›Wir haben während des Winters oft von dir gesprochen, Hans‹, sagte der Müller, ›und uns gefragt, wie dir's gehen mag‹

›Das war sehr lieb von euch‹, sagte Hans, ›ich hatte schon ein bißchen Angst, ihr hättet mich vergessen.‹

›Hans, ich muß mich über dich wundern‹, sagte der Müller. ›Freundschaft vergißt niemals. Das ist ja das Wundervolle an ihr; aber ich fürchte, du begreifst die Poesie des Lebens nicht. Nebenbei bemerkt – wie hübsch deine Schlüsselblumen sind!‹

›Ja, sie sind wirklich sehr hübsch‹, sagte Hans, ›und es ist ein großes Glück für mich, daß ich ihrer so viele habe. Ich will sie auf den Markt bringen und sie der Tochter des Bürgermeisters verkaufen, und mit dem Geld werde ich meinen Schubkarren auslösen.‹

›Deinen Schubkarren auslösen? Willst du damit etwa sagen, du hast ihn verkauft? Das wäre eine schöne Dummheit von dir gewesen!‹

›Na ja‹, antwortete Hans, ›um die Wahrheit zu sagen, ich konnte nicht anders. Den ganzen Winter ist's so ärmlich bei mir zugegangen, verstehst du, daß ich nicht mal das Geld hatte, mir Brot zu kaufen. Da verkaufte ich zuerst die silbernen Knöpfe von meinem Sonntagsrock, und dann verkaufte ich meine silberne Kette, und dann verkaufte ich meine lange Tabakspfeife, und zuletzt verkaufte ich meinen Schubkarren. Aber jetzt werde ich das alles wieder zurückkaufen.‹

›Hans‹, sagte der Müller, ›ich schenke dir meinen eigenen Schubkarren. Er ist nicht eben im besten Zustand; die eine Seite fehlt ganz, und auch an den Radspeichen ist verschiedenes entzwei, aber trotz alledem will ich ihn dir schenken. Ich weiß, das ist sehr edelmütig von mir, und die Leute werden mich für äußerst töricht halten, weil ich mich von dem Schubkarren trenne; aber ich bin anders als der gemeine Haufe. Meiner Meinung nach ist Edelmut das innerste Wesen der Freundschaft, und außerdem habe ich mir einen neuen Schubkarren zugelegt. Jawohl, sei gutes Muts und mach dir keine Kopfschmerzen – ich schenke dir meinen Schubkarren.‹

›Ach, das ist wirklich sehr edelmütig von dir‹, sagte der kleine Hans, und sein lustiges rundes Gesicht strahlte über und über vor Freude. ›Ich kann ihn auch leicht reparieren, denn ich habe ein schönes Brett bei mir im Haus.‹

›Ein schönes Brett!‹ sagte der Müller, ›sieh an, das ist genau das, was ich für mein Scheunendach brauche. Mein Scheunendach hat nämlich ein gewaltig großes Loch, und das Korn wird ganz feucht werden, wenn ich nicht etwas drübernagle. Welch ein Glück, daß du davon gesprochen hast! Es ist doch erstaunlich, wie eine gute Tat stets eine zweite nach sich zieht. Ich habe dir meinen Schubkarren geschenkt, und nun willst du mir dein Brett schenken. Natürlich ist mein Schubkarren viel mehr wert als dein Brett, aber wahre Freundschaft rechnet nicht. Bitte, hol es gleich, damit ich noch heute mit der Arbeit an meiner Scheune beginnen kann.‹

›Gern‹, rief der kleine Hans, und er rannte in den Schuppen und schleppte das Brett heraus.

›Es ist gerade kein sehr großes Brett‹, sagte der Müller und schaute es prüfend an, ›und ich glaube fast, wenn ich mein Scheunendach damit ausgebessert habe, wird nichts für dich übrigbleiben, um den Schubkarren zu reparieren; aber selbstverständlich ist das nicht meine Schuld. Und jetzt, da ich dir meinen Schubkarren geschenkt habe, wirst du mir sicherlich gern ein paar Blumen als Gegengabe schenken. Hier ist der Korb, sieh nur zu, daß er bis oben voll wird.‹

›Bis oben voll?‹ sagte der kleine Hans etwas bekümmert, denn der Korb war wirklich sehr groß, und er wußte, daß keine Blumen für den Markt übrigbleiben würden, wenn er ihn bis oben füllte; und ihm lag sehr viel daran, seine Silberknöpfe wiederzubekommen.

›Aber gewiß‹, antwortete der Müller. ›Da ich dir meinen Schubkarren geschenkt habe, halte ich es nicht für unbillig, daß ich dich um ein paar Blümchen bitte. Vielleicht irre ich mich, aber ich sollte meinen, Freundschaft, wahre Freundschaft, ist ganz frei von jeder Art Eigennutz.‹

›Lieber Freund, bester Freund!‹ rief der kleine Hans, ›alle Blumen meines Gartens sind dein. Mir liegt jederzeit viel mehr an deiner guten Meinung als an meinen silbernen Knöpfen.‹ Und er lief und pflückte alle seine schönen Schlüsselblumen und füllte den Korb des Müllers bis oben hin.

›Auf Wiedersehen, kleiner Hans‹, sagte der Müller, als er mit dem Brett auf der Schulter und dem großen Korb in der Hand den Hügel hinanstieg.

›Auf Wiedersehen‹, sagte der kleine Hans und machte sich höchst vergnügt wieder ans Graben; er freute sich so sehr über den Schubkarren.

Am nächsten Tage band er gerade ein paar Geißblattranken über der Tür fest, als er den Müller hörte, der von der Straße her nach ihm rief. Er sprang also von der Leiter, lief hinab in den Garten und blickte über die Mauer.

Da stand der Müller mit einem großen Sack Mehl auf dem Rücken.

›Lieber kleiner Hans‹, sagte der Müller, ›würde es dir was ausmachen, diesen Sack Mehl für mich auf den Markt zu bringen?‹

›Oh! das tut mir wirklich leid‹, sagte Hans, ›aber ich habe heute sehr viel zu tun. Ich muß all meine Schlingpflanzen aufbinden und all meine Blumen gießen und meinen ganzen Rasen walzen.‹

›In der Tat‹, sagte der Müller, ›wenn ich recht bedenke, daß ich dir meinen Schubkarren schenken will, finde ich es sehr wenig freundschaftlich von dir, mir den kleinen Gefallen zu verweigern.‹

›Ach, sprich nicht so‹, rief der kleine Hans, ›nicht um alles in der Welt möchte ich unfreundschaftlich gegen dich sein.‹ Und er lief nach seiner Mütze und keuchte mit dem großen Sack auf den Schultern davon.

Es war ein sehr heißer Tag, und die Landstraße war entsetzlich staubig, und ehe Hans den sechsten Meilenstein erreicht hatte, fühlte er sich so matt, daß er sich niedersetzen und ausruhen mußte. Aber gleich ging er tapfer weiter und gelangte endlich zum Markt. Nachdem er dort eine Weile gewartet hatte, verkaufte er den Sack Mehl zu einem sehr günstigen Preis und kehrte dann unverzüglich heim; denn er fürchtete unterwegs den Räubern in die Hände zu fallen, wenn er sich länger aufhielte.

›Das war mal ein schwerer Tag heute‹, sagte der kleine Hans zu sich selber, als er ins Bett ging, ›aber ich freue mich doch, daß ich's dem Müller nicht abgeschlagen habe. Er ist ja mein bester Freund, und überdies will er mir seinen Schubkarren schenken.‹

Früh am nächsten Morgen kam der Müller herüber, das Geld für den Sack Mehl zu holen; der kleine Hans jedoch war so müde, daß er noch im Bett lag.

›So wahr ich hier stehe‹, sagte der Müller, ›du bist sehr faul. Ich dächte, da ich dir doch meinen Schubkarren schenken will, solltest du fürwahr fleißiger arbeiten. Müßiggang ist aller Laster Anfang, und ich sehe sehr ungern, wenn einer meiner Freunde träge oder saumselig ist. Du darfst mir's nicht übelnehmen, daß ich so unumwunden mit dir rede. Wäre ich nicht dein Freund, so würde mir das natürlich nicht im Traume einfallen. Welchen Nutzen aber hätte die Freundschaft, wenn man unter Freunden nicht aufrichtig seine Meinung sagte? Komplimente machen, Wohlgefallen zu erregen trachten und schmeicheln, das kann ein jeder; doch der wahre Freund spricht immer Unangenehmes und trägt kein Bedenken, auch weh zu tun. Ja, dem wahren Freund von echtem Schrot und Korn ist dies sogar das liebste, denn er weiß, daß Wehtun Wohltun ist.‹

›Verzeih, ich wollte dich nicht erzürnen‹, sagte der kleine Hans, während er sich den Schlaf aus den Augen rieb und seine Nachtmütze abnahm, ›aber weil ich gar so müde war, dachte ich mir, ich könnte eigentlich noch ein bißchen liegenbleiben und den Vögeln zuhören. Weißt du, die Arbeit geht mir stets besser von der Hand, wenn ich vorher die Vögel habe singen hören.‹

›So? das freut mich‹, sagte der Müller und klopfte dem kleinen Hans auf den Rücken, ›denn ich möchte, daß du zur Mühle hinaufkommst, sobald du dich angezogen hast, und mir mein Scheunendach ausbesserst.‹

Der arme kleine Hans brannte zwar darauf, in seinem Garten zu arbeiten, denn er hatte die Blumen seit zwei Tagen nicht

mehr gegossen; aber er wollte dem Müller die Bitte nicht abschlagen, da dieser doch ein so guter Freund von ihm war.
›Würdest du's für sehr unfreundschaftlich von mir halten, wenn ich sagte, ich hätte viel zu tun?‹ fragte er ganz behutsam und schüchtern.
›Allerdings‹, antwortete der Müller, ›ich glaube, es ist nicht zuviel von dir verlangt, da ich dir ja meinen Schubkarren schenken will; aber wenn du nicht magst, werde ich selbstverständlich alles selber machen.‹
›Oh, auf keinen Fall!‹ rief der kleine Hans; und er sprang aus dem Bett und zog sich an und ging hinauf zu der Scheune. Dort werkte er den ganzen Tag bis zum Sonnenuntergang, und bei Sonnenuntergang kam der Müller, um zu sehen, wie es mit der Arbeit stand.
›Hast du das Loch im Dach schon repariert, kleiner Hans?‹ rief der Müller fröhlichen Tones.
›Es ist fertig ausgebessert‹, antwortete der kleine Hans und stieg die Leiter hinab.
›Ah!‹ sagte der Müller, ›nichts gewährt uns größere Befriedigung als die Arbeit, die wir für andere verrichten.‹
›Es ist wirklich ein großer Vorzug, dich reden zu hören‹, erwiderte der kleine Hans und setzte sich nieder und wischte den Schweiß von der Stirn, ›ein sehr großer Vorzug sogar. Ich fürchte freilich, mir werden niemals so schöne Gedanken kommen wie dir.‹
›Oh! das wird schon werden‹, sagte der Müller, ›du mußt dir nur mehr Mühe geben. Vorläufig übst du die Freundschaft nur praktisch aus; eines Tages aber wirst du auch ihre Theorie begreifen.‹
›Meinst du wirklich?‹ fragte der kleine Hans.
›Unbedingt‹, antwortete der Müller. ›Doch nun, da du das Dach ausgebessert hast, solltest du lieber nach Hause gehen und dich ausruhen, denn ich möchte, daß du morgen meine Schafe auf den Berg treibst.‹
Der arme kleine Hans hatte Angst, irgend etwas dagegen zu sagen, und am nächsten Morgen in aller Herrgottsfrühe brachte der Müller seine Schafe hinüber zu Hansens Häuschen, und der ging mit ihnen auf den Berg. Er brauchte den ganzen Tag,

um hinauf und wieder hinunter zu gelangen; und als er heimkehrte, war er so müde, daß er in seinen Stuhl sank und schlief, und er wachte nicht auf, bis es hellichter Tag geworden war.
›Wie herrlich werde ich heut in meinem Garten arbeiten‹, sagte er und machte sich unverweilt ans Werk.
Aber mal aus diesem Grunde, mal aus jenem – nie hatte er Zeit, sich um seine Blumen zu kümmern; denn immerzu kam sein Freund, der Müller, herüber und schickte ihn fort mit langwierigen Aufträgen oder holte ihn, damit er in der Mühle half. Der kleine Hans war mitunter ganz niedergeschlagen, weil er fürchtete, seine Blumen könnten glauben, er habe sie vergessen. Aber dann tröstete er sich wieder mit dem Gedanken, daß der Müller doch sein bester Freund war. ›Zudem‹, sagte er sich stets, ›will er mir seinen Schubkarren schenken, und das ist ein Akt reinen Edelmuts.‹
So arbeitete der kleine Hans weiter für den Müller, und der Müller sagte allerhand Schönes über die Freundschaft, was Hans wortwörtlich in ein Notizbuch eintrug und nachts immer wieder durchlas, denn er war ein sehr gewissenhafter Schüler.
Eines Abends nun saß der kleine Hans noch spät an seinem Kamin, als es laut an der Tür klopfte. Die Nacht war dunkel und schaurig, und der Wind fuhr mit so wildem Getöse ums Haus, daß Hans zunächst dachte, es sei nur der Sturm. Aber ein zweites Klopfen folgte, und dann ein drittes, lauter als jedes zuvor.
›Das ist ein armer Wandersmann‹, sagte der kleine Hans bei sich und lief an die Tür.
Da stand der Müller mit einer Laterne in der einen Hand und einem großen Stecken in der anderen.
›Lieber kleiner Hans‹, rief der Müller, ›ich bin in großer Bedrängnis. Mein kleiner Junge ist von der Leiter gestürzt und hat sich verletzt, und ich muß den Doktor holen. Aber der wohnt so weit weg, und die Nacht ist so schlimm, daß mir eben eingefallen ist, es wäre doch viel besser, wenn du statt meiner hingingest. Du weißt, ich will dir meinen Schubkarren schenken, und da ist es doch nur in der Ordnung, wenn du mir auch einmal einen Gegendienst leistest.‹
›Gewiß‹, rief der kleine Hans, ›ich betrachte es als eine große

Ehre, daß du zu mir gekommen bist, und will sofort aufbrechen. Aber leih mir bitte deine Laterne, denn bei der Finsternis heute abend könnte ich sonst den Weg verfehlen und in den Graben fallen.‹

›Leider‹, erwiderte der Müller, ›leider ist das meine neue Laterne, und wenn ihr etwas zustieße, wäre das ein sehr empfindlicher Schade für mich.‹

›Gut, macht nichts, es geht auch so‹, rief der kleine Hans, und er nahm seinen großen Pelzrock vom Nagel und seine warme rote Tuchkappe und band sich einen Schal um den Hals und machte sich auf den Weg.

Was tobte da für ein fürchterlicher Sturm! Die Nacht war so schwarz, daß der kleine Hans kaum sehen konnte, und der Wind wehte so heftig, daß er sich nur mit Mühe auf den Beinen hielt. Er ertrug aber alles sehr tapfer, und nach drei Stunden Weges kam er zum Doktorhaus und pochte an die Tür.

›Wer ist da?‹ rief der Arzt und steckte den Kopf zum Schlafzimmerfenster heraus.

›Der kleine Hans, Doktor.‹

›Was willst du denn, kleiner Hans?‹

›Der Junge vom Müller ist die Leiter runtergefallen und hat sich was getan, und der Müller läßt sagen, Sie möchten doch gleich hinkommen.‹

›Gut!‹ sagte der Doktor; und er rief nach seinem Pferd und seinen großen Stiefeln und seiner Laterne und kam die Treppe herab und ritt davon nach des Müllers Hause, der kleine Hans aber stapfte hinter ihm drein.

Doch der Sturm wurde schlimmer und schlimmer, und es regnete in Strömen, und der kleine Hans konnte nicht sehen, wohin er lief, und nicht mit dem Pferd gleichen Schritt halten. Zum Schluß kam er vom Wege ab und verirrte sich ins Moor, wo es sehr gefährlich war, denn das Moor war voll tiefer Wasserlöcher; und in einem davon ertrank der arme kleine Hans. Sein Leichnam wurde, in einem großen Tümpel treibend, am nächsten Tage von ein paar Ziegenhirten aufgefunden und nach seinem Häuschen gebracht.

Die ganze Gegend ging mit bei seinem Begräbnis, denn alle

hatten den kleinen Hans gekannt und gern gehabt, und der Müller war der Hauptleidtragende.
›Da ich sein bester Freund gewesen bin‹, sagte der Müller, ›ist es nur recht und billig, daß ich den besten Platz einnehme.‹ Und so schritt er im langen schwarzen Rock an der Spitze des Trauerzuges, und dann und wann wischte er sich mit einem großen Taschentuch die Augen.
›Jedem von uns wird der kleine Hans bestimmt sehr fehlen‹, sagte der Schmied, als das Begräbnis vorüber war und alle bei Glühwein und süßem Kuchen gemütlich im Wirtshaus beisammensaßen.
›Mir jedenfalls wird er wirklich fehlen‹, erwiderte der Müller. ›Jawohl, ich hatte ihm meinen Schubkarren schon so gut wie geschenkt, und nun weiß ich beim besten Willen nicht, was ich damit anfangen soll. Er steht mir zu Hause immerzu im Wege, und er ist in so schlechtem Zustand, daß ich nichts dafür bekäme, wenn ich ihn verkaufte. Ich will mich fortan sehr hüten, je wieder irgend etwas zu verschenken. Man hat bloß den Schaden für seinen Edelmut.‹ «
»Nun, und weiter?« sagte der Wasserratz nach einer langen Pause.
»Nun, das ist der Schluß«, sagte der Hänfling.
»Aber was wurde aus dem Müller?« fragte der Wasserratz.
»Oh, das weiß ich wahrhaftig nicht«, antwortete der Hänfling, »und es ist mir auch ganz einerlei.«
»Daraus ersieht man deutlich, Sie sind keiner Anteilnahme fähig«, sagte der Wasserratz.
»Ich fürchte, Sie begreifen die Moral der Geschichte nicht ganz«, bemerkte der Hänfling.
»Die was?« kreischte der Wasserratz.
»Die Moral.«
»Wollen Sie damit sagen, daß die Geschichte eine Moral hat?«
»Gewiß«, sagte der Hänfling.
»Zum Kuckuck«, sagte der Wasserratz höchst erbost, »ich dächte, Sie hätten mir das sagen können, bevor Sie anfingen. Dann hätte ich Ihnen nämlich ganz bestimmt nicht zugehört; im Gegenteil, ich hätte ›Pah!‹ gesagt wie der Kritiker neulich. Immerhin kann ich's ja jetzt nachholen.« Und er brüllte aus

vollem Halse: »Pah!«, schwenkte den Schwanz und kroch in sein Loch zurück.
»Und wie gefällt Ihnen der Wasserratz?« fragte die Ente, die ein paar Minuten danach angerudert kam. »Er hat eine Menge hervorragende Eigenschaften, ich für meine Person aber hege die Gefühle einer Gattin und Mutter, und ich kann einen eingefleischten Junggesellen nicht ansehen, ohne daß mir die Tränen kommen.«
»Mir scheint, er hat sich über mich geärgert«, meinte der Hänfling, »und zwar, weil ich ihm eine Geschichte mit einer Moral erzählt habe.«
»Ah! das ist immer ein sehr gefährliches Unterfangen!« sagte die Ente.
Und ich gebe ihr vollkommen recht.

DIE UNGEWÖHNLICHE RAKETE

DER Königssohn wollte Hochzeit halten, und deshalb feierte man Freudenfeste im ganzen Land. Er hatte ein volles Jahr auf seine Braut gewartet, jetzt endlich war sie gekommen. Sie war eine russische Prinzessin, und ein mit sechs Rentieren bespannter Schlitten hatte sie den weiten Weg von Finnland hergeführt. Der Schlitten glich einem großen goldenen Schwan, und zwischen den Schwingen des Schwanes ruhte die kleine Prinzessin. Ihr langer Hermelinmantel floß bis zu ihren Füßen nieder, auf dem Kopfe trug sie ein winziges Käppchen aus Silbergespinst, und ihr Antlitz war so schimmerndweiß wie der Schneepalast, in dem sie bisher gewohnt hatte. So schimmerndweiß war sie, daß sich alles Volk verwunderte, als sie durch die Straßen fuhr. »Sie ist wie eine weiße Rose!« riefen die Leute und überschütteten sie von den Balkonen herab mit Blumen.

Am Schloßtor wartete der Prinz, ihr Willkommen zu bieten. Er hatte träumerische Veilchenaugen, und sein Haar war wie lauteres Gold.

Als er sie erblickte, sank er aufs Knie und küßte ihre Hand.

»Euer Bildnis war zauberschön«, sagte er leise, »aber Ihr seid schöner als Euer Bild«, und die kleine Prinzessin errötete.

»Sie war vorher wie eine weiße Rose«, sagte ein junger Page zu einem anderen, der neben ihm stand, »jetzt aber ist sie wie eine rote Rose.« Und der ganze Hofstaat war entzückt.

Während der nächsten drei Tage hörte man nichts als »Weiße Rose, rote Rose, rote Rose, weiße Rose«, und der König befahl, den Sold des Pagen zu verdoppeln. Da er aber gar keinen Sold erhielt, nützte ihm das nicht viel, aber es wurde all-

gemein als eine große Ehre angesehen und, wie sich's gebührt, in der Hofzeitung verlautbart.
Als die drei Tage vorüber waren, wurde die Vermählung gefeiert. Es war eine prunkvolle Festlichkeit, und die Braut und der Bräutigam schritten Hand in Hand unter einem mit kleinen Perlen bestickten Baldachin aus purpurrotem Samt. Dann gab es ein Staatsbankett, das fünf Stunden dauerte. Der Prinz und die Prinzessin saßen obenan im großen Saale und tranken aus einem Becher, der war aus klarem Kristall. Nur treulich Liebende konnten aus diesem Becher trinken, denn er wurde grau und trüb und wolkig, wenn trügerische Lippen seinen Rand berührten.
»Es ist ganz klar, daß sie einander lieben«, sagte der kleine Page, »so klar wie Kristall!«, und der König verdoppelte ihm den Sold zum zweiten Male. »Welch eine Ehre!« rief die ganze Hofgesellschaft.
Nach dem Staatsbankett sollte ein Ball stattfinden, auf dem das Brautpaar den Rosentanz tanzen sollte, und der König hatte versprochen, Flöte zu spielen. Er spielte sehr schlecht, aber keiner hatte ihm das je zu sagen gewagt, weil er der König war.
Er konnte nur zwei Stücke und wußte niemals ganz genau, welches er eigentlich spielte; das machte indessen gar nichts aus, denn was er auch tat, es rief doch jedermann: »Herrlich! Herrlich!«
Der letzte Punkt des Festprogramms war ein Riesenfeuerwerk, das Schlag Mitternacht abgebrannt werden sollte. Die kleine Prinzessin hatte in ihrem Leben noch kein Feuerwerk gesehen, deshalb war vom König Befehl gegeben worden, daß der Königliche Hoffeuerwerker sich am Tage ihrer Hochzeit dienstbereit zu halten habe.
»Wie sieht so ein Feuerwerk eigentlich aus?« hatte sie eines Morgens den Prinzen gefragt, als sie sich auf der Terrasse ergingen.
»Es sieht aus wie das Nordlicht«, sagte der König, der stets die Fragen beantwortete, die an andere gerichtet wurden, »nur viel natürlicher. Mir persönlich ist ein Feuerwerk sogar lieber als die Sterne, denn man weiß dabei immer, wann etwas zu se-

hen sein wird, und es ist so begeisternd wie mein königliches Flötenspiel. Ihr dürft es keinesfalls versäumen.«

So war denn ganz hinten im Garten ein großes Gerüst aufgebaut worden, und kaum hatte der Königliche Hoffeuerwerker alles an seinem gehörigen Platz aufgestellt, da huben die Feuerwerkskörper an, sich miteinander zu unterhalten.

»Wahrlich, die Welt ist wunderschön!« rief ein kleiner Schwärmer. »Seht bloß die gelben Tulpen dort. Und wenn sie richtige Knallfrösche wären, sie könnten nicht reizender sein. Ich bin sehr froh, daß ich viel gereist und weit herumgekommen bin. Reisen bildet ganz unvergleichlich und räumt mit allen Vorurteilen auf.«

»Des Königs Garten ist nicht die Welt, du närrischer Schwärmer«, sagte eine große Leuchtkugel. »Die Welt ist riesengroß, und du würdest wohl drei Tage brauchen, um sie gründlich zu besichtigen.«

»Jede Stätte, die man liebt, ist einem die Welt«, seufzte ein schwermütiges Feuerrad, eine Dame, die in ihren jüngeren Jahren einem alten Spankorb zugetan gewesen war und sich seitdem viel auf ihr gebrochenes Herz einbildete. »Aber Liebe ist heutzutage nicht mehr Mode; die Dichter haben sie umgebracht. Sie haben so viel darüber geschrieben, daß ihnen niemand mehr glaubte, und das wundert mich nicht. Wahre Liebe duldet und schweigt. Ich entsinne mich sehr wohl, wie ich selber einst ... Aber danach fragt jetzt niemand mehr. Die Romantik gehört der Vergangenheit an.«

»Unsinn!« sagte die Leuchtkugel. »Die Romantik stirbt nie. Sie ist wie der Mond und lebt ewig. Der Prinz und die Prinzessin zum Beispiel lieben einander von Herzen. Ein Kanonenschlag, der in seiner Papphülse zufällig im selben Kasten lag wie ich, hat mir heute morgen viel von ihnen erzählt, und der kannte den neusten Hofklatsch.«

Aber das Feuerrad schüttelte den Kopf. »Romantik ist tot, Romantik ist tot, Romantik ist tot«, murmelte es vor sich hin. Es gehörte zu den Leuten, die glauben, was man viele Male unermüdlich wiederholt, werde schließlich wahr.

Plötzlich vernahm man ein scharfes, trockenes Husten, und alle blickten sich um.

Es kam von einer schlanken, hochmütig aussehenden Rakete, die ans Ende eines langen Stockes gebunden war. Sie hustete immer, bevor sie eine Äußerung tat, um so die allgemeine Aufmerksamkeit auf sich zu lenken.
»E-hem! E-hem!« machte sie, und alle horchten, außer dem armen Feuerrad, das immer noch den Kopf schüttelte und sein »Romantik ist tot! Romantik ist tot!« vor sich hin sprach.
»Zur Ordnung! Zur Ordnung!« schrie ein Knallfrosch. Er war so etwas wie ein Politiker und hatte bei den Gemeindewahlen immer eine hervorragende Rolle gespielt, daher verstand er sich auf die parlamentarischen Fachausdrücke.
»Ganz tot«, flüsterte das Feuerrad und schlief ein.
Sobald vollkommene Ruhe eingetreten war, hustete die Rakete ein drittes Mal und begann. Sie sprach sehr langsam und deutlich, als ob sie ihre Memoiren diktierte, und blickte dabei stets von oben herab auf den, zu dem sie sprach. Sie hatte in der Tat ein überaus vornehmes Wesen.
»Wie glücklich trifft es sich für des Königs Sohn«, bemerkte sie, »daß er an ebendemselben Tage Hochzeit macht, an dem ich aufsteigen soll. Ich meine, wäre es im voraus arrangiert worden, so hätte es nicht besser für ihn ausfallen können; aber Prinzen haben immer Glück.«
»Weiß Gott«, sagte der kleine Schwärmer, »ich dachte, die Sache läge gerade umgekehrt und wir würden zu Ehren des Prinzen abgebrannt.«
»Das mag für Sie zutreffen«, entgegnete die Rakete, »gewiß, ich bezweifle das in keiner Weise; aber mit mir ist es anders. Ich bin eine ganz ungewöhnliche Rakete und stamme von ganz ungewöhnlichen Eltern. Meine Mutter war das gefeiertste Feuerrad ihrer Zeit und berühmt als graziöse Tänzerin. Bei ihrem großen öffentlichen Auftreten wirbelte sie neunzehnmal im Kreise, bevor sie erlosch, und jedesmal, wenn sie sich drehte, warf sie sieben rosa Sterne in die Luft. Sie maß drei und einen halben Fuß im Durchmesser und war aus allerbestem Schießpulver gemacht. Mein Vater war eine Rakete gleich mir selbst und französischer Herkunft. Er flog so hoch, daß man allerseits fürchtete, er werde gar nicht wieder herabkommen. Er tat es jedoch, denn er war leutseliger Natur, und

ging glorreich in einem Schauer goldenen Regens nieder. Die Blätter schrieben in sehr schmeichelhaften Worten über seine Aufführung. Ja, die Hofzeitung nannte ihn einen Triumph der Feuerwerkskunst oder Pylotechnik.«

»Pyrotechnik meinen Sie, Pyrotechnik«, sagte ein bengalisches Feuer, »ich weiß, daß es Pyrotechnik heißt, denn so stand's auf meinem eigenen Behälter geschrieben.«

»Nun, ich sagte Pylotechnik«, entgegnete die Rakete in strengem Ton, und das bengalische Feuer fühlte sich so zermalmt, daß es schleunigst mal die kleinen Schwärmer anbrüllte, um sich als eine Persönlichkeit zu zeigen, mit der man immerhin zu rechnen habe.

»Ich sagte soeben«, fuhr die Rakete fort, »ich sagte ... was habe ich doch gesagt?«

»Sie sprachen über sich selbst«, antwortete die Leuchtkugel.

»Natürlich. Ich wußte, daß ich einen sehr interessanten Gegenstand erörterte, als ich auf so grobe Weise unterbrochen wurde. Ich hasse jede Art von Grobheit und von schlechten Manieren, denn das beleidigt mein Feingefühl. Es gibt kein zweites so sensibles Wesen wie mich auf der ganzen Welt; des bin ich gewiß.«

»Was ist denn das, 'n sensibles Wesen?« fragte der Knallfrosch die Leuchtkugel.

»Jemand, der selber Hühneraugen hat und deswegen andern Leuten immerzu auf die Fußzehen tritt«, flüsterte die Leuchtkugel ganz leise zur Antwort; und der Knallfrosch wollte fast bersten vor Gelächter.

»Bitte, worüber lachen Sie?« erkundigte sich die Rakete, »ich habe ja nicht gelacht.«

»Ich lache, weil ich vergnügt bin«, erwiderte der Knallfrosch.

»Das ist ein sehr egoistischer Grund«, sagte die Rakete ärgerlich. »Woher nehmen Sie das Recht, vergnügt zu sein? Sie sollten mehr an andere denken. Sie sollten an mich denken. Ich denke fortwährend an mich, und ich erwarte von allen anderen, daß sie dasselbe tun. Dies nenne ich echte Anteilnahme. Sie ist eine schöne Tugend, und ich besitze sie in hohem Grade. Setzen wir zum Beispiel den Fall, mir stieße heute abend irgend etwas zu: welch ein Unglück bedeutete das für einen jeden! Der Prinz und die Prinzessin würden niemals wieder froh sein können, ihr ganzer Ehestand wäre vergiftet; und der König – er würde nie darüber hinwegkommen. Fürwahr, beginne ich nur, die bedeutsame Stellung zu durchdenken, die ich innehabe, so erschüttert es mich fast bis zu Tränen.«

»Wenn Sie andere erfreuen wollen«, rief die Leuchtkugel, »dann sollten Sie lieber aufpassen, daß Sie trocken bleiben.«

»Richtig!« schrie das bengalische Feuer, dessen Stimmung sich jetzt wieder hob, »das muß Ihnen doch die einfachste Vernunft sagen.«

»Einfachste Vernunft! Mein Gott«, sagte die Rakete sehr unwillig, »Sie vergessen, daß ich absolut nicht einfach, sondern ganz und gar ungewöhnlich bin. Einfach und vernünftig sein kann jeder, vorausgesetzt, er besitzt keine Phantasie. Ich aber habe Phantasie, denn ich denke mir die Dinge nie so, wie sie wirklich sind; ich denke sie mir stets ganz anders. Man rät mir, trocken zu bleiben – ich ersehe daraus, daß hier niemand ist, der einer gefühlsstarken Natur auch nur gerecht zu werden weiß. Zu meinem Glück ist mir das völlig einerlei. Das einzige, was einen im Leben aufrechterhält, ist das Bewußtsein von der abgrundtiefen Inferiorität aller anderen, und das ist ein Gefühl, das ich jederzeit gepflegt habe. Ihr aber habt allesamt kein Herz. Ihr steht herum und lacht und amüsiert euch, gerade als ob der Prinz und die Prinzessin nicht jetzt Hochzeit feierten.«

»Na, hören Sie mal«, rief ein kleiner Feuerballon, »warum schließlich nicht? Hochzeitmachen ist eine sehr fröhliche Angelegenheit, und wenn ich in die Luft aufsteige, will ich den Sternen allerhand davon erzählen. Ihr werdet sehen, wie sie zwinkern, wenn ich auf die niedliche Braut zu sprechen komme.«

»Ah, was für eine platte Lebensanschauung!« sagte die Rakete, »doch das ist nur, was ich von Ihnen erwartet habe. Nichts liegt in Ihnen verborgen, Sie sind hohl und leer. Bedenken Sie, es könnte sich fügen, daß der Prinz und die Prinzessin in einem Lande leben, das ein tiefer Strom durchfließt, und vielleicht könnten sie ein einziges Söhnchen haben, einen kleinen blondlockigen Knaben mit Veilchenaugen wie der Prinz selber; und vielleicht könnte der Kleine eines Tages mit seiner Amme spazierengehen; und vielleicht könnte die Amme unter einem großen Holunderbaum einschlafen; und vielleicht könnte der kleine Junge unterdessen in den tiefen Strom fallen und ertrinken. Welch fürchterliches Unglück! Die armen Eltern ... den einzigen Sohn zu verlieren! Es ist entsetzlich, gar zu entsetzlich! Ich werde das nie im Leben verwinden.«

»Aber sie haben ihren einzigen Sohn gar nicht verloren«, sagte die Leuchtkugel, »ihnen ist überhaupt kein Unglück zugestoßen.«

»Mir ist nicht eingefallen, das zu behaupten«, entgegnete die Rakete, »ich sagte: es könnte sich so fügen. Hätten sie ihren einzigen Sohn verloren, so wäre es zwecklos, ein Wort darüber zu reden. Ich hasse Leute, die um verschüttete Milch jammern. Allein wenn ich denke, daß sie ihren einzigen Sohn verlieren könnten, dreht sich mir das Herz im Leibe um.«

»Drehen – da haben Sie mal recht!« rief das bengalische Feuer. »Jawohl, Sie sind das verdrehteste Individuum, das mir mein Lebtag vorgekommen ist.«

»Und Sie sind das unerzogenste, das mir je vorgekommen ist«, sagte die Rakete, »und Sie können meine freundschaftlichen Gefühle für den Prinzen nicht im mindesten begreifen.«

»Na, Sie kennen ihn ja nicht mal«, knurrte die Leuchtkugel.

»Das habe ich auch nicht behauptet«, antwortete die Rakete. »Ich möchte eher behaupten, daß ich sein Freund nicht wäre, wenn ich ihn kennte. Seine Freunde zu kennen ist ein mißlich Ding.«

»Sie sollten sich wirklich lieber darum kümmern, daß Sie trokken bleiben«, sagte der Feuerballon. »Das ist nun mal die Hauptsache.«

»Die Hauptsache für Sie, ich bezweifle das nicht«, erwiderte die Rakete; »ich aber weine, wann immer es mir beliebt.« Und auf der Stelle brach sie wirklich in helle Tränen aus; wie Regentropfen liefen sie an ihrem Stock hinunter und hätten um ein Haar zwei kleine Käfer ertränkt, die eben beschlossen hatten, einen gemeinsamen Hausstand zu gründen, und nach einem hübschen trockenen Fleckchen für ihre Wohnung Ausschau hielten.

»Sie muß eine echt romantische Natur sein«, sagte das Feuerrad, »denn sie weint, wo es gar nichts zu weinen gibt.« Und es seufzte schwer und dachte an den Spankorb.
Aber die Leuchtkugel und das bengalische Feuer waren tief entrüstet und sagten im Brustton der Überzeugung immer wieder: »Humbug! Humbug!« Sie waren äußerst praktisch veranlagt, und alles, was ihren Widerspruch weckte, nannten sie Humbug.
Dann hob sich der Mond wie ein wundervoller Silberschild; und die Sterne erglänzten, und Musik klang vom Palaste her. Der Prinz und die Prinzessin führten den Tanz. Sie tanzten so schön, daß die schlanken weißen Lilien durchs Fenster hineinblickten, um ihnen zuzusehen, und die großen roten Mohnblumen nickten mit den Köpfen und schlugen den Takt.
Dann sang die Uhr zehn, und dann elf, und dann zwölf, und beim letzten Mitternachtsschlage kamen alle heraus auf die Terrasse, und der König ließ den Königlichen Hoffeuerwerker holen.
»Fang an mit dem Feuerwerk«, sagte der König; und der Königliche Hoffeuerwerker verbeugte sich tief und ging hinunter ans Ende des Gartens. Er hatte sechs Gehilfen bei sich, und jeder von ihnen trug eine brennende Fackel an einer langen Stange.
Es war wirklich ein prächtiges Schauspiel.
»Whizz! Whizz!« machte das Feuerrad und drehte sich unermüdlich rundherum. »Bumm! Bumm!« dröhnte die Leuchtkugel. Dann tanzten die Schwärmer über den ganzen Platz, und die bengalischen Feuer übergossen alles mit Scharlachrot. »Adieu!« schrie der Feuerballon und schwang sich davon, indes winzige blaue Funken von ihm niederrannen. »Bäng! Bäng!« antworteten die Knallfrösche, die an dem allen einen ungeheuren Spaß hatten. Jeder einzelne war ein voller Erfolg, mit Ausnahme der ungewöhnlichen Rakete. Sie war so naß vom Weinen, daß sie nicht einmal losging. Das Beste an ihr, das Schießpulver, war vor lauter Tränenfeuchte unbrauchbar geworden. Alle ihre armen Verwandten, mit denen sie nie zu sprechen geruht – es sei denn mit einem Naserümpfen –, schossen zum Himmel auf gleich goldenen Wunderblumen mit

Blüten aus Feuer. »Heißa! Heißa!« rief der ganze Hof, und die kleine Prinzessin lachte vor Vergnügen.
»Vermutlich spart man mich für eine besonders große Gelegenheit auf«, sagte die Rakete. »Gewiß, so muß es sein und nicht anders.« Und sie schaute hochmütiger drein denn je.
Am nächsten Tage kamen die Gärtnerburschen, um alles wieder aufzuräumen. »Offenbar ist dies eine Deputation«, sagte die Rakete, »ich will sie mit geziemender Würde empfangen.« So reckte sie ihre Nase in die Luft und legte die Stirn in strenge Falten, als dächte sie über etwas Hochwichtiges nach. Die Leute aber beachteten sie gar nicht; erst in dem Augenblick, da sie weggehen wollten, erblickte sie einer. »Holla!« rief er, »das ist aber eine häßliche Rakete!«, und er warf sie über die Mauer in den Graben.
»Häßliche Rakete? Häßliche Rakete?« sagte sie, während sie durch die Luft wirbelte. »Unmöglich! Mächtige Rakete – so hat der Mann gesagt. Häßlich und mächtig klingen fast gleich, ja, sie bedeuten oft dasselbe«, und sie fiel in den Schlamm.
»Sehr gemütlich ist es hier nicht«, meinte sie, »aber zweifellos ist das ein eleganter Badeort, und man hat mich zur Wiederherstellung meiner Gesundheit hierhergeschickt. Meine Nerven sind ja völlig zerrüttet, und ich brauche Ruhe.«
Da schwamm ein kleiner Frosch mit diamantenhellen Augen in einem grüngesprenkelten Rock zu ihr heran.
»Ein neuer Gast, wie ich sehe!« sagte der Frosch. »Ja, wenn ich's recht bedenke, geht nichts über fetten Schlamm. Hab ich nur nasses Wetter und einen Graben, so bin ich wunschlos glücklich. Glauben Sie, daß es heute nachmittag regnen wird? Ich hoffe es von Herzen, aber der Himmel ist ganz blau und ohne jedes Wölkchen. Ein rechter Jammer!«
»E-hem! E-hem!« sagte die Rakete und begann zu husten.
»Was haben Sie für ein entzückendes Organ!« rief der Frosch. »Es klingt genau wie Quaken, und Quaken ist natürlich der melodischste Laut von der Welt. Sie werden heute abend unsern Gesangverein zu hören kriegen. Wir sitzen in dem alten Ententeich gleich neben dem Pächterhaus, und sowie der Mond aufgeht, fangen wir an. Es ist so überwältigend, daß alles ringsum wach im Bette liegt, um unserm Gesang zu lau-

schen. Erst gestern hörte ich, wie die Pächtersfrau zu ihrer Mutter sagte, sie könne unsertwegen des Nachts kein Auge zutun. Sich so beliebt zu sehen, gewährt höchste Befriedigung.«

»E-hem! E-hem!« sagte die Rakete gereizt. Sie ärgerte sich sehr, weil sie gar nicht zu Worte kam.

»In der Tat, ein entzückendes Organ«, fuhr der Frosch fort. »Ich hoffe, Sie werden sich abends am Ententeich einfinden. Jetzt aber muß ich fort, nach meinen Töchtern sehen. Ich habe sechs sehr schöne Töchter und lebe in beständiger Angst, der Hecht könnte ihnen begegnen. Er ist ein Unhold, wie er im Buche steht, und würde sich kein Gewissen draus machen, sie zum Frühstück zu verspeisen. Auf Wiedersehen also; seien Sie versichert, Ihre Unterhaltung war mir ein Hochgenuß.«

»Unterhaltung?« sagte die Rakete. »Sie haben die ganze Zeit allein geredet. Das nenne ich keine Unterhaltung.«

»Einer muß zuhören«, entgegnete der Frosch, »und mir ist es am liebsten, wenn ich das Reden alles selber übernehme. Das spart Zeit und verhütet Debatten.«

»Aber ich debattiere gern«, sagte die Rakete.

»Das will ich nicht hoffen«, sagte der Frosch verbindlich. »Debatten sind das Gewöhnlichste vom Gewöhnlichen, denn in der guten Gesellschaft sind stets alle ein und derselben Meinung. Auf Wiedersehen, zum zweiten Male; ich sehe meine Töchter in der Ferne.« Und der kleine Frosch schwamm seiner Wege.

»Leute wie Sie können einen wahrhaftig aufbringen«, sagte die Rakete, »und außerdem haben Sie gar keine Kinderstube. Ich hasse Leute, die, wie Sie, in einem fort von sich selber reden, wenn ein anderer, wie ich, von sich zu reden wünscht. So etwas nenne ich Egoismus, und Egoismus ist etwas ganz Verabscheuenswürdiges, vor allem gegenüber jemand meines Naturells, denn ich bin wegen meines mitfühlenden Wesens weit und breit bekannt. Sie sollten sich in der Tat ein Beispiel an mir nehmen; Sie könnten unmöglich ein besseres Vorbild finden. Jetzt, da sich Ihnen die Gelegenheit bietet, sollten Sie Gebrauch davon machen, denn ich begebe mich binnen kurzem wieder zu Hof. Ich stehe bei Hofe in großer Gunst: mir zu Ehren wurden der Prinz und die Prinzessin gestern getraut. Sie wissen natürlich nichts von diesen Dingen, Sie sind ja bloß ein Provinzler.«

»Es hat keinen Zweck, ihn auszuzanken«, sagte eine Libelle, die hoch oben auf einer großen braunen Binse saß, »gar keinen Zweck, denn er ist schon über alle Berge.«

»Nun, das ist sein Schade, nicht der meine«, antwortete die Rakete. »Ich werde nicht zu reden aufhören, nur weil er mir keine Aufmerksamkeit schenkt. Ich höre mich gerne reden. Es ist eins meiner größten Vergnügen. Ich führe oftmals lange Gespräche mit mir selber, und ich bin so gescheit, daß ich mitunter kein einziges Wort von dem verstehe, was ich sage.«

»Dann sollten Sie unbedingt Vorlesungen über Philosophie halten«, sagte die Libelle, und sie spreitete ein Paar allerliebste Gazeflügel und schwang sich zum Himmel hinan.

»Wie töricht von ihr, nicht hierzubleiben!« sagte die Rakete. »Zweifellos bietet sich ihr nicht oft eine solche Gelegenheit, ihre Bildung zu vervollkommnen. Doch mir soll's recht sein. Ein Genie wie ich kann sich versichert halten, eines Tages anerkannt zu werden«, und sie sank ein bißchen tiefer in den Schlamm.

Eine Weile später kam eine große weiße Ente zu ihr herangeschwommen. Sie hatte gelbe Beine und Füße mit Schwimmhäuten, und wegen ihres watschelnden Ganges galt sie für eine große Schönheit.

»Quack, quack, quack«, sagte sie. »Was für eine sonderbare Figur Sie haben. Darf ich fragen, ob Sie so geboren sind, oder ist das die Folge eines Unfalls?«

»Es ist ganz unverkennbar, daß Sie immer nur auf dem Lande gelebt haben«, antwortete die Rakete, »sonst würden Sie wissen, wer ich bin. Ich trage Ihnen Ihre Unwissenheit indessen nicht nach. Es wäre unbillig, wollte man erwarten, daß andere Leute ebenso ungewöhnlich seien wie man selbst. Sie werden sicherlich überrascht sein, wenn Sie hören: ich kann zum Himmel auffliegen und in einem Schauer goldenen Regens herniederschweben.«

»Von so was halte ich nicht viel«, sagte die Ente, »denn ich vermag nicht zu erkennen, für wen das von Nutzen sein soll. Ja, wenn Sie den Acker pflügen könnten wie der Ochse, oder einen Wagen ziehen wie das Pferd, oder die Schafe hüten wie der Schäferhund, das wäre schon eher etwas.«

»Meine Gute«, rief die Rakete, und ihre Stimme klang sehr hochmütig, »ich merke, daß Sie den niederen Ständen angehören. Eine Persönlichkeit meines Ranges ist niemals nützlich. Unsereins besitzt gewisse Talente, und das ist mehr als genug. Ich hege nicht die geringste Sympathie für Arbeit irgendwelcher Art, und am allerwenigsten für solche, wie Sie sie zu empfehlen scheinen. In der Tat, ich war stets der Ansicht, daß körperliche Arbeit ganz einfach eine Zuflucht für Leute ist, die nichts zu tun haben.«

»Ja, ja«, sagte die Ente, die sehr friedfertig veranlagt war und nie mit jemandem stritt, »die Geschmäcker sind verschieden. Ich hoffe jedenfalls, Sie werden hier Ihren Wohnsitz nehmen.«

»Um Himmels willen, nein!« rief die Rakete. »Ich bin nur ein Kurgast, ein vornehmer Kurgast. Die Wahrheit zu sagen, finde ich diesen Ort höchst langweilig. Man genießt hier weder Gesellschaft noch Einsamkeit. Jawohl, er ist im Grunde genommen spießbürgerlich. Ich werde wohl an den Hof zurückkehren, denn ich weiß, daß ich berufen bin, in der Welt Aufsehen zu erregen.«

»Ich habe früher auch daran gedacht, ins öffentliche Leben zu treten«, bemerkte die Ente; »es gibt so vieles, das reformbedürftig ist. Denken Sie, ich präsidierte vor einiger Zeit bei einer Versammlung, und wir faßten Resolutionen, in denen wir alles mißbilligten, was uns nicht paßte. Es scheint aber, daß wir nicht viel erreicht haben. Nun widme ich mich ganz meiner Häuslichkeit und gehe auf in meiner Familie.«

»Ich bin für das öffentliche Leben geschaffen«, sagte die Rakete, »und alle meine Verwandten, selbst die bescheidensten unter ihnen, haben das mit mir gemein. Wann immer wir erscheinen, erregen wir großes Aufsehen. Ich selber bin zwar noch nicht eigentlich hervorgetreten, aber wenn es geschieht, wird es ein grandioses Schauspiel sein. Häuslichkeit dagegen macht vorzeitig alt und zieht den Geist von den großen Dingen ab.«

»Ah, die großen Dinge des Lebens, wie schön sind sie!« sagte die Ente, »und das erinnert mich daran, daß ich großen Hun-

ger habe.« Und sie schwamm den Bach hinunter und rief: »Quack, quack, quack.«
»Kommen Sie zurück! Zurück!« kreischte die Rakete, »ich habe Ihnen noch vieles zu sagen!« Aber die Ente achtete gar nicht auf sie. ›Ich bin froh, daß sie fort ist‹, sagte die Rakete zu sich selber, ›sie ist von ausgesprochen philisterhafter Gesinnung.‹ Und sie sank noch ein bißchen tiefer in den Schlamm und begann gerade über die Einsamkeit des Genies nachzusinnen, als plötzlich zwei kleine Jungen in weißen Kitteln den Grabenrand entlanggelaufen kamen, mit einem Kessel und ein paar Reisigbündeln.
»Das muß die Deputation sein«, sagte die Rakete und gab sich Mühe, recht würdevoll dreinzuschauen.
»Hallo!« rief der eine Junge, »sieh mal den ollen Stock da! Ich möchte wissen, wo der hergekommen ist.« Und er fischte die Rakete aus dem Graben.
»Oller Stock!« sagte die Rakete. »Unmöglich! Goldner Stock – das hat er gesagt. Goldner Stock ist ein schönes Kompliment. Wahrhaftig, er hält mich für einen der Würdenträger des Hofes.«
»Wir wollen ihn ins Feuer werfen«, sagte der andere Junge, »da wird's im Kessel um so eher kochen.«
Also schichteten sie die Reisigbündel und legten die Rakete zuoberst darauf und machten Feuer.
»Das ist prächtig!« rief die Rakete; »sie lassen mich am hellerlichten Tage aufsteigen, damit alle Welt mich sehen kann.«
»Wir wollen jetzt schlafen«, sagten die Jungen, »und wenn wir aufwachen, kocht's im Kessel.« Und sie legten sich ins Gras und schlossen die Augen.
Die Rakete war sehr naß, daher dauerte es lange, bis sie anbrannte. Endlich jedoch fing sie Feuer.
»Nun steige ich auf!« rief sie und straffte und streckte sich. »Ich weiß, ich werde viel höher steigen als die Sterne, viel höher als der Mond, viel höher als die Sonne. Wahrlich, ich werde so hoch steigen, daß . . .«
»Fisss! Fisss! Fisss!«, und sie stieg steil hinauf in die Luft.
»Wundervoll!« rief sie, »ewig will ich so fliegen. Welch ein Erfolg bin ich!«

Aber niemand sah sie.
Da begann sie am ganzen Leibe ein eigentümliches Prickeln zu spüren.
»Gleich explodiere ich!« rief sie. »Ich werde die ganze Welt in Flammen setzen, und ich will donnern, daß ein ganzes Jahr lang keiner von etwas anderem sprechen wird.«
Und sie explodierte wirklich. »Bäng! Bäng! Bäng!« machte das Schießpulver. Das war eine unbestreitbare Tatsache.
Aber niemand hörte sie, nicht einmal die beiden kleinen Jungen, denn die waren fest eingeschlafen.
Dann war nichts mehr von der Rakete übrig als der Stock, und dieser fiel herab auf den Rücken einer Gans, die am Graben spazierenging.
»Allmächtige Güte!« rief die Gans. »Jetzt regnet's gar Stöcke!«, und sie flüchtete ins Wasser.
»Ich wußte, daß ich ungeheuren Eindruck machen werde«, ächzte die Rakete und verlosch.

DER JUNGE KÖNIG

H.V.

ES war am Abend vor dem Tage, an dem er gekrönt werden sollte, und der junge König saß allein in seinem schönen Schlafgemach. Die Herren vom Hofe allesamt hatten Urlaub von ihm genommen, nach dem pomphaften Brauche jener Zeit den Kopf bis zum Boden neigend, und sich in die große Halle des Palastes zurückgezogen, um von dem Oberhofzeremonienmeister einige letzte Unterweisungen zu empfangen; ein paar von ihnen hatten nämlich noch ganz natürliche Umgangsformen, was, wie ich kaum zu erwähnen brauche, bei einem Höfling gröblich gegen die guten Sitten verstößt.

Dem Knaben – denn mit seinen sechzehn Jahren war er ja noch ein Knabe – war ihr Abschied nicht leid; mit einem tiefen Seufzer der Erleichterung hatte er sich in die gestickten Kissen seines weichen Ruhebettes zurückgeworfen und lag nun da, heißäugig und offenen Mundes, wie ein brauner Waldgott oder wie ein junges Tier im Forst, das die Jäger eben in der Schlinge gefangen haben.

Und wirklich waren es Jäger gewesen, die ihn gefunden hatten; fast durch Zufall waren sie seiner ansichtig geworden, als er nacktbeinig und mit der Flöte in der Hand hinter der Herde des armen Ziegenhirten herging, der ihn aufgezogen und für dessen Sohn er sich immer gehalten hatte. Des alten Königs einziger Tochter Kind war er, aus geheimer Ehe mit einem, der im Rang tief unter ihr stand – einem Fremdling, sagten manche, der durch die wundersame Magie seines Lautenspiels die junge Prinzessin betörte, daß sie ihn lieben mußte; andere wieder sprachen von einem Maler aus Rimini, dem die Prinzessin viel, vielleicht allzuviel Ehre erwiesen und der plötzlich aus der Stadt verschwunden war, indes sein Werk in der Kathedrale unvollendet zurückblieb –, und als der Knabe kaum eine Woche alt war, hatte man ihn von seiner Mutter Seite weggerissen, während sie schlief, und in die Obhut eines schlichten

Bauern und seiner Frau gegeben, die kinderlos in einem fernen Teil des Waldes hausten, mehr als einen Tagesritt weit von der Stadt. Leid, oder die Pest, wie der Hofarzt behauptete, oder, wie die Leute munkelten, ein rasches italienisches Gift, in einem Becher gewürzten Weines dargereicht, tötete das blasse Kind, das ihn geboren hatte, noch in der Stunde des Erwachens; und als der vertraute Bote, der den Knaben quer überm Sattelbogen forttrug, vom müden Pferde stieg und an die rohgezimmerte Tür der Hirtenhütte klopfte, da senkte man den Leichnam der Prinzessin in ein offenes Grab, das in einem öden Kirchhof vor der Stadtmauer ausgehoben war – in ein Grab, darin noch ein anderer Leichnam gelegen haben soll: der eines jungen Mannes von wunderbarer, fremdartiger Schönheit, die Hände mit einem Strick auf den Rücken gefesselt und die Brust durchbohrt von vielen roten Wunden.
So wenigstens ging das Gerücht, das einer dem andern flüsternd zutrug. Gewiß aber war, daß der alte König auf dem Totenbett, ob nun von Reue über seine große Sünde getrieben oder nur aus dem Wunsche, das Reich seinem Hause zu erhalten, nach dem Knaben gesandt und ihn in Gegenwart des Kronrates als seinen Erben anerkannt hatte.
Und es scheint, daß dieser vom allerersten Augenblick seiner Anerkennung an bereits Zeichen jener seltsamen Leidenschaft für die Schönheit kundgab, die bestimmt war, einen so großen Einfluß auf sein Leben auszuüben. Die ihn durch die seinem eigenen Gebrauch vorbehaltene Zimmerflucht begleitet hatten, berichteten oftmals, wie ein Schrei der Lust von seinen Lippen brach, als er die köstlichen Gewänder, die reichen Juwelen sah, die man für ihn gerüstet hatte, und mit welch beinahe wilder Freude er das rauhe Lederwams und den groben Mantel aus Schaffell von sich schleuderte. Wohl vermißte er bisweilen die schöne Freiheit seines Lebens im Walde und war jederzeit geneigt, sich über die langweiligen Hofzeremonien zu ereifern, die so viele Stunden jedes Tages in Anspruch nahmen; doch der glänzende Palast – ›La Joyeuse‹ wurde er genannt –, als dessen Gebieter er sich nun betrachten durfte, schien für ihn eine ungeahnte Welt, neuerschaffen ihm zur Wonne; und sobald er nur dem Kronrat oder dem Audienz-

zimmer entfliehen konnte, lief er die breite Treppe mit den Löwen aus goldfarbener Bronze und den Stufen aus schimmerndem Porphyr hinab und wanderte von Raum zu Raum und von Gang zu Gang, gleich einem, der in der Schönheit einen Balsam für den Schmerz, etwas wie Genesung von schwerem Siechtum zu finden sucht.
Bei diesen Entdeckungsfahrten, wie er sie gern nannte – und sie bedeuteten für ihn wahrhaft Reisen durch ein Wunderland –, war er manchmal begleitet von den schlanken, blondhaarigen Pagen mit den wehenden Mänteln und lustig flatternden Bändern; öfter aber ging er allein, denn er fühlte mit raschem Erahnen, fast wie durch Eingebung, daß die Geheimnisse der Kunst sich in der Heimlichkeit am tiefsten zu erkennen geben und daß die Schönheit wie die Weisheit den liebt, der sie einsam verehrt.

Manch verwunderliche Geschichte wurde zu jener Zeit über ihn berichtet. Man erzählte, ein biederer dicker Bürgermeister, der sich eingefunden hatte, um im Namen der Bürger seiner Stadt blumenreich beredte Worte an ihn zu richten, habe ihn in echter Anbetung vor einem großen Gemälde kniend erblickt, das gerade aus Venedig gekommen war und das den Dienst neuer Götter zu künden schien. Bei anderer Gelegenheit war er während mehrerer Stunden vermißt und nach langer Suche in einem kleinen Gemach eines der Nordtürme des Palastes aufgefunden worden, wo er wie entrückt auf eine griechische Gemme starrte, in die das Bild des Adonis geschnitten war. Man hatte ihn gesehen, so lief's von Mund zu Mund, wie er seine warmen Lippen auf die Marmorstirn einer antiken Statue preßte, die man beim Bau der steinernen Brücke im Flußbett entdeckt hatte und die als Inschrift den Namen des Antinoos trug, des schönen bithynischen Sklaven Hadrians. Eine ganze Nacht hatte er damit zugebracht, die Wirkung des Mondlichtes auf ein silbernes Endymionbildnis zu beobachten.
Alle seltenen und kostbaren Stoffe übten offenbar einen Zauber auf ihn aus, und in seiner Begierde, sie zu erlangen, hatte er viele Kaufleute ausgesandt – einige, daß sie mit den rauhen

Fischern der nördlichen Meere um Bernstein handelten, einige nach Ägypten, damit sie nach dem seltsamen grünen Türkis Ausschau hielten, der nur in den Königsgräbern zu finden ist und von dem es heißt, er besitze magische Kräfte; einige schickte er nach Persien um Seidenteppiche und bemaltes Tongeschirr, und wieder andere nach Indien, um Schleierstoffe und gefärbtes Elfenbein, Mondsteine und Armspangen aus Jade einzukaufen und blauen Schmelz und Sandelholz und Schals aus feiner Wolle.

Was ihn jedoch am meisten beschäftigte, war das Prunkgewand, das er bei seiner Krönung tragen sollte, das Kleid aus gewobenem Gold und die rubingeschmückte Krone und das Zepter mit seinen Reihen und Ringen von Perlen. Ja, dies war es, woran er an diesem Abend dachte, als er zurückgesunken auf seinem üppigen Lager ruhte und dem großen Tannenscheit zusah, das in dem offenen Kamin brennend sich selbst verzehrte.

Die Entwürfe, von den Händen der berühmtesten Künstler der Zeit, waren ihm schon vor vielen Monaten unterbreitet worden, und er hatte befohlen, daß die kunstreichsten Handwerker sich Tag und Nacht mühten, sie auszuführen, und daß die ganze Welt nach Juwelen zu durchforschen sei, die ihrer Arbeit würdig wären. Er sah sich im Geiste vor dem Hochaltar der Kathedrale stehen, angetan mit dem strahlenden Gewande eines Königs, und ein Lächeln spielte um seine Knabenlippen und verweilte dort und erhellte seine dunklen Waldaugen mit lichtem Glanz.

Nach einer Weile erhob er sich von seinem Sitz, und an den zierlich gemeißelten Kaminsims gelehnt, blickte er rundum in dem matterleuchteten Raum. Die Wände waren mit reichen Bildteppichen behangen, die den Triumph der Schönheit darstellten. Ein breiter Schrank mit eingelegter Arbeit in Achat und Lapislazuli füllte die eine Ecke, und dem Fenster gegenüber stand ein kunstvoll gefertigter Schrein mit gelackten Füllungen voll Goldmosaiken in mannigfaltigen Mustern, auf dem erlesene Gefäße aus venezianischem Glas und ein Becher aus dunkelgeädertem Onyx funkelten. Blasse Mohnblumen waren auf die seidene Bettdecke gestickt, als wären sie dem

Schlaf aus müden Händen entfallen, und schlanke Stäbe kannelierten Elfenbeins trugen den Samtbaldachin, aus dem große Buschen Straußenfedern wie weißer Schaum zu dem bleichen Silber der Kassettendecke aufsprangen. Ein lachender Narziß aus grüner Bronze hielt einen geschliffenen Spiegel über seinem Haupte. Auf dem Tisch stand eine flache amethystene Schale.

Durch das Fenster konnte er die riesige Kuppel der Kathedrale sehen, die gleich einer Seifenblase aus den schattendunklen Häusern tauchte, und die müden Schildwachen, die auf der dunstigen Terrasse am Fluß auf und nieder schritten. Fern in einem Garten sang eine Nachtigall. Schwacher Duft von Jasmin kam durch das offene Fenster. Er strich sich die braunen Locken aus der Stirn, nahm eine Laute auf und ließ die Finger durch die Saiten schweifen. Seine schweren Augenlider sanken, und eine seltsame Mattigkeit überkam ihn. Nie zuvor hatte er so schmerzvoll brennend, oder mit so inbrünstiger Freude, den Zauber und das Geheimnis des Schönen empfunden.

Als es Mitternacht vom Turme schlug, berührte er eine Glocke, und seine Pagen traten ein und entkleideten ihn mit großer Feierlichkeit, gossen Rosenwasser über seine Hände und streuten Blumen auf sein Kissen. Wenige Augenblicke nachdem sie den Raum verlassen hatten, fiel er in Schlaf.

Und da er schlief, träumte er einen Traum, und dieses war sein Traum.

Ihn deuchte, er stünde in einem langen, niedrigen Dachboden, inmitten des Rasselns und Geschwirrs vieler Webstühle. Dürftiges Tageslicht schaute durch die vergitterten Fenster und zeigte ihm die mageren Gestalten der Weber, die sich über die Planken ihrer Webstühle beugten. Blasse, kränklich aussehende Kinder hockten auf den gewaltigen Querbalken. So wie die Schiffchen durch die Kette schossen, hoben sie die schweren Laden, und wenn die Schiffchen standen, ließen sie die Laden fallen und schoben die Fäden zusammen. Ihre Gesichter waren schmal vom Hunger, und ihre dünnen Hände zitterten und zuckten. Verhärmte Frauen saßen an einem Tisch und nähten. Ein abscheulicher Geruch erfüllte den Raum. Die Luft

war verbraucht und schwer, und Feuchtigkeit rann und tropfte von den Wänden.
Der junge König trat hin zu einem der Weber und stand bei ihm und sah ihm zu.
Und der Weber blickte ihn zornig an und sprach: »Warum siehst du mir zu? Bist du ein Späher, den unser Herr über uns gesetzt hat?«
»Wer ist dein Herr?« fragte der junge König.
»Unser Herr!« rief der Weber bitteren Tones. »Er ist ein Mensch wie ich selber. Jawohl, zwischen uns ist nur der eine Unterschied: er trägt schöne Kleider, indes ich in Lumpen gehe, und wenn ich schwach bin vor Hunger, leidet er nicht wenig an Übersättigung.«
»Das Land ist frei«, sagte der junge König, »und du bist keines Menschen Sklave.«
»Im Kriege«, erwiderte der Weber, »machen die Starken die Schwachen zu Sklaven, und im Frieden machen die Reichen die Armen zu Sklaven. Wir müssen arbeiten, um zu leben, und sie geben uns so kargen Lohn, daß wir sterben. Wir plagen uns für sie den langen Tag, und sie häufen Gold in ihren Kästen, und unsere Kinder welken vor der Zeit dahin, und die Gesichter derer, die wir lieben, werden hart und böse. Wir keltern die Trauben, und ein anderer trinkt den Wein. Wir säen das Korn, und unser eigener Tisch ist leer. Wir tragen Ketten, wiewohl kein Auge sie sieht; und wir sind Sklaven, wiewohl die Welt uns frei nennt.«
»Ist es mit allen so?« fragte der junge König.
»Es ist mit allen so«, antwortete der Weber, »mit den Jungen wie mit den Alten, mit den Weibern wie mit den Männern, mit den kleinen Kindern wie mit denen, die hoch in Jahren sind. Die Händler saugen uns aus, und wir müssen tun, was sie uns heißen. Der Priester geht vorbei und betet seinen Rosenkranz, und niemand achtet unser. Durch unsere sonnenlosen Gassen schleicht hungrigen Auges die Armut, und mit gedunsenem Gesicht folgt auf ihren Fersen die Sünde. Elend weckt uns am Morgen, und Schande sitzt bei uns zur Nacht. Was aber verstehst du von all dem? Du bist keiner von uns. Dein Antlitz ist zu glücklich.« Und finster wandte er sich ab und schoß das

Schiffchen durch den Webstuhl, und der junge König sah, daß es mit goldenem Faden gefädelt war.
Und banger Schrecken faßte ihn, und er sagte zu dem Weber: »Was für ein Gewand ist dies, das du webest?«
»Es ist das Krönungsgewand für den jungen König«, antwortete er, »doch was geht das dich an?«
Und der junge König tat einen lauten Schrei und erwachte, und sieh, er war in seinem eigenen Schlafgemach, und durch das Fenster sah er den großen honigfarbenen Mond in der zwielichtigen Luft hängen.

Und wieder fiel er in Schlaf und träumte, und dieses war sein Traum.
Ihn deuchte, er läge auf dem Deck einer gewaltigen Galeere, die von hundert Sklaven gerudert wurde. Auf einem Teppich ihm zur Seite saß der Herr der Galeere. Er war schwarz wie Ebenholz, und sein Turban war aus karmesinroter Seide. Schwere Silberringe zogen seine dicken Ohrlappen nieder, und in den Händen hielt er eine Waage aus Elfenbein.
Die Sklaven waren nackt bis auf ein zerlumptes Lendentuch, und jeder Mann war an seinen Nachbarn gekettet. Die heiße Sonne glühte sengend auf sie nieder, und die Neger liefen den Gang zwischen den Ruderbänken auf und ab und geißelten sie mit Riemenpeitschen. Sie reckten ihre dürren Arme und zogen die schweren Ruder durch das Wasser. Salziger Gischt flog von den Ruderblättern.
Endlich erreichten sie eine kleine Bucht und begannen zu loten. Ein leichter Wind wehte vom Lande her und bedeckte das Deck und das große lateinische Segel mit feinem rotem Staub. Drei Araber auf Wildeseln sprengten heran und schleuderten Speere gegen sie. Der Herr der Galeere nahm einen buntbemalten Bogen und schoß einen von ihnen in die Kehle. Schwer sank er in die Brandung, und seine Gefährten galoppierten davon. Eine in einen gelben Schleier gehüllte Frau folgte langsam auf einem Kamel, den Blick dann und wann rückwärts nach dem Leichnam gewandt.
Sobald sie Anker geworfen und das Segel eingeholt hatten, stiegen die Neger hinunter in den Schiffsraum und brachten

eine lange, mit Bleigewichten beschwerte Strickleiter nach oben. Der Herr der Galeere befestigte die Leiter an zwei eisernen Pfosten und ließ sie über Bord. Dann packten die Neger den jüngsten der Sklaven, schlugen die Fesseln von seinen Füßen, verstopften ihm Nasenlöcher und Ohren mit Wachs und knüpften einen schweren Stein um seinen Leib. Mühsam kroch er die Leiter hinab und verschwand in der See. Ein paar Blasen stiegen auf, wo er versank. Einige der anderen Sklaven schauten neugierig über Bord. Im Bug der Galeere saß ein Haifischbeschwörer und schlug eintönig die Trommel.
Nach einiger Zeit kam der Taucher aus dem Wasser herauf und klammerte sich keuchend an die Leiter; in der Rechten hielt er eine Perle. Die Neger entrissen sie seiner Hand und schleuderten ihn zurück. Die Sklaven schliefen über ihren Rudern ein.
Wieder und wieder stieg er empor und jedesmal brachte er eine herrliche Perle mit. Der Herr der Galeere wog die Perlen und steckte sie in ein Säckchen aus grünem Leder.
Der junge König versuchte zu sprechen, aber ihm war, als klebte ihm die Zunge am Gaumen, und seine Lippen verweigerten jede Bewegung. Die Neger schwatzten miteinander und fingen an, sich um eine Schnur glänzender Glasperlen zu streiten. Zwei Kraniche flogen unablässig rings um das Boot.
Dann kam der Taucher zum letztenmal herauf, und die Perle, die er mitbrachte, war schöner als alle Perlen des Ormuzd, denn sie glich dem Mond in seiner Fülle und sie war weißer als der Morgenstern. Aber das Gesicht des Sklaven war seltsam bleich, und als er auf das Deck niederfiel, quoll ihm Blut aus Nase und Ohren. Ein kurzer Schauder durchlief ihn, und dann blieb er regungslos. Die Neger zuckten die Achseln und warfen den Leichnam über Bord.
Und der Herr der Galeere lachte, streckte die Hand aus und nahm die Perle; und als er sie ansah, drückte er sie gegen seine Stirn und verneigte sich.
»Sie soll«, sagte er, »für das Zepter des jungen Königs sein«, und er gab den Negern ein Zeichen, daß sie den Anker lichteten.
Und als der junge König diese Worte hörte, tat er einen wilden

Schrei und erwachte, und durch das Fenster sah er, wie die langen grauen Finger der Dämmerung nach den verblassenden Sternen griffen.

Und abermals fiel er in Schlaf und träumte, und dieses war sein Traum.
Ihn deuchte, er wandere durch einen dunklen Wald, der behangen war mit seltsamen Früchten und mit schönen giftigen Blüten. Nattern zischten nach ihm, da er vorüberging, und grellbunte Papageien flogen kreischend von Ast zu Ast. Ungeheure Schildkröten lagen auf dem heißen Schlamm und schliefen. Die Bäume waren voller Affen und Pfauen.
Er ging und ging, bis er an den Saum des Waldes kam, und dort sah er eine Unzahl von Menschen, die mühselig im Bett eines versiegten Flusses arbeiteten. Wie Ameisen kletterten sie im Geklipp. Sie gruben tiefe Schächte in den Boden und stiegen hinab. Einige spalteten die Felsblöcke mit großen Äxten; andere wühlten im Sand. Sie rissen den Kaktus bei den Wurzeln aus und zertraten die Scharlachblüten. Sie hasteten umher, riefen einander an, und keiner war müßig.
Aus dem Düster einer Höhle sahen der Tod und die Habsucht ihrem Treiben zu, und der Tod sprach: »Ich bin es müde; gib mir ein Drittel von ihnen und laß mich gehen.«
Aber die Habsucht schüttelte den Kopf. »Sie alle sind meine Knechte«, antwortete sie.
Und der Tod sagte zu ihr: »Was hast du in der Hand?«
»Ich habe drei Weizenkörner«, antwortete sie, »was geht's dich an?«
»Gib mir eins davon«, rief der Tod, »daß ich es in meinen Garten pflanze; nur eines, und ich will meiner Wege gehen.«
»Ich will dir nichts geben«, sagte die Habsucht, und sie verbarg ihre Hand in den Falten ihres Gewandes.
Und der Tod lachte und ergriff eine Schale und tauchte sie in einen Wassertümpel, und aus der Schale stieg der Fieberfrost. Und er schritt durch die Menschenmenge, und jeder dritte lag tot. Ein kalter Dunst folgte ihm, und Wasserschlangen krochen ihm zur Seite.
Und als die Habsucht sah, daß ein Dritteil der Menge tot

war, schlug sie ihre Brust und weinte. Sie schlug ihren unfruchtbaren Busen und jammerte laut. »Du hast ein Dritteil meiner Knechte gemordet«, schrie sie, »hebe dich weg. Krieg ist in den Bergen der Tatarei, und die Könige beider Seiten rufen nach dir. Die Afghanen haben den schwarzen Stier geschlachtet und ziehen in den Kampf. Sie haben mit den Speeren auf ihre Schilde geschlagen und sich die eisernen Helme aufs Haupt gesetzt. Was ist dir mein Tal, daß du darin verweilest? Hebe dich hinweg und kehre niemals wieder.«

»Nein«, entgegnete der Tod, »nicht eher will ich gehen, als bis du mir ein Weizenkorn gegeben hast.«

Doch die Habsucht schloß ihre Hand und knirschte mit den Zähnen. »Ich will dir nichts geben«, murmelte sie.

Und der Tod lachte und hob einen schwarzen Stein vom Boden auf und schleuderte ihn in den Wald, und aus einem Dickicht wilden Schierlings hervor trat die Fieberseuche in flammendem Gewand. Sie ging durch die Menge und berührte viele, und jeder, den sie anrührte, starb. Das Gras versengte unter ihren Füßen, als sie dahinschritt.

Und die Habsucht erbebte und streute Asche auf ihr Haupt. »Du bist grausam«, schrie sie, »grausam bist du. Hungersnot herrscht in den ummauerten Städten Indiens, und die Zisternen von Samarkand sind versiegt. Hungersnot herrscht in den ummauerten Städten Ägyptens, und aus der Wüste sind die Heuschrecken herbeigeschwärmt. Der Nil hat seine Ufer nicht überflutet, und die Priester haben Isis und Osiris geflucht. Hebe dich hinweg zu denen, die dich brauchen, und laß mir, die mir dienen.«

»Nein«, antwortete der Tod, »nicht eher will ich gehen, als bis du mir ein Weizenkorn gegeben hast.«

»Ich will dir nichts geben«, sagte die Habsucht.

Und wieder lachte der Tod, und er pfiff durch seine Finger, und ein Weib kam durch die Luft gerast. Pest stand auf ihrer Stirn geschrieben, und Scharen magerer Geier kreisten um sie her. Sie deckte das Tal mit ihren Schwingen, und kein einziger Mensch blieb am Leben.

Und die Habsucht floh laut wehklagend durch den Wald, und

der Tod sprang auf sein rotes Pferd und ritt davon, und sein Ritt war schneller als der Wind.
Aus dem Schlamm am Boden des Tales aber krochen Drachen und gräßlich schuppiges Getier, und die Schakale liefen durch den Sand und witterten mit ihren Nüstern in die Luft.
Und der junge König weinte und sprach: »Wer waren diese Menschen und wonach suchten sie?«
»Nach Rubinen für eines Königs Krone«, antwortete einer, der hinter ihm stand.
Und der junge König schauderte, und da er sich wandte, sah er einen Mann, der war wie ein Pilger gekleidet und hielt einen Silberspiegel in der Hand.
Und er erbleichte und sprach: »Für welchen König?«
Und der Pilger antwortete: »Blick in diesen Spiegel, und du sollst ihn sehen.«
Und er blickte in den Spiegel, und als er sein eigen Antlitz sah, tat er einen wilden Schrei und erwachte, und das helle Sonnenlicht strömte ins Zimmer, und von den Bäumen in Garten und Hain sangen die Vögel.

Und der Großkämmerer und die hohen Würdenträger des Landes traten ein und verneigten sich huldigend vor ihm, und die Pagen brachten ihm das Prunkgewand aus gewobenem Gold und legten die Krone und das Zepter vor ihn hin.
Und der junge König sah die Dinge an, und sie waren sehr schön. Schöner waren sie als irgend etwas, das er je zuvor gesehen hatte. Aber er gedachte seiner Träume und sprach zu seinen Großen: »Nehmt diese Dinge weg, denn ich will sie nicht tragen.«
Und die Höflinge verwunderten sich sehr, und einige lachten, denn sie glaubten, er rede im Scherz.
Doch mit großem Ernst hob er von neuem an und sprach: »Nehmt diese Dinge weg und verbergt sie vor mir. Wenngleich der Tag meiner Krönung ist – ich will sie nicht tragen. Denn auf dem Webstuhl der Sorge und von den blassen Händen der Mühsal ist dieses mein Gewand gewoben. Blut ist im Herzen des Rubins, und der Tod wohnt im Herzen der Perle.« Und er erzählte ihnen seine drei Träume.

Und als die Höflinge ihn gehört hatten, sah einer den andern an und flüsterte in seines Nächsten Ohr und sagte: »Fürwahr, er ist wahnsinnig, denn was sonst ist ein Traum als ein Traum und ein Bild anderes als ein Bild? Sie sind nicht wirklich, nicht wert, daß man ihrer achte. Und was haben wir mit dem Leben derer zu schaffen, die sich für uns plagen? Soll man kein Brot essen, bis man den Säer erschaut, noch Wein trinken, bis man den Winzer angehört hat?«
Und der Großkämmerer redete zu dem jungen König und sprach: »Mein Gebieter, ich bitte dich, laß ab von deinen schwarzen Gedanken und lege dieses glänzende Kleid an und setze die Krone auf dein Haupt. Denn wie soll das Volk erkennen, daß du ein König bist, wenn du nicht eines Königs Kleider trägst?«
Und der junge König sah ihn an. »Ist das wirklich so?« forschte er. »Werden sie mich nicht als einen König kennen, wenn ich nicht eines Königs Kleider trage?«
»Sie werden dich nicht erkennen, mein Gebieter«, rief der Großkämmerer.
»Ich glaubte, es gäbe Männer, die königlich von Art und Wesen sind«, erwiderte er, »doch es mag sein, wie du sagest. Und dennoch will ich dies Gewand nicht tragen, noch will ich gekrönt sein mit dieser Krone; nein, so wie ich den Palast betrat, so will ich aus ihm gehen.«
Und er gebot allen, ihn zu verlassen, bis auf einen Pagen, den er als seinen Gefährten bei sich behielt, einen Knaben, ein Jahr jünger als er selber. Ihn behielt er zu seinem Dienst; und als er sich in klarem Wasser gebadet hatte, öffnete er eine große bemalte Truhe, und daraus nahm er das Lederwams und den groben Mantel aus Schaffell, die er getragen hatte, als er am Hügelhang die zottigen Ziegen des Hirten hütete. Die legte er an, und in die Hand nahm er den rauhen Hirtenstab.
Und der kleine Page öffnete seine großen blauen Augen weit in Staunen und sagte lächelnd: »Hoher Herr, ich sehe dein Kleid und dein Zepter; wo aber ist deine Krone?«
Und der junge König brach einen Zweig von der wilden Rose, die am Altan rankte, und bog ihn zum Reif und setzte ihn auf sein Haupt.

»Dies soll meine Krone sein«, erwiderte er.
Und so angetan ging er aus seinem Gemach in die große Halle, wo die Edelleute auf ihn warteten.
Und die Edelleute spotteten, und einige von ihnen riefen ihm zu: »Herr, das Volk will seinen König sehen, und du zeigst ihm einen Bettler.« Und andere grollten und sprachen: »Er bringt Schande über unser Land und ist nicht würdig, unser Herr zu sein.« Doch er entgegnete ihnen nicht ein Wort, sondern schritt weiter und ging die Treppe aus schimmerndem Porphyr hinab; aus dem bronzenen Tore trat er und schwang sich auf sein Roß und ritt nach der Kathedrale, der kleine Page aber lief ihm zur Seite.
Und das Volk lachte und rief: »Das ist des Königs Narr, der da reitet.« Und sie höhnten ihn.
Und er zügelte sein Roß und sagte: »Nein, ich bin der König selbst.« Und er erzählte ihnen seine drei Träume.
Und ein Mann trat aus der Menge und sprach bittere Worte zu ihm und sagte: »Herr, weißt du nicht, daß des Reichen Üppigkeit der Armen Leben fristet? An eurem Prunk nähren wir uns, und eure Laster geben uns Brot. Für einen schlimmen Herrn arbeiten ist hart, aber noch härter ist es, keinen Herrn zu haben, für den man arbeiten kann. Meinst du, die Raben werden uns speisen? Und welches Heilmittel hast du für unsere Not? Willst du zu dem Käufer sagen: Du sollst für soundso viel kaufen, und zu dem Händler: Du sollst zu diesem Preis verkaufen? Ich glaube nicht. Darum geh zurück in deinen Palast und lege deinen Purpur an und dein feines Linnen. Was hast du mit uns zu schaffen und mit dem, was wir leiden?«
»Sind der Reiche und der Arme nicht Brüder?« fragte der junge König.
»So ist es«, antwortete der Mann, »und des reichen Bruders Name ist Kain.«
Und die Augen des jungen Königs füllten sich mit Tränen, und weiter ritt er durch das murrende Volk, und den kleinen Pagen ergriff Furcht, und er ließ ihn allein.
Und als er an das große Portal der Kathedrale kam, streckten die Kriegsleute ihre Hellebarden gegen ihn und sagten: »Was suchst du hier? Keiner tritt durch dieses Tor als der König.«

Und sein Gesicht errötete vor Zorn, und er sprach zu ihnen: »Ich bin der König«, und er stieß die Hellebarden zur Seite und ging hinein.
Und da der alte Bischof ihn kommen sah in seinem Hirtenkleid, erhob er sich verwundert von seinem Sitz und ging ihm entgegen und sagte: »Mein Sohn, ist dies eines Königs Gewand? Und mit welcher Krone soll ich dich krönen, und was für ein Zepter soll ich in deine Hände legen? Wahrlich, dieser Tag sollte ein Tag der Freude für dich sein und nicht ein Tag der Erniedrigung.«
»Soll sich die Freude kleiden in das Kleid, das der Gram gefertigt hat?« sagte der junge König. Und er erzählte ihm seine drei Träume.
Und als der Bischof sie gehört hatte, runzelte er die Stirn und sprach: »Mein Sohn, ich bin ein alter Mann und im Winter meiner Tage, und ich weiß, daß vieles Arge in der weiten Welt geschieht. Die grimmen Räuber steigen von den Bergen nieder und schleppen die kleinen Kinder weg und verkaufen sie den Mauren. Die Löwen lauern den Karawanen auf und stürzen sich auf die Kamele. Der wilde Eber zerwühlt das Korn im Tale, und die Füchse benagen die Reben auf dem Hügel. Die Piraten verheeren die Meeresküste und verbrennen die Boote der Fischer und rauben ihnen die Netze. In den Salzsümpfen wohnen die Aussätzigen; sie haben Hütten aus geflochtenem Schilf, und niemand darf ihnen nahen. Die Bettler ziehen durch die Städte und essen ihre Speise mit den Hunden. Kannst du bewirken, daß dies alles nicht sei? Willst du den Aussätzigen zu deinem Bettgenossen nehmen und den Bettler an deine Tafel setzen? Soll der Löwe tun nach deinem Gebot und der wilde Eber dir gehorchen? Ist Er, der das Elend schuf, nicht weiser als du? Deswegen lobe ich dich nicht für das, was du getan hast, sondern heiße dich zurückreiten zum Palast und dein Antlitz frohmachen und die Kleider anlegen, die einem König ziemen, und mit der goldenen Krone will ich dich krönen, und das Perlenzepter will ich dir in die Hände geben. Deiner Träume aber sollst du nicht mehr denken. Die Bürde dieser Welt ist zu groß, als daß ein einziger sie tragen könnte, und das Leid der Welt zu schwer, als daß ein einzig Herz es erdulde.«

»Sagst du das in diesem Hause?« sprach der junge König, und er schritt an dem Bischof vorüber und stieg die Stufen des Altars hinan und stand vor dem Bildnis Christi.
Er stand vor dem Bildnis Christi, und zu seiner Rechten wie zu seiner Linken waren die wunderreichen Goldgefäße, der Kelch voll gelben Weines und die Phiole mit dem heiligen Öl. Er kniete nieder vor dem Bildnis Christi, und die hohen Kerzen brannten hell zu seiten des juwelenbunten Schreines, und der Weihrauch wölkte in dünnen blauen Ranken durch die Kuppel. Er neigte sein Haupt im Gebet, und die Priester in ihren starren Chorröcken schlichen sich fort vom Altar.
Und plötzlich scholl wirrer Lärm von der Straße draußen, und herein drangen die Edelleute mit gezückten Schwertern und nickenden Federn und Schilden aus blankem Stahl. »Wo ist er, der Träumeträumer?« riefen sie. »Wo ist dieser König, der wie ein Bettler einhergeht – der Knabe, der Schande über unser Land bringt? Wahrlich, wir wollen ihn töten, denn er ist unwert, über uns zu herrschen.«
Und der junge König neigte abermals sein Haupt und betete, und als er sein Gebet beendet hatte, stand er auf und wandte sich und blickte jene traurig an.
Und siehe! Durch die gemalten Fenster brach das Sonnenlicht und flutete über ihn hin, und die Sonnenstrahlen woben rings um ihn ein gleißendes Prunkgewand, das glänzte heller als das Kleid, das ihm zur Lust gefertigt worden war. Der tote Stab erblühte und trug Lilien, die waren weißer als Perlen. Der trokkene Dorn erblühte und trug Rosen, die waren röter als Rubine. Weißer als schöne Perlen waren die Lilien, und ihre Stengel waren aus lichtem Silber. Röter als glutrote Rubine waren die Rosen, und ihre Blätter waren aus gehämmertem Gold.
Er stand da im Kleide eines Königs, und die Türen des juwelenbunten Schreines flogen auf, und vom Kristall der vielstrahligen Monstranz schimmerte ein überirdischer, geheimnisvoller Schein. Er stand da in eines Königs Kleide, und die Herrlichkeit Gottes erfüllte den Raum, und die Heiligenbilder in ihren steinernen Nischen schienen sich zu regen. In dem prangenden Kleide eines Königs stand er vor ihnen, und die Orgel

jubelte verkündigend ihre Musik, und die Trompeter bliesen, und die Sängerknaben sangen.
Und das Volk fiel auf die Knie in Scheu, und die Edelleute bargen die Schwerter in den Scheiden und huldigten ihm, und des Bischofs Angesicht wurde bleich, und seine Hände bebten. »Ein Größerer als ich hat dich gekrönt«, rief er und kniete vor ihm.
Und der junge König stieg vom Hochaltar hernieder und schritt davon, mitten durch die Menge. Aber niemand wagte sein Antlitz anzuschauen, denn es war wie das Antlitz eines Engels.

DER GEBURTSTAG DER INFANTIN

HV

ES war der Geburtstag der Infantin. Sie war gerade zwölf Jahre alt, und die Sonne schien hell in den Gärten des Palastes.
Obwohl sie eine richtige Prinzessin und die Infantin von Spanien war, hatte sie jedes Jahr nur ein einziges Mal Geburtstag, genauso wie die Kinder ganz armer Leute; daher setzte das ganze Land natürlich seine Ehre darein, daß sie bei einer so hochbedeutsamen Gelegenheit einen wirklich schönen Tag habe. Und ein wirklich schöner Tag war es auch. Gleich langen Reihen von Soldaten standen die schlanken gestreiften Tulpen kerzengerade auf ihren Stengeln und blickten herausfordernd über das Gras nach den Rosen hinüber und sagten: »Jetzt sind wir ebenso prächtig wie ihr.« Die Schmetterlinge, purpurn und mit Goldstaub auf den Flügeln, flatterten umher und besuchten Blüte um Blüte; die kleinen Eidechsen schlüpften aus den Mauerspalten und lagen und sonnten sich in dem weißen Glast; und die Granatäpfel barsten und zersprangen in der Hitze und entblößten ihre blutenden roten Herzen. Selbst die blaßgelben Zitronen, die in solchen Überfluß von dem verwitterten Spalier und längs der dunklen Laubengänge hingen, schienen in dem wundervollen Sonnenlicht eine tiefere Färbung gewonnen zu haben, und die Magnolienbäume öffneten die großen kugeligen Blüten aus gefälteltem Elfenbein und erfüllten die Luft mit schweren, süßen Düften.
Die kleine Prinzessin selbst ging mit ihren Gefährten die Terrasse auf und nieder und spielte Verstecken, rings um die steinernen Vasen und die alten, moosbewachsenen Statuen. An gewöhnlichen Tagen durfte sie nur mit Kindern ihres Ranges spielen, so daß sie immer allein spielen mußte; an ihrem Geburtstag aber war es anders, und der König hatte angeordnet, sie solle alle diejenigen unter ihren jungen Freunden und Freundinnen einladen, von denen sie wünschte, daß sie kämen, um sich mit ihr zu vergnügen. Eine feierlich gemessene

Grazie umgab diese schlanken spanischen Kinder, wie sie so leicht dahinschritten: die Knaben trugen breitwallende Federn auf den Hüten und kurze flatternde Mäntel, die Mädchen rafften die Schleppen ihrer langen Brokatgewänder und schirmten sich mit ungeheuren, schwarz und silbern gemusterten Fächern die Augen gegen die Sonne. Doch die Infantin war die anmutigste von allen, und ihr Anzug folgte wohl der etwas pomphaften Mode jener Zeit, übertraf an Schönheit aber den aller anderen.

Ihr Kleid war aus grauem Atlas, am Saum und an den weiten gebauschten Ärmeln reich mit Silber bestickt, und das steife Mieder zierten Reihen edler Perlen. Zwei winzige Pantöffelchen mit großen rosenroten Schleifen lugten unter ihrem Rock hervor, wenn sie ging. Rosenrot und perlenfarben war ihr großer Gazefächer, und in ihrem Haar, das gleich einer Aureole von mattem Golde starr um ihr blasses Gesichtchen stand, trug sie eine herrliche weiße Rose.

Von einem Fenster des Palastes schaute der schwermütige König düster den Kindern zu. Hinter ihm stand Don Pedro von Aragonien, sein Bruder, den er haßte; und sein Beichtiger, der Großinquisitor von Granada, saß an seiner Seite. Trauriger noch als sonst war der König; denn als er sah, wie die Infantin sich mit kindischer Grandezza gegen die versammelten Höflinge verneigte oder hinter ihrem Fächer über die verdrießliche Herzogin von Albuquerque lachte, von der sie stets begleitet war, da dachte er an die junge Königin, der Infantin Mutter, die erst vor kurzem – so schien es ihm – aus dem heiteren Frankreich hergekommen und in dem finsteren Prunk des spanischen Hofes dahingewelkt war: nur sechs Monate nach der Geburt ihres Kindes starb sie, ehe sie die Mandelbäume im Garten zweimal hatte blühen sehen oder des zweiten Jahres Frucht von dem knorrigen alten Feigenbaum gepflückt hatte, der in der Mitte des nun von Gras überwachsenen Hofes stand. So groß war seine Liebe zu ihr gewesen, daß er selbst dem Grabe wehrte, sie vor ihm zu verbergen. Ein maurischer Arzt hatte sie einbalsamiert, dem man zum Lohn für diesen Dienst das Leben schenkte, obgleich es, wie die Leute sagten, wegen Ketzerei und des Verdachts geheimer Zauberkünste der Inqui-

sition bereits verfallen war; und der Leichnam der Königin lag noch jetzt in der schwarzen Marmorkapelle des Schlosses auf der teppichgeschmückten Bahre, so wie die Mönche sie vor fast zwölf Jahren an jenem stürmischen Märztag hereingetragen hatten. Einmal in jedem Monat ging der König, in einen dunklen Mantel gehüllt und eine umflorte Lampe in der Hand, zu ihr hinein und kniete an ihrer Seite und rief laut: »Mi reina! Mi reina« – und es konnte geschehen, daß er das feierliche Zeremoniell durchbrach, das in Spanien jede geringste Handlung regelt und sogar dem Leid eines Königs Schranken setzt, und in wilder Schmerzenspein die blasse, juwelenglänzende Hand ergriff und durch seine wahnsinnigen Küsse das kalte, geschminkte Antlitz zu erwecken suchte.
Heute meinte er sie wiederzusehen, wie er sie zum ersten Mal im Schloß von Fontainebleau gesehen hatte, als er erst fünfzehn Jahre zählte und sie noch weniger. Sie wurden damals durch den päpstlichen Nuntius und in Gegenwart des Königs von Frankreich und seines ganzen Hofes in aller Form einander verlobt, und dann war er in den Eskorial zurückgekehrt und hatte ein Löckchen blonden Haares mit sich genommen und die Erinnerung an zwei Kinderlippen, die sich zum Kuß über seine Hand geneigt, als er in seinen Wagen stieg. Später hatte die Vermählung stattgefunden, die in Burgos, einer kleinen Stadt unweit der Grenze beider Königreiche, in aller Eile vollzogen wurde, und der prunkhafte öffentliche Einzug in Madrid mit dem traditionellen feierlichen Hochamt in der Atocha-Kirche und einem Autodafé von mehr als gewöhnlicher Festlichkeit, bei dem nahezu dreihundert Ketzer, unter ihnen viele Engländer, der weltlichen Obrigkeit für den Scheiterhaufen überantwortet worden waren.
Gewiß, er hatte sie bis zum Wahnsinn geliebt, und manche meinten, zum Verderben seines Landes, das damals mit England im Krieg lag um die Herrschaft über die Neue Welt. Kaum hatte er ihr je gestattet, sich aus seinen Augen zu entfernen; um ihretwillen hatte er – so schien es jedenfalls – die ernsten Staatsgeschäfte vergessen; und in der furchtbaren Blindheit, mit der die Leidenschaft ihre Knechte schlägt, war es ihm entgangen, daß der auserlesene Pomp, durch den er ihr zu hul-

digen trachtete, ihr seltsames Leiden nur noch verschlimmerte. Als sie dann starb, war er eine Zeitlang wie von Sinnen. Fraglos hätte er dem Thron entsagt und sich in das große Trappistenkloster zu Granada zurückgezogen, dessen Titularprior er ohnehin schon war, hätte er sich nicht gescheut, die kleine Infantin in der Gewalt seines Bruders zurückzulassen, der wegen seiner Grausamkeit sogar in Spanien berüchtigt war und bei vielen in dem Verdachte stand, er habe den Tod der Königin dadurch herbeigeführt, daß er ihr bei ihrem Besuch auf seinem Schloß in Aragonien ein Paar vergiftete Handschuhe überreichte. Auch als die drei Jahre der öffentlichen Trauer verstrichen waren, die der König durch ein Edikt für den ganzen Bereich seiner Herrschaft angeordnet hatte, duldete er nie, daß seine Minister ihm von einer neuen Verbindung sprachen; und als der Kaiser selber zu ihm schickte und ihm die Hand seiner Nichte, der lieblichen Erzherzogin von Böhmen, antrug, da hieß er die Abgesandten ihrem kaiserlichen Herrn melden, der König von Spanien habe sich bereits der Trauer vermählt, und ob sie gleich eine unfruchtbare Gattin sei, so liebe er sie doch mehr als die Schönheit – eine Antwort, die seine Krone die reichen niederländischen Provinzen kostete, denn auf Betreiben des Kaisers und unter der Führung einiger kalvinistischer Fanatiker erhoben sich diese wenig später gegen ihn.
Die ganze Zeit seiner Ehe mit ihren wilden, feuerfarbenen Freuden und mit der entsetzlichen Qual ihres jähen Endes schien heute vor ihm aufzustehen, als er die Infantin auf der Terrasse spielen sah. Sie hatte der Königin bezaubernden Übermut, dieselbe eigenwillige Art, den Kopf zurückzuwerfen, denselben stolzgeschwungenen schönen Mund, dasselbe strahlende Lächeln – vrai sourire de France –, wenn sie hin und wieder zum Fenster aufblickte oder ihre kleine Hand den würdevollen spanischen Herren zum Kuß hinstreckte. Doch das laute Lachen der Kinder schmerzte sein Ohr, und das helle, mitleidlose Sonnenlicht höhnte ihn in seinem Gram, und ihm schien – oder war es ein Wahn? –, ein schwerer Geruch wie von seltsamen Drogen, von Drogen, wie die Einbalsamierer sie verwenden, trübe die klare Morgenluft. Er barg sein Gesicht in den Händen, und als die Infantin abermals hinaufsah,

waren die Vorhänge zugezogen, und der König hatte sich entfernt.

Enttäuscht verzog sie das Gesicht ein wenig und zuckte die Achseln. Er hätte an ihrem Geburtstag wirklich bei ihr bleiben können! Was lag schon an den dummen Staatsgeschäften? Oder war er in diese unheimliche Kapelle gegangen, in der Tag und Nacht die Kerzen brannten und die sie niemals betreten durfte? Wie töricht von ihm, da die Sonne doch so hell strahlte und alle Welt so glücklich war! Obendrein würde er das Stierkampfspiel versäumen, zu dem die Fanfare schon einlud, ganz zu schweigen von dem Puppentheater und all den anderen wunderbaren Dingen. Ihr Onkel und der Großinquisitor waren doch viel vernünftiger. Sie waren auf die Terrasse herausgekommen und sagten ihr nette Komplimente. So warf sie ihren hübschen Kopf zurück, und Don Pedros Hand ergreifend, schritt sie langsam die Stufen hinab nach einem Zelt aus purpurroter Seide, das am Ende des Gartens aufgeschlagen war, und die anderen Kinder folgten genau nach der Rangordnung, und die mit den längsten Namen gingen als erste hinter ihr.

Ein Zug phantastisch als Toreadore kostümierter adliger Knaben kam aus dem Zelt ihr entgegen, und der junge Graf von Tierra-Nueva, ein wunderbar schöner Jüngling von etwa vierzehn Jahren, entblößte seinen Kopf mit all der Anmut des geborenen Hidalgos und Granden von Spanien und geleitete sie feierlich hinein zu einem kleinen Sessel aus Elfenbein und Gold, der auf einer erhöhten Estrade über der Arena stand. Die Kinder gruppierten sich rings um sie her, fächelten mit den großen Fächern und flüsterten untereinander, und Don Pedro und der Großinquisitor standen lachend am Eingang. Selbst die Herzogin – die Camarera Mayor wurde sie genannt –, eine hagere Frau mit harten Zügen und einer gelben Krause um den Hals, sah nicht ganz so mißlaunig aus wie gewöhnlich, und etwas wie ein kaltes Lächeln huschte über ihr runzliges Gesicht und verzog ihren dünnen blutlosen Mund.

Es war in der Tat ein wundervoller Stierkampf, viel hübscher, dachte die Infantin, als der wirkliche, zu dem man sie einmal in Sevilla geführt hatte, als der Herzog von Parma ihren Vater besuchte. Einige der Knaben sprengten auf Steckenpferden mit prächtigen Schabracken durch die Arena und schwangen lange Wurfspieße, die mit bunten Bändern lustig bewimpelt waren; andere gingen zu Fuß, schwenkten ihre Scharlachmäntel vor dem Stier und setzten leichtfüßig über die Schranke, wenn er sie angriff; und der Stier selbst war genau wie ein wirklicher Stier, obwohl er nur aus Weidenzweigen geflochten und das Fell darübergespannt war und obwohl er manchmal eigensinnig auf den Hinterbeinen rund um die Arena lief, was keinem wirklichen Stier jemals im Traume eingefallen ist. Er kämpfte aber auch ganz großartig, und die Kinder gerieten in solche Erregung, daß sie auf die Bänke sprangen und mit ihren Spitzentaschentüchern winkten und schrien: »Bravo toro! Bravo toro!« – und es klang genauso kennerhaft, als wären sie erwachsene Leute.

Zum Schluß jedoch, nach erbittertem Kampf, bei dem mehrere Steckenpferde erbarmungslos durchbohrt und ihre Reiter aus dem Sattel gehoben wurden, zwang der junge Graf von Tierra-Nueva den Stier auf die Knie; und nachdem er von der Infantin die Erlaubnis erhalten hatte, ihm den Coup de grâce zu geben, stieß er sein Holzschwert mit solcher Gewalt in den Nakken des Tieres, daß auf der Stelle der Kopf herunterflog und das lachende Gesicht des kleinen Monsieur de Lorraine zum Vorschein kam, des Sohns des französischen Gesandten in Madrid.

Darauf wurde unter großem Beifall die Arena geräumt, und zwei maurische Pagen in schwarz und gelbem Kleid schleppten feierlich die toten Steckenpferde hinweg; nach einer kurzen Pause aber, während der ein französischer Akrobat seine Künste auf dem Seil vorführte, erschienen auf der Bühne eines zu diesem Zweck errichteten kleinen Theaters italienische Puppen in der beinah klassischen Tragödie ›Sophonisbe‹. Sie spielten so gut und agierten so ungemein natürlich, daß die Augen der Infantin am Ende des Stückes ganz trüb von Tränen waren. Einige Kinder weinten wirklich und mußten mit Zukkerwerk getröstet werden, und sogar der Großinquisitor war zutiefst ergriffen und konnte sich nicht enthalten, zu Don Pe-

dro zu sagen, der Gedanke sei ihm unerträglich, daß Puppen, die aus nichts als Holz und buntem Wachs bestehen und mechanisch an Drähten bewegt werden, solch furchtbaren Schicksalen ausgeliefert und so unglücklich sein sollten.
Ein afrikanischer Gaukler folgte; er hatte einen breiten flachen Korb mit einem roten Tuch darüber, und als er ihn in der Mitte der Arena niedergesetzt hatte, nahm er eine sonderbare Rohrflöte aus seinem Turban und blies darauf. Nach ein paar Augenblicken begann sich's unter dem Tuch zu regen, und als die Flöte lauter und lauter erklang, streckten zwei grüngoldene Schlangen ihre seltsamen keilförmigen Köpfe darunter hervor und richteten sich langsam auf und wiegten sich hin und her zu der Musik, wie eine Pflanze sich in der Strömung wiegt. Die Kinder aber hatten Angst vor ihren gefleckten Kronen und den schnell hervorschießenden Zungen, und es gefiel ihnen viel besser, als der Gaukler ein winziges Orangenbäumchen aus dem Sand wachsen und niedliche weiße Blüten und Büschel echter Früchte tragen ließ; und als er gar den Fächer der kleinen Tochter des Marquis de Las-Torres ergriff und in einen blauen Vogel verwandelte, der im ganzen Zelt umherflog und sang, da kannten ihr Jubel und ihr Staunen keine Grenzen. Auch das feierliche Menuett der Tänzerknaben von Nuestra Señora del Pilar war entzückend schön. Die Infantin hatte die wundervolle Zeremonie noch nie gesehen, die jedes Jahr zur Maienzeit vor dem Hochaltar der Heiligen Jungfrau, und ihr zu Ehren, stattfindet; alle Mitglieder des spanischen Königshauses mieden nämlich die Kathedrale von Saragossa, seit ein wahnsinniger Priester – viele vermuten, im Solde der Königin Elisabeth von England – den Versuch unternommen hatte, dem Prinzen von Asturien eine vergiftete Hostie zu reichen. So wußte sie nur vom Hörensagen von dem sogenannten Unser-Lieben-Frauen-Tanz, und das Schauspiel, das sich ihr jetzt bot, war wirklich schön. Die Knaben trugen altertümliche Hofkleidung aus weißem Sammet, und ihre wunderlichen dreieckigen Hüte zierten Silberfransen und hohe Büschel von Straußenfedern; das blendende Weiß der Kleider im Sonnenlicht aber wurde noch gehoben durch das Dunkel ihrer Gesichter und ihr langes schwarzes Haar. Alles war bezaubert von der ernsten

Würde, mit der sie sich durch die verschlungenen Figuren des Tanzes bewegten, von der vollendeten Anmut ihrer gemessenen Gebärden und stolzen Verneigungen; und als sie ihren Tanz beendet und die breiten Federhüte vor der Infantin abgenommen hatten, dankte sie sehr gnädig für ihre Huldigung und tat ein Gelübde, dem Altar Unserer Lieben Frauen von Pilar eine große Wachskerze zu stiften, als Gegengabe für den Genuß, den sie ihr verdankte.

Ein Trupp schöner Ägypter – so wurden die Zigeuner in jenen Tagen genannt – betrat sodann die Arena; mit gekreuzten Beinen hockten sie im Kreise nieder und hoben an, leise auf ihren Zithern zu spielen; und die Körper nach der Melodie wiegend, summten sie kaum vernehmbar ein weiches, träumerisches Lied. Als sie Don Pedro gewahrten, blickten sie finster drein, und einige erschraken sehr, denn nur wenige Wochen zuvor hatte er zwei ihres Stammes wegen Hexerei auf dem Marktplatz von Sevilla hängen lassen, die hübsche Infantin dagegen entzückte sie, wie sie zurückgelehnt mit ihren großen blauen Augen über den Fächer schaute, und sie waren gewiß, daß ein so liebreizendes Geschöpf niemals grausam gegen jemand sein könne. So spielten sie ganz zart und verhalten weiter und rührten mit ihren langen zugespitzten Fingernägeln nur leicht an die Saiten der Zithern, und ihre Köpfe begannen zu nicken, als wollten sie in Schlaf versinken. Plötzlich aber, mit einem so gellenden Schrei, daß alle Kinder zusammenschraken und Don Pedros Hand an den Achatknauf seines Dolches fuhr, sprangen sie auf und jagten in tollem Wirbel um die Arena und schlugen die Tamburins und sangen dazu ein wildes Liebeslied in den fremden kehligen Lauten ihrer Sprache. Dann, auf ein anderes Zeichen, warfen sich alle wieder auf den Boden und lagen reglos da, und das eintönige Gezirp der Zithern war der einzige Laut, der die Stille brach. Nachdem sie dies mehrere Male wiederholt hatten, verschwanden sie für einen Augenblick und kamen dann wieder und führten an einer Kette einen zottigen braunen Bären und trugen kleine Berberäffchen auf den Schultern. Der Bär stand mit unübertrefflicher Würde kopf, und die runzeligen Äffchen trieben allerhand lustigen Unfug mit zwei Zigeunerjungen, anscheinend ihren Lehrmei-

stern, und fochten mit winzigen Schwertern und feuerten Flinten ab und exerzierten ganz militärisch, genau wie des Königs eigene Leibgarde. Kurzum, die Zigeuner waren entschieden großartig.
Aber der spaßigste Teil des ganzen Vormittagsprogramms war ohne Frage der Tanz des Zwerges. Als er auf seinen krummen Beinen watschelnd in die Arene stolperte und sein ungeheurer, mißgestalter Kopf von einer Seite zur andern wackelte, da brachen die Kinder in helles Jauchzen aus, und die Infantin lachte selbst so sehr, daß die Camarera sich genötigt sah, sie an dieses zu erinnern: wenn es in Spanien auch Beispiele genug gab von Königstöchtern, die vor ihresgleichen geweint hatten, so gab es kein einziges Beispiel für eine Prinzessin von königlichem Geblüt, die vor Leuten minderen Ranges so vergnügt gewesen wäre. Aber der Zwerg war in der Tat unwiderstehlich komisch, und selbst am spanischen Hofe, den seit je eine Vorliebe für das Grausige auszeichnete, hatte man niemals eine so phantastische kleine Mißgeburt erblickt. Zudem war heute sein erstes Auftreten in der Öffentlichkeit. Erst am Tage zuvor hatten ihn zwei adlige Herren entdeckt, die zufällig in einem abgelegenen Teil des großen, die Stadt umgebenden Korkeichenwaldes jagten; sie hatten ihn scheu durch den Wald laufen sehen und ins Schloß gebracht, als eine Geburtstagsüberraschung für die Infantin – sein Vater, ein armer Köhler, zeigte sich nur allzu froh, eines so häßlichen und nutzlosen Kindes ledig zu werden. Am meisten vielleicht ergötzte es alle, daß der Zwerg sich seines grotesken Aussehens gar nicht bewußt war. Im Gegenteil, er schien höchst vergnügt und zufrieden. Wenn die Kinder lachten, dann lachte er so frei und fröhlich wie nur irgendeines, und am Ende jedes Tanzes machte er vor jedem einzelnen die drolligsten Verbeugungen und lachte und nickte ihnen allen zu, ganz als ob er einer von ihnen wäre und nicht ein ungestalter kleiner Kerl, den die Natur in einer wunderlichen Laune gebildet hatte, damit andere seiner spotteten. Von der Infantin war er ganz bezaubert. Er konnte sich nicht sattsehen an ihr und schien nur für sie allein zu tanzen; und als die Infantin sich am Schluß seiner Vorführung erinnerte, wie die großen Damen des Hofes Blumensträuße zu dem berühmten ita-

lienischen Kastraten Caffarelli hinuntergeworfen hatten – den der Papst aus seiner eigenen Kapelle nach Madrid entsandt, daß er des Königs Schwermut durch den Wohllaut seiner Stimme vertreibe –, und sie die herrliche weiße Rose aus ihrem Haar nahm und sie teils aus Scherz, teils um die Camarera zu ärgern, dem Zwerg mit ihrem süßesten Lächeln zuwarf, da hielt er das alles für Ernst: die Blume an seine groben, rissigen Lippen drückend, legte er die Hand aufs Herz und sank vor der Infantin auf ein Knie und grinste dazu von einem Ohr zum andern, und seine kleinen hellen Augen leuchteten vor Freude.

Dies brachte die Infantin so um jede höfische Würde, daß sie lachte und lachte und immer noch lachte, als der Zwerg längst aus der Arena gelaufen war, und sie äußerte ihrem Onkel gegenüber den Wunsch, der Tanz solle sogleich wiederholt werden. Die Camarera erklärte indes, die Sonne scheine jetzt zu heiß, und es sei besser, wenn Ihre Hoheit unverzüglich in den Palast zurückkehre, wo ein wunderbares Festmahl auf sie warte und ein richtiger Geburtstagskuchen mit ihren Initialen aus buntem Zuckerguß und einem schönen wehenden Silberwimpel obenauf. Also erhob sich die Infantin sehr würdevoll, befahl, daß der Zwerg nach der Stunde der Siesta nochmals für sie tanzen solle, und drückte dem jungen Grafen von Tierra-Nueva ihren Dank für die entzückende Veranstaltung aus; danach zog sie sich wieder zurück in ihre Gemächer, und die Kinder folgten in derselben Reihenfolge, in der sie in das Zelt eingezogen waren.

Als der Zwerg hörte, daß er ein zweites Mal vor der Infantin tanzen sollte, und sogar auf ihren eigenen, ausdrücklichen Befehl, lief er vor Stolz in den Garten hinaus, küßte die weiße Rose in unsinnigem Überschwang und tat durch die linkischsten, plumpesten Gebärden sein Entzücken kund.

Die Blumen waren ganz entrüstet, weil er in ihr schönes Heim einzudringen wagte, und als sie ihn auf den Alleen hin und her seine Bocksprünge vollführen und die Arme auf solch lächerliche Weise über seinen Kopf schwenken sahen, da konnten sie ihre Gefühle nicht mehr bemeistern.

»Er ist wahrhaftig viel zu häßlich, um spielen zu dürfen, wo wir uns befinden«, riefen die Tulpen.

»Er sollte Mohnsaft trinken und in tausendjährigen Schlaf verfallen«, sagten die großen Feuerlilien und wurden ganz hitzig vor lauter Ärger.

»Er ist ein wahres Scheusal!« zeterte der Kaktus. »Ja, er ist krumm und winzig, und sein Kopf ist viel zu groß für seine Beine. Mich kribbelt's am ganzen Leibe, wenn ich ihn nur sehe, und sollte er in meine Nähe kommen, will ich ihn mit meinen Stacheln stechen.«

»Und da hat er doch wahrhaftig eine meiner besten Blüten!« schrie der weiße Rosenstrauch. »Ich selbst habe sie heute morgen der Infantin als Geburtstagsgeschenk überreicht, und er hat sie ihr gestohlen.« Und er rief: »Dieb! Dieb! Dieb!«, so laut er nur konnte.

Sogar die roten Geranien, die sonst nicht so sehr die Vornehmen spielten und von denen man wußte, daß sie eine große Menge armer Verwandter hatten, schüttelten sich vor Widerwillen bei seinem Anblick; und als die Veilchen bescheiden bemerkten, er sei gewiß ausnehmend unschön, aber er könne das schließlich nicht ändern, da erwiderten sie sehr weise, dies eben sei sein Hauptfehler und es bestehe kein Grund, jemanden zu bewundern, weil sein Gebrechen unheilbar sei; und da hatten auch einige der Veilchen das Gefühl, die Häßlichkeit des Zwerges wirke schon fast anmaßend und er verriete viel mehr Geschmack, wenn er traurig oder wenigstens in sich gekehrt dreinschaute, statt lustig herumzuhüpfen und solch groteske und alberne Stellungen einzunehmen.

Die alte Sonnenuhr, eine hochbedeutende Persönlichkeit, denn sie hatte einstmals niemand Geringerem als Kaiser Karl dem Fünften selber die Zeit angesagt – die alte Sonnenuhr war so bestürzt über das Äußere des Zwerges, daß sie um ein Haar zwei volle Minuten mit ihrem langen Schattenfinger anzuzeigen vergessen hätte; und gegenüber dem großen milchweißen Pfau, der sich auf der Balustrade sonnte, konnte sie die Bemerkung nicht unterdrücken, ein jeder wisse ja, daß die Kinder von Königen Könige und die Kinder von Köhlern Köhler seien, und es wäre absurd, das zu bestreiten. Dieser Feststellung stimmte der Pfau vollständig bei, und er kreischte bekräftigend: »Sicherlich! Sicherlich!« mit einer so lauten und mißtönenden Stimme, daß die Goldfische, die im Bassin des kühlen plätschernden Springbrunnens wohnten, ihre Köpfe aus dem Wasser streckten und die großen Steintritonen fragten, was in aller Welt denn los sei.

Die Vögel aber liebten ihn. Sie hatten ihn oft im Walde gesehen, wenn er wie ein Kobold hinter den wirbelnden Blättern hertanzte oder, in der Höhlung eines alten Eichbaums kauernd, die Eichhörnchen von seinen Haselnüssen mitessen ließ. Die Vögel nahmen ihm seine Häßlichkeit kein bißchen übel. Kein Wunder, denn die Nachtigall selber, die des Nachts so süß in den Orangenhainen sang, daß der Mond sich bisweilen niederbeugte, um ihr zuzuhören, sah ja eigentlich auch recht unscheinbar aus; und überdies war er immer freundlich zu den Vögeln, und während des furchtbar kalten Winters, als keine Beeren an den Bäumen hingen und der Boden hart wie Eisen war und die Wölfe auf der Suche nach Futter bis an die Tore der Stadt herankamen, da hatte er die Vögel nie vergessen, sondern ihnen immer Krumen von seinem Käntchen Schwarzbrot abgegeben und alles mit ihnen geteilt, wie kärglich sein Frühstück auch sein mochte.

So umflogen sie ihn immerfort und streiften im Fluge seine Wangen ganz leicht mit ihren Flügeln und schwatzten miteinander, und der Zwerg war so vergnügt, daß er nicht anders konnte: er mußte ihnen die herrliche weiße Rose zeigen und ihnen erzählen, wie die Infantin selber sie ihm gegeben hatte, weil sie ihn liebte.

Sie verstanden kein Sterbenswort von dem, was er sagte; aber das machte gar nichts, denn sie legten den Kopf auf die Seite und blickten sehr gescheit, und das ist genausogut wie etwas verstehen, und obendrein sehr viel leichter.

Auch die Eidechsen faßten eine ganz große Zuneigung zu ihm, und als er des Herumlaufens müde war und sich ins Gras streckte, um auszuruhen, da spielten und tollten sie höchst ausgelassen über ihn hin und suchten ihn so gut zu unterhalten, wie sie nur konnten. »Es kann nicht jeder so schön sein wie eine Eidechse«, riefen sie, »das wäre zuviel verlangt. Und wenn es auch unsinnig klingt, so was zu sagen, eigentlich ist er gar nicht so häßlich, vorausgesetzt natürlich, daß man die Augen zumacht und ihn nicht anguckt.« Die Eidechsen waren von ungeheuer philosophischer Natur und saßen oft Stunden um Stunden sinnend beisammen, wenn sie sonst nichts zu tun hatten oder wenn ihnen das Wetter zu regnerisch zum Spazierengehen war.

Die Blumen dagegen ärgerten sich fürchterlich über ihr Betragen und über das Betragen der Vögel. »Es zeigt wieder einmal«, sagten sie, »was dieses unausgesetzte Herumrennen und Hinundherfliegen für eine verrohende Wirkung hat. Wohlerzogene Leute bleiben stets auf genau derselben Stelle stehen, so wie wir. Nicht einer sah uns je die Alleen auf und nieder hopsen und unsinnig hinter Libellen durch das Gras stürmen. Brauchen wir Luftveränderung, so lassen wir den Gärtner kommen, und er trägt uns auf ein anderes Beet. Das ist vornehm und comme il faut. Aber Vögel und Eidechsen besitzen keinen Sinn für Gelassenheit, die Vögel haben ja nicht einmal eine feste Adresse. Sie sind reine Vagabunden, wie die Zigeuner, und sollten entsprechend behandelt werden.« Damit reckten sie die Nasen in die Luft und blickten sehr hochmütig drein, und sie fühlten sich ganz erleichtert, als sie nach einiger Zeit sahen, wie der Zwerg sich aus dem Gras herausstrampelte und über die Terrasse auf den Palast zuging.

»Er sollte wahrhaftig für den Rest seines Erdenlebens eingesperrt werden«, sagten sie. »Seht nur seinen buckligen Rücken und die krummen Beine!« Und sie bogen sich vor Lachen.

Der Zwerg aber wußte von alledem nichts. Er hatte die Blumen und die Eidechsen schrecklich gern, und er hielt die Blumen für die wundervollsten Geschöpfe von der Welt, ausgenommen selbstverständlich die Infantin; aber die hatte ihm die herrliche weiße Rose geschenkt, und sie liebte ihn, und das war etwas ganz anderes. Wie er wünschte, daß er vorhin mit ihr zum Schloß gegangen wäre! Sie hätte ihn zu ihrer Rechten sitzen lassen und ihm zugelächelt, und er wäre nie von ihrer Seite gewichen, sondern er hätte sie zu seiner Spielgefährtin gemacht und sie allerhand prächtige Kunststücke gelehrt. Denn wenn er auch nie zuvor in einem Palast gewesen war, so konnte er doch eine ganze Menge großartige Dinge. Er konnte aus Binsen kleine Käfige für die Grashüpfer bauen, damit sie darin musizierten, und aus dem langgliedrigen Bambus die Flöte schneiden, die Pan zu hören liebt. Er kannte jeden Vogelruf und wußte den Star aus dem Baumwipfel zu locken oder den Reiher vom See. Er kannte eines jeden Tieres Fährte und wußte den Hasen an dem zierlichen Abdruck seiner Füße aufzuspüren und den Eber an den zertretenen Blättern. Er hatte den Wind alle seine Tänze tanzen sehen: den rasenden Tanz im roten Kleid mit dem Herbst, den leichten Tanz in blauen Sandalen über dem sommerlichen Korn, den Tanz mit weißen Flockenkränzen im Winter und den Blütentanz durch die Obstgärten im Lenz. Er wußte, wo die Wildtauben ihre Nester bauten, und einmal, als ein Vogelsteller die alten Vögel in seinen Schlingen gefangen, da hatte er selber die Jungen aufgezogen und ihnen im Spalt einer gekappten Ulme einen kleinen Taubenschlag gebaut. Sie waren ganz zahm und pickten jeden Morgen ihr Futter aus seinen Händen. Sie würden ihr gefallen, und auch die Kaninchen, die im hohen Farn umherjagten, und die Eichelhäher mit den stahlblauen Schwingen und den schwarzen Schnäbeln, und die Igel, die sich zu Stachelkugeln zusammenrollen konnten, und die großen weisen Schildkröten, die so bedächtig ihres Weges krochen, die Köpfe wiegten und an den jungen Blättern nippten. Ja, unbedingt mußte sie in den Wald hinauskommen und mit ihm spielen. Er würde ihr sein eigenes Bettchen geben und vor dem Fenster bis zum Morgendämmer Wache halten, daß ihr kein Tier mit wütendem Horn ein Leid antäte und die dürren Wölfe der Hütte nicht zu nahe kämen. Und am Morgen würde er leise an die Fensterläden pochen und sie wecken, und dann würden sie hinauslaufen und den ganzen Tag lang tanzen. Es war bestimmt kein bißchen einsam im Walde. Manchmal ritt ein Bischof auf seinem weißen Maultier hindurch und las in einem Buch mit bunten Bildern. Manchmal zogen die Falkeniere vorbei, mit ihren grünen Sammethauben und mit den Wämsern aus gegerbter Hirschhaut, und trugen bekappte Falken auf der Faust. Zur Weinlesezeit kamen die Traubenkelterer, purpurn an Händen und Füßen und bekränzt mit blankem Efeu, und schleppten tropfende Schläuche voll Wein; und die Köhler saßen zur Nacht rund um ihre großen Kohlenpfannen, sahen den trockenen Holzscheiten zu, die langsam in der Glut verkohlten, und rösteten Kastanien in der Asche; und die Räuber kamen aus ihren Höhlen hervor und waren lustig mit ihnen. Einmal auch hatte er eine glänzende Prozession gesehen, die sich die lange staubige Straße nach Toledo aufwärtswand. Mönche schritten voraus und trugen bunte Banner und Kreuze aus Gold und sangen so schön; dahinter gingen Soldaten in silbernen Rüstungen mit Musketen und Piken, und in ihrer Mitte wandelten drei barfüßige Männer in seltsamen gelben Röcken, die über und über mit wunderlichen Zeichen bemalt waren, und hielten brennende Kerzen in den Händen. O ja, vieles war im Walde zu sehen; und wenn sie müde wurde, dann wollte er schon eine weiche Moosbank für sie finden oder sie auf seinen Armen tragen; denn er war sehr stark, obwohl nicht groß – das wußte er. Er würde ihr ein Halsband aus roten Beeren winden, die sähen ebenso hübsch aus wie die weißen Beeren, die sie an ihrem Kleide hatte, und wenn sie ihrer überdrüssig wäre, könnte sie sie wegwerfen, und er würde andere für sie suchen. Er würde ihr Eichelnäpfchen bringen und betaute Anemonen, und winzige Glühwürmchen als Sterne in dem blassen Gold ihres Haars.

Wo aber war sie? Er fragte die weiße Rose, doch sie gab ihm keine Antwort. Das ganze Schloß schien zu schlafen, und auch wo die Jalousien nicht herabgelassen waren, hatte man schwere Vorhänge vor die Fenster gezogen, um das grelle Sonnenlicht auszusperren. Er wanderte überall umher und spähte nach einer Tür, durch die er hineingelangen könnte; da endlich erblickte er ein kleines offenstehendes Pförtchen. Er schlüpfte hindurch und fand sich in einer prächtigen Vorhalle – weit prächtiger, fürchtete er, als der Wald; denn überall glänzte und schimmerte es von Gold, und selbst der Fußboden bestand aus großen farbigen Steinen, die sich wie zu einem geometrischen Muster zusammenfügten. Aber die kleine Infantin war nicht da, nur wundervolle weiße Statuen blickten von ihren Jaspispostamenten auf ihn nieder, aus traurigen, leeren Augen und seltsam lächelnden Mundes.

Am Ende der Halle hing ein reichgestickter Vorhang aus schwarzem Sammet, der war übersät mit Sonnen und Sternen, des Königs Lieblingssymbolen, und in der Farbe gestickt, die ihm die liebste war. Vielleicht versteckte sie sich dahinter? Nachsehen mußte er auf jeden Fall.
So schlich er ganz leise hinüber und zog den Vorhang zur Seite. Nein, er erblickte nur einen anderen Raum, allerdings kam dieser ihm viel hübscher vor als der, den er soeben verlassen hatte. Die Wände waren mit figurenreichen grünen Arrazzi behangen, handgewirkten Teppichen, die Jagdszenen darstellten; flandrische Künstler hatten sie in mehr als sieben Jahre währender Arbeit geschaffen. In diesem Gemach wohnte einst Jean le Fou, wie man jenen wahnsinnigen König nannte, der von der Jagdleidenschaft derart besessen war, daß er in seiner Raserei oftmals versuchte, die gewaltigen bäumenden Rosse des Wandteppichs zu besteigen und den Hirsch herabzureißen, auf den die großen Hetzhunde sprangen; dabei stieß er ins Hifthorn und stach mit seinem Dolche nach dem ermatteten flüchtigen Wild. Sein Gemach diente jetzt als Beratungszimmer, und auf dem Tisch in der Mitte lagen die roten Portefeuilles der Minister; die goldenen Tulpen von Spanien waren darauf geprägt und das Wappen und die Embleme des Hauses Habsburg.
Der Zwerg schaute staunend rings in die Runde und fürchtete sich fast weiterzugehen. Die merkwürdigen, schweigsamen Reiter, die so geschwind und unhörbar durch die weiten Lichtungen galoppierten, erschienen ihm wie die entsetzlichen Gespenster, von denen er die Köhler hatte sprechen hören – jene Comprachos, die nur zur Nachtzeit jagen und den Menschen, wenn sie einem begegnen, in eine Hindin verwandeln, um dann Jagd auf ihn zu machen. Doch er dachte an die reizende Infantin und faßte Mut. So gern wollte er sie allein antreffen und ihr sagen, daß auch er sie liebe. Vielleicht war sie in dem Zimmer nebenan.
Er lief über die weichen maurischen Teppiche und öffnete die Tür. Nein! Auch hier war sie nicht. Das Zimmer war ganz leer. Es war ein Thronsaal für die Empfänge von fremden Gesandten, wenn, was in der letzten Zeit nicht mehr oft geschah, der

König eingewilligt hatte, ihnen eine persönliche Audienz zu gewähren: derselbe Saal, in dem viele Jahre zuvor Abgesandte aus England erschienen waren, um über eine Verbindung ihrer Königin – damals eine der katholischen Herrscherinnen Europas – mit des Kaisers ältestem Sohn zu verhandeln. Die Wände waren hier mit vergoldetem korduanischem Leder bespannt, und ein schwerer goldener Kronleuchter mit Armen für dreihundert Wachskerzen hing von der schwarzweißen Decke hernieder. Unter einem großen, Perle an Perle mit den Löwen und Türmen Kastiliens bestickten Baldachin aus Goldbrokat stand der Thron selbst; ihn bedeckte ein reicher schwarzsamtener Mantel, den silberne Tulpen und kunstvolle Fransen von Silber und Perlen zierten. Auf der zweiten Stufe des Thrones stand der Infantin Knieschemel mit seinem Kissen aus silberdurchwirktem Tuch, und wiederum unter diesem und außerhalb des von dem Baldachin überdachten Platzes der Sessel für den päpstlichen Nuntius, der allein das Recht hatte, in Gegenwart des Königs bei allen öffentlichen Zeremonien zu sitzen; sein Kardinalshut mit den geknoteten Scharlachquasten lag auf einem purpurnen Taburett vor seinem Stuhl. An der Wand im Angesicht des Thrones hing ein lebensgroßes Porträt Karls des Fünften im Jagdanzug, mit einer großen Dogge ihm zur Seite; und ein Bildnis Philipps des Zweiten, die Huldigung der Niederlande entgegennehmend, füllte die Mitte der anderen Wand. Zwischen den Fenstern stand ein schwarzer Ebenholzschrank mit eingelegten Elfenbeinplatten, in die Szenen aus Holbeins Totentanz geschnitten waren – von des berühmten Meisters eigener Hand, wie manche sagten.

Aber der Zwerg machte sich gar nichts aus all dem Prunk. Er hätte seine Rose nicht für sämtliche Perlen des Thronhimmels hingegeben und nicht ein einziges weißes Blütenblatt für den Thron selbst. Er begehrte nichts sonst, als die Infantin zu sehen, bevor sie zu dem Zelt hinunterging, und er wollte sie bitten, mit ihm zu kommen, wenn er seinen Tanz beendet hatte. Hier im Palast war die Luft schwer und schwül, aber im Walde wehte der freie Wind, und das Sonnenlicht streifte mit rastlosen Goldhänden die bebenden Blätter beiseite. Auch Blumen gab es draußen im Wald, nicht so prächtige vielleicht wie die Blumen im Garten, aber dafür von um so süßerem Duft: Hyazinthen im ersten Frühjahr, die mit Purpurwogen die kühlen Schluchten, die grasigen Hügel überfluteten; gelbe Schlüsselblumen, die sich in kleinen Büscheln um die knorrigen Wurzeln der Eichenbäume schmiegten; buntes Schellkraut und blauen Ehrenpreis und Iris in Lila und Gold. Graue Kätzchen hingen von den Haselbüschen, und der rote Fingerhut neigte sich unter dem Gewicht seiner gesprenkelten, bienenschweren Glocken. Die Kastanie trug Türmchen von weißen Sternen und der Dorn seine bleichen Monde, aus eitel Schönheit gebildet. Ja, sicherlich würde sie kommen, wenn er sie nur fände! Sie würde mit ihm kommen in den holden Wald, und den ganzen Tag wollte er tanzen, um sie zu erfreuen. Ein Lächeln leuchtete in seinen Augen, als er das dachte; und er ging weiter und trat in den nächsten Raum.

Von allen Gemächern war dieses das glänzendste und schönste. Die Wände bedeckte ein rotblumiger Luccheser Damast, mit Vögeln gemustert und bestreut mit zarten Silberblüten; die Möbel waren aus massivem Silber und mit Blumenranken bekränzt, auf denen Liebesgötter sich schaukelten; vor den beiden mächtigen Kaminen standen große, mit Papageien und Pfauen bestickte Schirme, und der Fußboden aus seegrünem Onyx schien sich in weite Fernen hinzudehnen. Auch war der Zwerg hier nicht allein. Im schattendunklen Türeingang am äußersten Ende des Gemachs erblickte er ein kleines Wesen, das ihn anschaute. Sein Herz erbebte, ein Freudenschrei entfloh seinen Lippen, und er trat näher, ins helle Sonnenlicht. Als er sich so bewegte, trat auch die Gestalt näher heran, und er sah sie nun deutlich.

Die Infantin? Nein, ein Scheusal, das lächerlichste Scheusal, dem er je begegnet war. Nicht wohlgestalt wie alle anderen Menschen, sondern bucklig und krummbeinig, mit riesengroßem, hängendem Kopf und einer Mähne schwarzen Haares. Der Zwerg runzelte die Stirn, auch das Scheusal runzelte die seine. Er lachte, und es lachte mit und stemmte die Hände in die Seiten, genau wie er es tat. Er machte ihm eine höhnische Verbeugung, und es erwiderte mit einer tiefen Reverenz. Er trat auf das rätselhafte Wesen zu, und es kam ihm entgegen und äffte jeden Schritt nach, den er ging, und blieb stehen, sobald er selber stand. Er schrie laut vor Vergnügen, rannte vorwärts und streckte seine Hand aus, und des andern Hand berührte seine, und war kalt wie Eis. Er bekam Angst und bewegte seine Hand hin und her, und die Hand des andern folgte ihm schnell. Er versuchte vorwärtszudringen, aber etwas Glattes, Hartes gebot ihm Einhalt. Das Gesicht des Scheusals war jetzt seinem eigenen ganz nah und schien voll Entsetzen. Er strich sich das Haar aus den Augen. Es ahmte ihm nach. Er hieb nach ihm, und es gab ihm Schlag um Schlag zurück. Er verzog das Gesicht vor Ekel, und es zeigte ihm angewiderte Grimassen. Er wich zurück, und es entfernte sich.

Was war das? Er dachte einen Augenblick nach und schaute im Zimmer um sich. Wie seltsam, jeder Gegenstand schien sich in dieser unsichtbaren Wand aus klarem Wasser zu wiederholen. Ja, Bild für Bild und Sessel für Sessel, alles hatte dort sein Widerspiel. Der schlafende Faun, der in der Nische neben der Tür lagerte, hatte seinen schlummernden Zwillingsbruder, und die silberne Venus im Sonnenglanz hob ihre Arme einer zweiten Venus entgegen, einer ebenso lieblichen wie sie selbst.

War es ein Echo? Er hatte das Echo einstmals im Tale gerufen, und es hatte ihm erwidert, Wort um Wort. Konnte es das Auge narren wie das Ohr? Konnte es eine scheinbare Welt der wirklichen zum Verwechseln gleich sein lassen? Konnten die Schatten der Dinge Farbe gewinnen und Leben und Bewegung? Konnte es möglich sein, daß . . .?

Er schauderte, und die herrliche weiße Rose von seiner Brust reißend, wandte er sich und küßte sie. Auch das Scheusal hatte eine weiße Rose, Blatt für Blatt der seinen gleich! Er küßte sie mit den gleichen Küssen und drückte sie mit gräßlichen Gebärden an sein Herz.

Als ihm die Wahrheit aufdämmerte, stieß er einen wilden Verzweiflungsschrei aus und sank schluchzend auf den Boden nieder. Er selber war es also, er selber mißgestalt und bucklig, ein Abscheu dem Auge und über alle Maßen lächerlich. Er selber war das Scheusal, und über ihn hatten die Kinder gelacht; und die kleine Prinzessin, von der er geglaubt, daß sie ihn liebe –

auch sie hatte nur seine Häßlichkeit gehöhnt und sich über seine verkrümmten Glieder lustig gemacht. Warum hatten sie ihn nicht im Walde gelassen, wo es keinen Spiegel gab, der ihm sagte, wie widerlich er war? Warum hatte sein Vater ihn nicht lieber getötet, statt ihn zu seiner Schande zu verkaufen? Heiße Tränen strömten über seine Wangen, und er riß die weiße Rose in Fetzen. Das Scheusal zuckte krampfhaft, tat wie er und streute die welken Rosenblätter in die Luft. Es lag bäuchlings am Boden, und als er es ansah, betrachtete es ihn mit schmerzverzogenem Gesicht. Er kroch hinweg, um den anderen nicht mehr zu sehen, und deckte seine Augen mit den Händen. Gleich der verwundeten Kreatur schleppte er sich in den Schatten und blieb dort stöhnend liegen.

Und in diesem Augenblick kam die Infantin mit ihren Gespielen durch die offene Balkontür herein, und als sie sahen, wie der häßliche Zwerg am Boden lag, ein Zerrbild überschäumender Verzweiflung, und mit den geballten Fäusten um sich schlug, da brachen sie in fröhlich lautes Gelächter aus und standen rings um ihn und schauten ihm zu.

»Sein Tanz war spaßig«, sagte die Infantin, »aber sein Spiel ist noch viel spaßiger. Er macht es wirklich beinah so gut wie die Marionetten, nur nicht ganz so natürlich; das ist ja klar.« Und sie ließ ihren großen Fächer schwirren und klatschte Beifall.

Aber der Zwerg blickte nicht mehr auf, und sein Schluchzen ward schwächer und schwächer, und plötzlich schnappte er ganz sonderbar nach Luft und griff nach seiner Seite. Und dann fiel er wieder zurück und lag ganz still.

»Das war großartig«, sagte die Infantin nach einer Pause, »aber nun mußt du für mich tanzen!«

»Ja«, riefen die Kinder alle, »du mußt aufstehen und tanzen, denn du tanzest so schön wie die Berberäffchen und bist viel, viel mehr zum Lachen.«

Aber der Zwerg antwortete nicht.

Und die Infantin stampfte mit dem Fuß und schrie nach ihrem Onkel, der mit dem Kammerherrn auf der Terrasse hin und her wanderte und die soeben aus Mexiko eingegangenen Depeschen las; in Mexiko war nämlich vor kurzem die Heilige Inquisition eingeführt worden. »Mein spaßiger kleiner Zwerg

hat schlechte Laune«, rief sie; »Sie müssen ihn wecken und ihm sagen, daß er für mich tanzen soll.«
Die beiden Herren blickten einander lächelnd an und schlenderten ins Haus, und Don Pedro bückte sich und klapste den Zwerg mit seinem gestickten Handschuh auf die Backe. »Du sollst tanzen, kleines Scheusal«, sagte er. »Du sollst tanzen. Die Infantin von Spanien und beiden Indien wünscht, sich zu amüsieren.«
Aber der Zwerg rührte sich nicht.
»Man sollte nach dem Peitschenmeister schicken«, sagte Don Pedro gelangweilt und ging wieder hinaus auf die Terrasse. Der Kammerherr aber blickte ernst, und er kniete neben dem Zwerg und legte die Hand auf des Kleinen Herz. Und nach ein paar Augenblicken zuckte er die Achseln und stand auf, und als er sich lange und tief vor der Infantin verneigt hatte, sagte er:
»Mi bella princesa, Ihr spaßiger kleiner Zwerg wird nie mehr tanzen. Das ist schade, denn er ist so häßlich, daß er vielleicht auch den König zum Lächeln gebracht hätte.«
»Aber warum wird er denn nicht wieder tanzen?« fragte die Infantin lachend.
»Weil sein Herz gebrochen ist«, antwortete der Kammerherr. Und die Infantin runzelte die Stirn, und die zarten Rosenblätter ihrer Lippen kräuselten sich in zierlicher Verachtung. »Sorgen Sie in Zukunft dafür, daß die Leute, die mit mir spielen dürfen, keine Herzen haben«, rief sie und lief in den Garten hinaus.

H.
V.

DER FISCHER UND SEINE SEELE

JEDEN Abend ruderte der junge Fischer hinaus aufs Meer und warf seine Netze aus.

Wenn der Wind vom Lande her wehte, fing er nichts oder doch nur wenig, denn es war ein böser, schwarzbeschwingter Wind, und ungestüme Wogen bäumten sich ihm entgegen. Doch wenn der Wind zur Küste wehte, kamen die Fische aus den Meerestiefen und schwammen zwischen die Maschen seiner Netze, und er brachte sie zum Markte und verkaufte sie.

Jeden Abend ruderte er aufs Meer hinaus, und eines Abends war sein Netz so schwer, daß er es kaum ins Boot heraufziehen konnte. Und er lachte und sprach bei sich selber: ›Wahrlich, ich habe alle Fische gefangen, die in den Fluten schwimmen, oder eins der trägen Meerungeheuer, über das die Leute staunen werden, oder einen Gegenstand des Grauens, wonach die große Königin verlangen wird.‹ Und er nahm all seine Kraft zusammen und zerrte an den groben Leinen, bis, gleich Schnüren aus blauem Schmelz rings um ein Bronzegefäß, die langen Adern an seinen Armen schwollen. Er zerrte an den dünnen Leinen, und näher und näher kam der Ring flacher Korke, und endlich stieg das Netz an die Oberfläche des Wassers.

Aber weder ein Fisch war darin noch ein Meerungeheuer noch ein Gegenstand des Grauens, nur eine kleine Meermaid lag darin, in tiefem Schlaf.

Ihr Haar war wie ein feuchtes Vlies aus Gold, und jedes einzelne Haar wie ein Faden feinen Goldes im Glase einer Schale. Ihr Leib war wie weißes Elfenbein, und ihr Schweif war aus Silber und Perlmutt. Silbern und perlmuttschillernd war ihr Schweif, und der grüne Seetang schlang sich um ihn her; den Meermuscheln glichen ihre Ohren, und ihre Lippen glichen den Korallen der See. Die kühlen Wogen rannen über ihre kühlen Brüste, und Salz glitzerte auf ihren Augenlidern.

Sie war so schön, daß Staunen den jungen Fischer erfaßte, da er sie sah, und er streckte seine Hand aus und zog das Netz

nahe zu sich heran, und er neigte sich über den Bootsrand und umfing sie mit seinen Armen. Und als er sie anrührte, stieß sie einen Schrei aus wie eine aufgescheuchte Möwe, und erwachte und sah ihn erschrocken an mit ihren purpur-amethystenen Augen und rang, daß sie sich ihm entwände.
Er aber hielt sie fest in seinem Arm und wollte sie nicht von sich lassen.
Und da sie merkte, daß sie ihm auf keine Art entfliehen konnte, fing sie zu weinen an und sprach: »Ich bitte dich, laß mich ziehen, denn ich bin eines Königs einzige Tochter, und mein Vater ist alt und allein.«
Doch der junge Fischer antwortete: »Ich will dich nicht ziehen lassen, es sei denn, du gelobtest mir, zu kommen und für mich zu singen, wann immer ich dich rufe; die Fische hören gern dem Sang des Meervolks zu, und also werden meine Netze voll sein.«
»Willst du mich in Wahrheit ziehen lassen, wenn ich dir dies gelobe?« rief die Meermaid.
»Wahrlich, ich will dich ziehen lassen«, sagte der junge Fischer.
So tat sie das Gelöbnis, das er von ihr verlangte, und beschwor es mit dem Eid des Meervolks. Und er löste seine Arme von ihrem Leib, und sie sank zurück in die Flut, und eine fremde Angst durchschauerte sie.

Jeden Abend ruderte der junge Fischer hinaus aufs Meer und rief die Meermaid, und sie stieg aus dem Wasser und sang für ihn. Rings um sie her schwammen die Delphine, und die wilden Möwen kreisten ihr zu Häupten.
Und sie sang einen wundervollen Sang. Denn sie sang von dem Meervolk, das seine Herden von Wasserhöhle zu Wasserhöhle weidet und die kleinen Kälber auf den Schultern trägt; von den Tritonen mit langem grünem Bart und haariger Brust, die in gewundene Muschelhörner stoßen, wenn der König vorüberzieht; vom Königspalast, der ganz aus Bernstein erbaut ist, mit einem Dach aus lichtem Smaragd und dem Pflaster aus hellem Perlmutt; und von den Gärten der See, wo die großen Filigranwedel der Korallen den ganzen Tag lang hin und wider

schwingen, wo die Fische aufschießen gleich Silbervögeln und die Anemonen sich an die Felsen schmiegen und die rosa Nelken im gerippten gelben Sande sprießen. Sie sang von den großen Walen, die von den Nordmeeren herkommen und denen spitzige Eiszapfen an den Finnen hangen; von den Sirenen, die von so wundersamen Dingen sangen, daß die Schiffer auf den Kauffahrern sich die Ohren mit Wachs verstopfen müssen, damit sie ihre Mär nicht hören und in die See springen und ertrinken; von den gesunkenen Galeeren mit ihren schlanken Masten und dem Tauwerk, in das sich die Seeleute mit erstarrten Händen klammern, indes durch die offenen Stückpforten die Makrelen ein und aus schwimmen; von den kleinen Entenmuscheln, die große Wandersleute sind, sich an die Schiffskiele heften und weit um die weite Welt mit ihnen reisen; und von den Tintenfischen, die an den Flanken der Klippen wohnen und ihre langen schwarzen Arme ausstrecken und die Nacht herbeirufen können, wann es ihnen beliebt. Sie sang vom Nautilus, der sein eigenes Boot besitzt, aus einem Opal geschnitten und gesteuert mit einem seidenen Segel; von den glücklichen Meermännern, die die Harfe schlagen und den großen Kraken in Schlaf versenken können; von den kleinen Kindern, die sich die schlüpfrigen Tümmler einfangen und lachend auf ihren Rücken reiten; von den Meerjungfrauen, die im weißen Schaume liegen und die Arme den Matrosen entgegenrecken; und von den Seelöwen mit den gebogenen Fangzähnen und von den Seepferden mit ihren flutenden Mähnen.
Und da sie sang, kamen all die Thunfische aus der Tiefe herauf, ihr zuzuhören, und der junge Fischer warf seine Netze um die Fische und fing sie, und andere erlegte er mit einem Speer. Und wenn sein Boot vollbeladen war, lächelte die Meermaid ihm zu und sank hinab in die See.
Niemals jedoch kam sie ihm so nahe, daß er sie hätte berühren können. Oft rief er sie und flehte sie an, aber sie weigerte sich; und wenn er sie zu fassen suchte, tauchte sie ins Wasser, wie eine Robbe taucht, und an diesem Tage sah er sie nicht mehr. Und jeden Tag klang der Laut ihrer Stimme seinen Ohren süßer. So süß war ihre Stimme, daß er der Netze vergaß und seiner List und nicht auf sein Handwerk merkte. Mit zinnoberro-

ten Flossen und mit Augen aus gebuckeltem Gold zogen die Thunfische in Scharen vorbei, er aber achtete ihrer nicht. Sein Speer lag müßig, und seine Körbe aus geflochtenen Weidenruten blieben leer. Geöffneten Mundes und mit Augen, dunkel vor Staunen, saß er tatenlos in seinem Boot und lauschte – lauschte, bis die Seenebel ihn rings umschlangen und der wandelnde Mond ihm die braunen Glieder mit Silber hellte.
Und eines Abends rief er sie und sprach: »Kleine Meermaid, kleine Meermaid, ich liebe dich. Laß mich dein Bräutigam sein, denn ich liebe dich.«
Aber die Meermaid schüttelte den Kopf. »Du hast eine Menschenseele«, erwiderte sie. »Nur wenn du deine Seele aus dir verstießest, nur dann könnte ich dich lieben.«
Und der junge Fischer sprach bei sich selbst: ›Was nützt mir meine Seele? Ich kann sie nicht sehen. Ich kann sie nicht fühlen. Ich kenne sie nicht. Wahrlich, ich will sie aus mir verstoßen, und große Wonne soll mein sein.‹ Und ein Freudenruf brach von seinen Lippen, und er stand auf in dem bunten Boot und öffnete der Meermaid seine Arme.
»Ich will meine Seele aus mir verstoßen«, rief er, »und du sollst meine Braut und ich will dein Bräutigam sein, und in den Tiefen der See wollen wir zusammen wohnen, und all das, von dem du gesungen hast, sollst du mir weisen, und alles, was du wünschest, will ich für dich tun, und nichts soll unsre Leben scheiden.«
Und die kleine Meermaid lachte vor Freude und bedeckte ihr Gesicht mit den Händen.
»Wie aber soll ich meine Seele aus mir verstoßen?« rief der junge Fischer. »Sag mir, was ich tun muß, und sieh, es soll geschehen.«
»Ach, ich weiß es nicht«, sagte die kleine Meermaid, »wir vom Meervolk haben keine Seelen.« Und sie blickte ihn wehmütig an und sank zurück in die Tiefe.

Früh am nächsten Morgen, ehe die Sonne die Spanne einer Männerhand hoch über dem Hügel stand, ging der junge Fischer zum Hause des Priesters und klopfte dreimal an die Tür. Der Novize blickte durchs Pförtchen, und als er sah, wer Ein-

laß begehrte, zog er den Riegel zurück und sagte: »Komm herein.«
Und der junge Fischer trat ins Haus und kniete nieder auf den süßduftenden Binsen des Bodens und rief den Priester an, der laut aus der Heiligen Schrift vorlas, und sprach zu ihm: »Vater, ich liebe eine aus dem Meervolk, und meine Seele hindert mich, daß ich nach meinem Wunsche tue. Sag mir, wie ich meine Seele aus mir verstoßen kann, denn fürwahr, ich bedarf ihrer nicht. Was gilt mir meine Seele? Ich kann sie nicht sehen. Ich kann sie nicht fühlen. Ich kenne sie nicht.«
Und der Priester schlug sich die Brust und antwortete: »Wehe, wehe, dein Geist ist wirr, oder du hast von einem giftigen Kraut genossen, daß du vergissest, die Seele ist des Menschen edelstes Teil und ward uns von Gott gegeben, damit wir sie zum Edlen nützen. Nichts ist kostbarer als eine Menschenseele, und nichts Irdisches vermag sie aufzuwiegen. Sie ist wert alles Goldes hienieden und kostbarer als die Rubine der Könige. Deshalb, mein Sohn, denke nicht länger an diese Sache, denn sie ist eine Sünde, für die es nun und nimmer Vergebung gibt. Und was das Meervolk anlangt – sie alle sind verloren, und wer mit ihnen Umgangs pflegen wollte, der wäre verloren mit ihnen. Sie sind wie die Tiere des Feldes, die das Gute nicht vom Bösen unterscheiden können, und nicht für sie ist der Herr gestorben.«
Des jungen Fischers Augen füllten sich mit Tränen, als er die harten Worte des Priesters hörte, und er stand auf von seinen Knien und sprach zu ihm: »Vater, die Faune wohnen im Hain und freuen sich ihres Lebens, und auf den Klippen sitzen die Meermänner mit ihren Harfen aus rotem Gold. Ich flehe dich an, laß mich sein wie sie, denn ihre Tage sind wie die Tage der Blumen. Und meine Seele, was kann meine Seele mir eintragen, wenn sie zwischen mir und meiner Liebe steht?«
»Die Liebe des Leibes ist sündig«, schrie der Priester und runzelte die Stirn, »und sündig und böse sind die Heidenwesen, denen Gott gestattet, daß sie durch seine Welten wandeln. Fluch über die Faune des Waldes, und Fluch über die Sänger in der See! Oftmals höre ich sie singen zur Nachtzeit, und sie trachten, mich von meinem Rosenkranz hinwegzulocken. Sie

rühren ans Fenster und lachen. Sie raunen mir die Märchen von ihren verderblichen Wonnen ins Ohr. Sie versuchen mich mit Versuchungen, und wenn ich beten will, grinsen sie scheel nach mir. Sie sind verloren, sag ich dir, verloren sind sie. Denn für sie ist nicht Himmel noch Hölle, und nicht da noch dort sollen sie Gottes Namen preisen.«

»Vater«, rief der junge Fischer, »du weißt nicht, was du sagest. In meinem Netze fing ich jüngst die Tochter eines Königs. Sie ist schöner als der Morgenstern und weißer als der Mond. Um ihren Leib gäbe ich freudig meine Seele, und um ihre Liebe schwüre ich dem Himmel ab. Sag mir, was ich von dir erbitte, und laß mich in Frieden ziehen.«

»Hinweg! Hinweg!« schrie der Priester. »Deine Buhle ist verdammt, und du sollst verdammt sein mit ihr.« Und er gab ihm keinen Segen, sondern trieb ihn von seiner Tür.

Und der junge Fischer ging hinab zum Marktplatz, und er schritt langsam und gesenkten Hauptes, wie einer, der einen Kummer trägt.

Und da die Kaufleute ihn kommen sahen, begannen sie untereinander zu tuscheln, und einer von ihnen ging ihm entgegen und rief ihn bei Namen und sprach zu ihm: »Was hast du zu verkaufen?«

»Ich will dir meine Seele verkaufen«, antwortete er. »Ich bitte dich, kauf sie mir ab, denn ich bin ihrer überdrüssig. Was nützt mir meine Seele? Ich kann sie nicht sehen. Ich kann sie nicht fühlen. Ich kenne sie nicht.«

Doch die Kaufleute spotteten über ihn und sagten: »Was nützt denn uns jemandes Seele? Sie ist noch nicht einmal ein schlechtes Silberstück wert. Verkauf uns deinen Leib als Sklaven, und wir wollen dich in den Purpur des Meeres kleiden und einen Ring an deinen Finger stecken und dich zum Günstling der großen Königin machen. Aber sprich uns nicht von deiner Seele, denn für uns taugt sie nicht, noch hat sie irgendeinen Preis, der uns Gewinn einbrächte.«

Und der junge Fischer sprach bei sich selbst: ›Wie seltsam ist das! Der Priester sagt, die Seele sei alles Gold der Welt wert, und die Kaufleute meinen, sie sei weniger wert als ein schlechtes Silberstück.‹ Und er ging fort von dem Marktplatz und stieg hinunter zum Ufer des Meeres und sann und sann, was er tun solle.

Und als es Mittag schlug, erinnerte er sich, wie einer seiner Gefährten, ein Meerfenchelsammler, ihm von einer jungen Hexe erzählt hatte, die in einer Höhle am Vorgebirge der Bucht wohnte und sehr beschlagen in allen Hexenkünsten war. Und er machte sich auf und rannte – so sehr begierig war er, seiner Seele ledig zu werden –, und eine Wolke von Staub zog hinter ihm her, als er über den Ufersand eilte. Am Jucken ihrer hohlen Hand erriet die junge Hexe, daß er kam, und sie lachte und löste ihr rotes Haar. Von ihrem roten Haar ganz umwallt, stand sie am Eingang der Höhle, und in der Hand hielt sie einen Zweig von vollerblühtem wildem Schierling.
»Was begehrst du? Was begehrst du?« rief sie, als er keuchend den Abhang heraufkam und sich vor ihr neigte. »Fische für dein Netz, wenn der Wind widrig ist? Ich habe ein Rohrflötchen, und blase ich darauf, so kommen die Meeräschen und schwimmen in die Bucht. Aber es hat seinen Preis, schöner Knabe, es hat seinen Preis. Was begehrst du? Was begehrst du? Einen Sturm, der die Schiffe bricht und Kisten voll reicher Schätze ans Ufer spült? Ich habe mehr Stürme als der Wind, denn ich diene einem, der stärker ist als der Wind, und mit einem Sieb und einem Eimer Wasser kann ich die großen Galeeren auf den Meeresgrund schicken. Doch ich fordere einen Preis, schöner Knabe, ich fordere einen Preis. Was begehrst du? Was begehrst du? Ich weiß eine Blume, die blüht im Tal, keiner als ich weiß von ihr. Sie trägt purpurne Blätter und einen Stern im Herzen, und ihr Saft ist so weiß wie Milch. Berührtest du mit dieser Blume die strengen Lippen der Königin, sie folgte dir über die ganze Welt. Aus dem Bette des Königs stünde sie auf, und durch die ganze Welt würde sie dir folgen. Doch die Blume hat ihren Preis, schöner Knabe, sie hat ihren Preis. Was begehrst du? Was begehrst du? Ich kann eine Kröte im Mörser zerstampfen und Brühe daraus kochen und sie mit eines toten Mannes Leichenhand rühren. Sprenge sie auf deinen Feind, indes er schläft, und er wird sich in eine schwarze Viper verwandeln, und seine eigene Mutter wird ihn erschla-

gen. Mit einem Rade kann ich den Mond vom Himmel niederziehen, und in einem Kristall zeige ich dir den Tod. Was begehrst du? Was begehrst du? Sag mir, was du wünschest, und ich will es dir geben, und du sollst mir einen Preis zahlen, schöner Knabe, du zahlst mir einen Preis.«

»Mein Wunsch steht nur nach einer Kleinigkeit«, sagte der junge Fischer, »dennoch hat der Priester mir darob gezürnt und mich aus seinem Haus gejagt. Mein Wunsch steht nur nach einer Kleinigkeit, und doch haben die Kaufleute mein gespottet und mich abgewiesen. Deshalb bin ich zu dir gekommen, wenn die Menschen dich auch böse schelten; und welches dein Preis auch sein mag, ich werde ihn dir zahlen.«

»Was willst du?« fragte die Hexe und trat dicht an ihn heran.

»Ich will meine Seele aus mir verstoßen«, antwortete der junge Fischer.

Die Hexe wurde bleich und schauderte und barg das Gesicht in ihrem blauen Mantel. »Schöner Knabe, schöner Knabe«, sagte sie leise, »das zu tun, ist ein fürchterlich Ding.«

Er schüttelte seine braunen Locken und lachte: »Meine Seele achte ich für nichts«, erwiderte er. »Ich kann sie nicht sehen. Ich kann sie nicht fühlen. Ich kenne sie nicht.«

»Was willst du mir geben, wenn ich dich lehre, was du zu wissen verlangst?« fragte die Hexe und blickte mit ihren schönen Augen auf ihn nieder.

»Fünf Goldstücke«, sagte er, »und meine Netze und die Hütte aus Rutengeflecht, darin ich wohne, und das bunte Boot, darin ich aufs Meer hinausfahre. Nur lehre mich, wie ich meiner Seele ledig werde, und ich will dir alles geben, was ich besitze.«

Sie lachte ihm spöttisch ins Gesicht und schlug nach ihm mit ihrem Schierlingszweig. »Ich kann die Herbstblätter in Gold verwandeln«, erwiderte sie, »und ich kann die blassen Mondstrahlen zu Silber weben, wenn ich es will. Der, dem ich diene, ist reicher als alle Könige dieser Welt und hat über sie alle Gewalt.«

»Was dann soll ich dir geben«, rief er, »wenn dein Preis nicht Gold noch Silber ist?«

Die Hexe strich ihm übers Haar mit ihrer schmalen weißen

Hand. »Du mußt mit mir tanzen, schöner Knabe«, flüsterte sie, und sie lächelte ihm zu, als sie sprach.
»Nichts als das?« rief der junge Fischer in großem Staunen und sprang auf.
»Nichts als das«, antwortete sie und lächelte ihm abermals zu.
»Dann wollen wir bei Sonnenuntergang an heimlichem Ort zusammen tanzen«, sagte er, »und haben wir dann miteinander getanzt, so sollst du mich lehren, was mich zu wissen verlangt.«
Sie schüttelte den Kopf. »Wenn der Mond voll ist, wenn der Mond voll ist«, flüsterte sie. Dann schaute sie rings in die Runde und lauschte. Ein blauer Vogel stieg kreischend auf aus seinem Nest und kreiste über den Dünen, und drei gefleckte Vögel raschelten im harten grauen Gras und riefen einander zu. Kein Laut sonst war zu hören als der Laut einer Woge, die unten am Strand die glatten Kieselsteine höhlte. Da streckte sie ihre Hand aus und zog ihn zu sich heran und legte ihre heißen Lippen fest an sein Ohr.
»Heut nacht mußt du auf den Gipfel des Berges kommen«, raunte sie ihm zu. »Es ist Sabbat, und Er wird da sein.«
Der junge Fischer erschrak und blickte sie an, und sie zeigte ihre weißen Zähne und lachte. »Wer ist Er, von dem du redest?« fragte er.
»Was liegt daran?« erwiderte sie. »Geh heute nacht aus deinem Hause und steh unter den Zweigen der Hagebuche und warte, bis ich komme. Wenn ein schwarzer Hund auf dich zuläuft, so streiche ihn mit einer Weidenrute, und er wird von dir lassen. Wenn eine Eule dich anruft, so gib ihr keine Antwort. Sobald der Mond voll sein wird, komme ich zu dir, und wir wollen miteinander auf dem Grase tanzen.«
»Aber schwörst du mir zu, daß du mich lehren wirst, wie ich meine Seele aus mir verstoßen kann?« fragte er sie.
Sie trat hinaus ins Sonnenlicht, und der Wind fuhr durch ihr rotes Haar. »Bei den Hufen des Ziegenbocks schwöre ich dir's zu«, gab sie ihm zur Antwort.
»Du bist die beste aller Hexen«, rief der junge Fischer, »und ich will gewißlich auf dem Gipfel des Berges mit dir tanzen, heut zur Nacht. Wohl wünschte ich, du hättest Gold oder Sil-

ber von mir gefordert. Aber wie dein Preis nun ist, so sollst du ihn haben, denn es ist ja nur eine Kleinigkeit.«

Und er nahm seine Kappe vor ihr ab und beugte tief sein Haupt und lief zur Stadt zurück, erfüllt von großer Freude.

Und die Hexe sah ihm nach, da er davonging, und als er ihr aus den Augen war, trat sie in ihre Höhle; und sie nahm einen Spiegel aus einer Lade von geschnitztem Zedernholz, stellte ihn auf einen Balken und verbrannte vor ihm Eisenkraut auf glühenden Holzkohlen und spähte durch das Gekringel des Rauches.

Und nach einer Weile ballte sie die Fäuste in Wut. »Er hätte mein sein sollen«, murmelte sie, »denn ich bin ebenso schön wie sie.«

Und als am Abend der Mond aufgegangen war, klomm der junge Fischer hinan zum Gipfel des Berges und stand unter den Zweigen der Hagebuche. Wie ein Schild aus blankem Metall lag das Rund der See zu seinen Füßen, und die Schatten der Fischerboote trieben in der kleinen Bucht. Eine große Eule mit gelben Schwefelaugen rief ihn bei seinem Namen, doch er gab nicht Antwort. Ein schwarzer Hund lief knurrend auf ihn zu. Er strich ihn mit einer Weidenrute, und der Hund winselte und ließ von ihm ab.

Zu Mitternacht kamen die Hexen gleich Fledermäusen durch die Luft herbeigeflogen. »Hu, hu!« schrien sie, als sie auf den Boden niederstießen, »einer ist da, den wir nicht kennen!« – und sie witterten umher und schwatzten und winkten einander.

Zuallerletzt kam die junge Hexe, und ihr rotes Haar flatterte im Wind. Sie trug ein Gewand aus Goldgewebe, bestickt mit Pfauenaugen, und eine kleine Kappe aus grünem Sammet saß auf ihrem Kopf.

»Wo ist er, wo ist er?« tobten die Hexen, als sie ihrer ansichtig wurden, sie aber lachte nur und lief zu der Hagebuche; sie nahm den Fischer bei der Hand und führte ihn hinaus ins Mondenlicht, und sie begann zu tanzen.

Rundherum im Kreise wirbelten sie, und die junge Hexe sprang so hoch, daß er die scharlachroten Hacken ihrer Schuhe sehen konnte. Dann scholl mitten unter die Tänzer der

Hufschlag eines galoppierenden Rosses, aber kein Roß war zu erblicken, und den jungen Fischer beschlich die Angst.
»Schneller!« rief die Hexe, und sie warf ihre Arme um seinen Nacken, und ihr Atem war heiß auf seinem Antlitz. »Schneller, schneller!« rief sie, und ihm war, als rollte die Erde unter seinen Füßen in wütendem Tanz, und sein Hirn verwirrte sich, und dunkles Entsetzen befiel ihn, wie von Bösem, das ihn belauere; und schließlich gewahrte er, daß im Schatten eines Felsens einer stand, der zuvor nicht dortgewesen war.
Es war ein Mann, gekleidet in ein schwarzes Samtgewand von spanischem Schnitt. Sein Antlitz war seltsam bleich, doch seine Lippen brannten gleich einer stolzen roten Blume. Er schien müde, denn er lehnte sich zurück, indes er achtlos mit dem Knauf seines Dolches spielte. Auf dem Grase neben ihm lagen ein Federhut und ein Paar Reithandschuhe mit Stulpen aus goldener Spitze; die waren über und über benäht mit kleinen Perlen, die sich zu einem wunderlichen Muster fügten. Ein kurzes Mäntelchen, mit Zobel gesäumt, fiel von seiner Schulter, und seine feinen weißen Hände trugen edelsteingeschmückte Ringe. Von schweren Lidern überhangen waren seine Augen.
Der junge Fischer sah ihn an wie einer, den ein Zauber umgarnt. Zuletzt begegneten sich ihrer beider Augen, und wo er auch tanzte, stets war ihm, als ob die Augen des Mannes ihm folgten. Er hörte die Hexe lachen, und er faßte sie um die Hüften und wirbelte sie rasend im Kreis herum.
Plötzlich schlug ein Hund im Walde an, und die Tänzer hielten ein im Tanz und gingen in Paaren zu dem Manne, knieten vor ihm nieder und küßten seine Hände. Als sie dies taten, huschte der Anflug eines Lächelns über des Mannes stolzen Mund, wie eine Vogelschwinge das Wasser streift, daß es sich lachend kräuselt. Doch lag Verachtung darin. Er blickte immer noch auf den jungen Fischer.
»Komm, daß wir Ihn anbeten!« wisperte die Hexe; und sie ging ihm vorauf, und ein wildes Verlangen, zu tun, wie sie gebot, erfaßte ihn, und er folgte ihr. Doch als er nah heran war, und ohne zu wissen warum, schlug er das Kreuzeszeichen über seiner Brust und rief den heiligen Namen.

Kaum hatte er das getan, so kreischten die Hexen gellend wie Falken und flogen davon, und das bleiche Antlitz, das ihn angesehen, zuckte in einem Schmerzenskrampf. Der Mann schritt hin zu einem kleinen Wäldchen und gab einen Pfiff. Ein spanisches Pony, mit Silber reich aufgezäumt, lief ihm geschwind entgegen. Als er sich in den Sattel schwang, wandte er sich und blickte den jungen Fischer traurig an.

Und auch die Hexe im roten Haar wollte von dannen fliegen, aber der Fischer packte sie bei den Handgelenken und hielt sie fest.

»Gib mich los«, schrie sie, »und laß mich gehen. Denn du hast genannt, was nicht genannt sein soll, und das Zeichen gezeigt, das nicht erschaut werden darf.«

»Nein«, erwiderte er, »ich will dich nicht gehen lassen, bis du mir das Geheimnis verraten hast.«

»Was für ein Geheimnis?« sagte die Hexe und rang mit ihm wie eine wilde Katze und biß sich auf die schaumbefleckten Lippen.

»Du weißt es wohl«, antwortete er.

Ihre grasgrünen Augen dunkelten von Tränen, und sie sagte zu dem Fischer: »Verlange alles von mir, aber nicht dieses!«

Er lachte und hielt sie nur um so fester.

Und da sie sah, daß sie sich nicht befreien konnte, flüsterte sie ihm zu: »Wahrlich, ich bin ebenso schön wie die Töchter der See und ebenso reizend wie sie, die in den blauen Wassern wohnen«, und sie schmiegte sich an ihn und hob ihr Antlitz dicht an das seine.

Er aber stieß sie finster zurück und sprach: »Wenn du das Versprechen nicht hältst, das du mir gegeben hast, so will ich dich erschlagen als eine trügerische Hexe.«

Sie wurde grau wie eine Blüte des Judasbaums und schauderte. »Sei es denn«, hauchte sie. »Es ist deine Seele und nicht die meine. Tu mit ihr, wie du willst.« Und aus ihrem Gürtel zog sie ein kleines Messer mit einem Heft aus grüner Vipernhaut und gab es ihm.

»Wozu soll mir dies nützen?« fragte er verwundert.

Sie schwieg eine kurze Weile, und Entsetzen flog über ihr Gesicht. Dann strich sie sich das Haar aus der Stirn zurück, und seltsam lächelnd sagte sie zu ihm: »Was die Menschen den Schatten ihres Leibes nennen, ist nicht der Schatten des Leibes, sondern der Leib der Seele. Stell dich ans Meeresufer, den Rücken zum Mond gekehrt, und schneide rund um deine Füße deinen Schatten ab, der deiner Seele Leib ist, und heiße deine Seele dich verlassen, und sie wird es tun.«

Der junge Fischer zitterte.

»Ist das wahr?« fragte er leise.

»Es ist wahr, und ich wollte, ich hätte es dir niemals offenbart«, rief sie und umfing weinend seine Knie.

Er stieß sie von sich, daß sie im dichten Grase niedersank, und während er zum Berghang ging, schob er das Messer in seinen Gürtel; dann fing er an hinabzusteigen.

Und seine Seele, die in ihm war, rief zu ihm und sprach: »Siehe, ich habe all deine Jahre bei dir gewohnt und bin deine Dienerin gewesen. Verstoß mich jetzt nicht aus dir; denn was habe ich dir Übles getan?«

Und der junge Fischer lachte. »Du hast mir nichts Übles getan, aber ich brauche dich nicht«, antwortete er. »Die Welt ist weit, und überall wölbt sich der Himmel – und überall ist auch die Hölle und jenes zwielichtige Haus des Dämmers, das zwischen beiden liegt. Geh, wohin du magst; doch halte mich nicht auf, denn meine Liebste ruft nach mir.«

Und seine Seele beschwor ihn flehentlich; er aber achtete ihrer nicht, sondern sprang von Klippe zu Klippe, sicheren Fußes wie eine wilde Ziege, und endlich erreichte er den ebenen Grund und das gelbe Gestade der See.

Schön von Wuchs und bronzen von Gliedern, gleich einer Statue von Griechenland, stand er im Sande, den Rücken zum Mond gekehrt, und aus dem Schaum hoben sich weiße Arme, die winkten ihm zu, und nebelhaft aus den Wellen stiegen Gestalten, die ihm huldigten. Vor ihm lag sein Schatten, seiner Seele Leib, und hinter ihm hing der Mond in der honigfarbenen Luft.

Und seine Seele sprach zu ihm: »Wenn du mich denn wirklich von dir treiben mußt, so verstoße mich nicht, ohne mir ein Herz mit auf den Weg zu geben. Die Welt ist grausam, gib mir dein Herz, daß ich es mit mir nähme.«

Er schüttelte den Kopf und lächelte. »Womit soll ich meine Liebste lieben, wenn ich dir mein Herz weggäbe?« rief er.
»Sprich nicht so, hab Erbarmen«, bat seine Seele, »gib mir dein Herz, denn die Welt ist sehr grausam, und ich fürchte mich.«
»Mein Herz gehört meiner Liebsten«, erwiderte er, »darum verweile nicht, heb dich aus meinen Augen.«
»Darf ich nicht auch lieben?« fragte die Seele.
»Hebe dich hinweg, denn ich brauche dich nicht«, schrie der junge Fischer, und er nahm das kleine Messer mit dem Heft aus grüner Vipernhaut und schnitt seinen Schatten ab, rund um seine Füße, und der Schatten richtete sich auf und stand vor ihm und blickte ihn an, und beide glichen einander, als wären sie eines.
Er wich zurück und schob das Messer in den Gürtel, und ein Gefühl des Grauens überkam ihn.
»Hebe dich hinweg«, murmelte er, »und laß mich dein Antlitz nie mehr sehen.«
»Nein, wir müssen uns wiederbegegnen«, sagte die Seele. Ihre Stimme war leise und flötengleich, und ihre Lippen bewegten sich kaum, da sie sprach.
»Wie sollten wir uns wiederbegegnen?« rief der junge Fischer. »Du willst mir doch nicht in die Tiefen des Meeres folgen?«
»Einmal in jedem Jahr will ich an diesen Ort hier kommen und dich rufen«, sprach die Seele. »Vielleicht, daß du mich brauchen wirst.«
»Wie sollte ich dich brauchen?« rief der junge Fischer. »Doch es mag geschehen, wie du willst.« Und er tauchte hinab in die Flut, und die Tritonen stießen in ihre Hörner, und die kleine Meermaid stieg empor, ihm entgegen, und schlang ihre Arme um seinen Nacken und küßte ihn auf den Mund.
Und die Seele stand am einsamen Strand und blickte die beiden an. Und als sie im Meer versunken waren, ging sie weinend davon über die Marschen.

Und da ein Jahr verstrichen war, kam die Seele herab ans Ufer der See und rief den jungen Fischer, und er stieg aus der Tiefe und sprach: »Warum rufst du mich?«

Und die Seele antwortete: »Komm näher, daß ich zu dir spräche, denn Wunder über Wunder habe ich erschaut.«
Da kam er näher und streckte sich aus im flachen Wasser und lehnte sein Haupt auf seine Hand und lauschte.

Und die Seele sprach zu ihm: »Als ich dich verließ, wandte ich mein Angesicht gen Morgen und wanderte. Denn alles, was weise ist, kommt von Morgen. Sechs Tage wanderte ich, und in der Frühe des siebenten Tages gelangte ich zu einem Berge, der sich im Lande der Tataren erhebt. Ich setzte mich im Schatten eines Tamariskenbaumes nieder, um Schutz vor der Sonne zu suchen. Das Land war dürr und von der Hitze ganz versengt. Menschen schlichen hin und her auf der Ebene – wie Fliegen, die über eine blanke Kupferscheibe kriechen.
Zur Mittagsstunde stieg eine Wolke roten Staubes am flachen Horizont des Landes auf. Da die Tataren sie gewahrten, spannten sie ihre bunten Bogen, sprangen auf ihre kleinen Pferde und jagten ihr entgegen. Die Weiber flüchteten kreischend zu den Wagen und versteckten sich hinter den Filzvorhängen.
In der Dämmerung kehrten die Tataren zurück, doch fünf von ihnen fehlten, und von denen, die wiederkamen, waren nicht wenige verwundet. Sie schirrten die Pferde vor die Wagen und fuhren in Hast davon. Drei Schakale kamen aus einer Höhle und schauten ihnen nach. Dann witterten sie in die Luft mit ihren Nüstern und liefen nach der entgegengesetzten Richtung von dannen.
Als der Mond aufging, sah ich ein Lagerfeuer auf der Ebene brennen und ging darauf zu. Eine Gesellschaft von Kaufleuten saß auf Teppichen um das Feuer. Ihre Kamele waren hinter ihnen angepflöckt, und die Neger, die ihre Diener waren, errichteten Zelte aus gegerbten Tierhäuten auf dem Sande und bauten eine hohe Umzäunung aus stachligen Opuntien.
Da ich in ihre Nähe kam, erhob sich der Älteste der Kaufleute, zog sein Schwert und fragte mich nach meinem Begehr.
Ich antwortete, ich sei ein Prinz in meinem Heimatlande und käme als Flüchtling aus der Gefangenschaft der Tataren, die versucht hätten, mich zu ihrem Sklaven zu machen. Der Älte-

ste lächelte und wies mir fünf Köpfe, die auf hohen Bambusrohren staken.
Darauf fragte er mich, wer Gottes Prophet sei, und ich antwortete ihm: Mohammed.
Als er den Namen des falschen Propheten hörte, verneigte er sich und nahm mich bei der Hand und ließ mich an seiner Seite sitzen. Ein Neger brachte mir Stutenmilch in einem hölzernen Napf und ein Stück gebratenes Lammfleisch.
Bei Tagesanbruch traten wir unsere Reise an. Ich ritt auf einem roten Kamel zur Seite des Ältesten, und ein Läufer, der einen Speer trug, lief vor uns her. Die Kriegsleute schritten zu unserer Rechten und zu unserer Linken, und die Maultiere folgten mit den Waren. Vierzig Kamele zählte die Karawane, und der Maultiere waren zweimal vierzig.
Wir zogen vom Lande der Tataren zum Lande derer, die den Mond verfluchen. Wir sahen die Greifen ihr Gold auf den weißen Felsen hüten und die schuppigen Drachen in ihren Höhlen schlafen. Wenn wir über die Berge wanderten, hielten wir den Atem an, damit der Schnee uns nicht erstickte, und jeder von uns band sich einen Gazeschleier vor die Augen. Wenn wir durch die Täler wanderten, schossen die Pygmäen mit Pfeilen nach uns aus den Höhlungen der Bäume, und zur Nachtzeit hörten wir die Wilden ihre Trommeln schlagen. Als wir zu dem Turm der Affen kamen, stellten wir Früchte vor sie hin, und sie taten uns kein Leides. Als wir zu dem Turm der Schlangen kamen, gaben wir ihnen warme Milch in Kupferschalen, und sie ließen uns vorüberziehen. Dreimal auf unserer Reise kamen wir an die Ufer des Oxus. Wir überquerten ihn auf Flößen aus Holz und prall aufgeblasenen Tierhäuten. Die Flußpferde tobten wider uns und wollten uns töten. Wenn die Kamele sie sahen, zitterten sie.
Die Könige aller Städte erhoben Zölle von uns und verwehrten uns dennoch, ihre Tore zu durchschreiten. Sie warfen uns Brot über die Mauern, kleine Maiskuchen, in Honig gebacken, und Kuchen aus feinem Mehl, die mit Datteln gefüllt waren. Für je hundert Körbe gaben wir ihnen eine Bernsteinperle.
Wenn die Bewohner der Dörfer uns kommen sahen, vergifteten sie die Brunnen und flohen auf die Berggipfel. Wir kämpf-

ten gegen die Magadäer , die alt geboren und jedes Jahr jünger und jünger werden, und sterben, wenn sie kleine Kinder sind; und gegen die Laktroiten, die von sich sagen, sie seien die Söhne von Tigern, und sich gelb und schwarz bemalen; und gegen die Auranten, die ihre Toten auf den Baumwipfeln bestatten und während ihrer Lebenszeit in dunklen Höhlen hausen, damit die Sonne, die sie als ihren Gott verehren, sie nicht vertilge; und gegen die Krimnianer, die ein Krokodil anbeten und ihm Ohrringe aus grünem Glase weihen und es mit Butter und jungem Geflügel füttern; und gegen die Agazonbiten, die Hundsgesichtigen, und gegen die Sibaner, die Pferdefüße haben und schneller laufen als Pferde. Ein Dritteil unserer Schar fiel im Kampfe, und ein Dritteil raffte der Mangel dahin. Die Übriggebliebenen murrten wider mich und sagten, daß ich ihnen Unheil brächte. Ich griff unter einen Stein und nahm eine Hornviper auf und ließ mich von ihr stechen. Als sie sahen, daß ich nicht erkrankte, befiel sie Furcht.
Im vierten Monat erreichten wir die Stadt Illel. Es war Nacht, da wir zu dem Hain gelangten, der außerhalb ihrer Mauern liegt, und die Luft war schwül, denn der Mond stand im Zeichen des Skorpions. Wir pflückten die reifen Granatäpfel von den Bäumen und brachen sie auf und tranken ihren süßen Saft. Dann legten wir uns nieder auf unsere Teppiche und erwarteten die Morgendämmerung.
Und im Morgendämmer erhoben wir uns und klopften an das Tor der Stadt. Es war aus rotem Erz gegossen und ziseliert mit Meerdrachen und mit Drachen, die Flügel haben. Die Wächter blickten von den Zinnen nieder und fragten, was uns zu ihrer Stadt führe. Der Dolmetscher der Karawane antwortete, wir kämen mit Waren reich beladen von der Insel Zypern. Sie wählten Geiseln aus unserer Mitte und sagten, sie wollten uns das Tor zu Mittag öffnen, und hießen uns bis dahin warten.
Als es Mittag war, öffneten sie das Tor, und da wir die Stadt betraten, strömten die Menschen aus den Häusern, uns anzuschauen, und ein Ausrufer ging straßauf, straßab und rief durch eine Muschel. Wir standen auf dem Marktplatz, und die Neger schnürten die Ballen gemusterter Stoffe auf und öffneten die geschnitzten Truhen aus Sykomorenholz. Und als sie

ihr Werk beendet hatten, breiteten die Kaufleute ihre seltenen Waren aus: das gewachste Linnen aus Ägypten und das gefärbte aus dem Lande der Äthiopier, die Purpurschwämme von Tyrus und die blauen Wandbehänge von Sidon, die Schalen aus kühlem Bernstein und die zarten Gefäße aus Glas und die kunstreich verzierten Gefäße aus gebranntem Ton. Vom Dach eines Hauses sah eine Schar Frauen uns zu. Eine von ihnen trug eine Maske aus vergoldetem Leder.

Und am ersten Tage kamen die Priester und trieben Tausch mit uns, und am zweiten Tage kamen die Vornehmen, und am dritten Tage kamen die Handwerker und die Sklaven. Und dies ist ihr Brauch bei allen Kaufleuten, solange die in der Stadt verweilen.

Und wir verweilten wohl einen Mond lang, und als der Mond abnahm, wurde ich des Treibens überdrüssig, und ich schweifte durch die Straßen der Stadt und kam zu dem Garten ihres Gottes. Die Priester in gelben Gewändern wandelten schweigend unter den grünen Bäumen, und auf einem mit schwarzem Marmor gepflasterten Platze stand das rosenrote Haus, in dem der Gott seine Wohnung hatte. Die Türen waren aus schimmerndem Lack, und darauf prangten in erhabener Arbeit Stiere und Pfauen aus hellem Golde. Das Dach deckten Platten von meergrünem Porzellan, und die vorspringenden Traufen waren mit Glöckchen bekränzt. Wenn die weißen Tauben vorüberflogen, schlugen sie die Glocken mit ihren Flügeln an und ließen sie erklingen.

Vor dem Tempel war ein Teich mit klarem Wasser, durch das man den geäderten Onyx am Grunde des Beckens sah. Ich legte mich an seinem Rande nieder, und das matte Weiß meiner Finger streifte die breiten Blätter. Einer der Priester kam auf mich zu und blieb hinter mir stehen. Er hatte Sandalen an den Füßen, eine aus weicher Schlangenhaut und die andere aus Vogelgefieder. Auf dem Kopfe trug er eine Mitra von schwarzem Filz, geschmückt mit silbernen Halbmonden. In siebenfältigem Gelb war sein Gewand gewoben, und sein gekräuseltes Haar war mit Antimon gefärbt.

Nach einer kurzen Weile redete er mich an und fragte mich nach meinem Begehr.

Ich sagte ihm, daß ich den Gott zu sehen begehrte.
›Der Gott ist auf der Jagd‹, sprach der Priester und blickte mich mit seinen schmalen schrägen Augen seltsam an.
›So sag mir, in welchem Walde, und ich will mit ihm reiten‹, erwiderte ich.
Er kämmte mit seinen langen, gespitzten Fingernägeln durch die weichen Fransen seiner Tunika. ›Der Gott schläft‹, murmelte er.
›So sag mir, auf welchem Lager, und ich will bei ihm wachen‹, erwiderte ich.
›Der Gott ist beim Festmahl‹, schrie er.
›Ist der Wein süß, so will ich mit ihm trinken, und ist er bitter, so will ich gleichfalls mit ihm trinken‹, gab ich zur Antwort.
Er senkte staunend das Haupt, und mich bei der Hand fassend, half er mir auf und führte mich in den Tempel.
Und in dem ersten Gemach, auf einem Thron aus Jaspis, gerandet mit großen hellen Perlen, sah ich ein Götterbild sitzen. Es war aus Ebenholz geschnitzt, und seine Gestalt war gleich der Gestalt eines Mannes. Auf seiner Stirn glänzte ein Rubin, und dickes Öl tropfte ihm aus dem Haar und auf die Schenkel nieder. Seine Füße waren rot vom Blut eines frischgeschlachteten Zickleins, und seine Lenden umschloß ein kupferner Gürtel, der mit sieben Beryllen besetzt war.
Und ich sprach zu dem Priester: ›Ist dies der Gott?‹
Und er antwortete mir: ›Dies ist der Gott.‹
›Zeig mir den Gott!‹ rief ich, ›sonst, fürwahr, will ich dich erschlagen.‹ Und ich berührte seine Hand, und sie verdorrte.
Und der Priester flehte zu mir und sprach: ›Lasse mein Herr seinen Knecht genesen, und ich will ihm den Gott zeigen.‹
Da hauchte ich meinen Hauch auf seine Hand, und sie wurde heil, und er erzitterte und führte mich in das zweite Gemach, und auf einer Lotosblume aus Jade, behangen mit großen Smaragden, sah ich ein Götterbild stehen. Es war aus Elfenbein geschnitzt, und seine Gestalt war doppelt so groß wie die Gestalt eines Mannes. Auf seiner Stirn glänzte ein Chrysolith, und seine Brüste waren mit Myrrhen und Zimt gesalbt. In der einen Hand hielt er ein gebogenes Zepter aus Jade und in der ande-

ren einen runden Kristall. Er stand auf ehernen Kothurnen, und um seinen dicken Hals wand sich ein Gewinde aus Seleniten.
Und ich sprach zu dem Priester: ›Ist dies der Gott?‹
Und er antwortete mir: ›Dies ist der Gott.‹
›Zeig mir den Gott!‹ rief ich, ›sonst, fürwahr, will ich dich erschlagen.‹ Und ich berührte seine Augen, und sie erblindeten.
Und der Priester flehte zu mir und sprach: ›Lasse mein Herr seinen Knecht genesen, und ich will ihm den Gott zeigen.‹
Da hauchte ich meinen Hauch auf seine Augen, und sie wurden sehend, und abermals erzitterte er und führte mich in das dritte Gemach, und siehe, es war kein Götterbild darin und kein Bildnis irgendwelcher Art, sondern nur ein runder Spiegel aus Metall, der auf einem steinernen Altar stand.
Und ich sprach zu dem Priester: ›Wo ist der Gott?‹
Und er antwortete mir: ›Es ist kein Gott außer diesem Spiegel, den du siehest, denn dies ist der Spiegel der Weisheit. Er widerspiegelt alle Dinge, die im Himmel und auf Erden sind, ausgenommen allein das Antlitz dessen, der hineinblickt. Dies einzig widerspiegelt er nicht, auf daß der, welcher hineinschaut, weise sei. Viele andere Spiegel sind, doch sie sind nur Spiegel der Meinung. Dieser allein ist der Spiegel der Weisheit. Und die diesen Spiegel besitzen, wissen alle Dinge, und nichts bleibt ihnen verborgen. Und die ihn nicht besitzen, haben nicht Weisheit. Darum ist er der Gott, und wir verehren ihn.‹ Und ich blickte in den Spiegel, und es war, wie er mir gesagt hatte.
Und ich tat etwas Absonderliches, doch was ich tat, gilt gleich: In einem Tale, das nur eine Tagereise von diesem Ort hier entfernt ist, habe ich den Spiegel der Weisheit versteckt. Gestatte du mir nur, daß ich wieder in dich einkehre und dir diene, und du sollst weiser sein als alle Weisen, und alle Weisheit soll dein sein. Gestatte du mir, wieder in dich einzukehren, und keiner wird so weise sein wie du.«
Doch der junge Fischer lachte. »Liebe ist besser als Weisheit«, rief er, »und die kleine Meermaid liebt mich.«
»Nein, nichts ist besser als Weisheit«, sagte die Seele.

»Die Liebe ist besser«, erwiderte der junge Fischer, und hinab tauchte er in die Tiefe, und die Seele ging weinend davon über die Marschen.

Und da das zweite Jahr verstrichen war, kam die Seele herab ans Ufer der See und rief den jungen Fischer, und er stieg aus der Tiefe und sprach: »Warum rufst du mich?«
Und die Seele antwortete: »Komm näher, daß ich zu dir spräche, denn Wunder über Wunder habe ich erschaut.«
Da kam er näher und streckte sich aus im flachen Wasser und lehnte sein Haupt auf seine Hand und lauschte.

Und die Seele sprach zu ihm: »Als ich dich verließ, wandte ich mein Angesicht gen Mittag und wanderte. Denn alles, was kostbar ist, kommt von Mittag. Sechs Tage wanderte ich über die Karawanenstraßen, die zu der Stadt Aschtar führen, über die staubigen, roten Straßen wanderte ich, wo die Pilger ziehen; und in der Frühe des siebenten Tages erhob ich meine Augen, und siehe, die Stadt lag zu meinen Füßen, denn sie breitet sich in einem Tale.
Neun Tore führen in die Stadt, und vor einem jeden Tor steht ein ehernes Roß, das wiehert, wenn die Beduinen von den Bergen niedersteigen. Die Mauern sind mit Kupfer gepanzert, und die Wachttürme auf den Wällen sind mit Messing überdacht. Auf jedem Turm steht ein Bogenschütze, den Bogen in der Hand. Bei Sonnenaufgang rührt er mit einem Pfeil an einen Gong, und bei Sonnenuntergang stößt er in ein hürnenes Horn.
Als ich die Stadt zu betreten versuchte, hielten die Wachen mich an und fragten mich, wer ich sei. Ich gab zur Antwort, ich sei ein Derwisch und auf dem Wege nach der Stadt Mekka, wo man einen grünen Schleier aufbewahre, in den von Engelshänden der Koran mit silbernen Lettern eingestickt sei. Sie waren voll Staunens und luden mich ein, in die Stadt zu kommen.
Drinnen gleicht die Stadt einem Basar. Du hättest fürwahr mit mir sein sollen. Quer über die engen Gassen flattern bunte Papierlaternen wie große Schmetterlinge. Wenn der Wind über die Dächer bläst, wehen sie hoch und wieder herab, wie schil-

lernde Seifenblasen steigen und sinken. Auf Seidenteppichen sitzen die Kaufleute vor ihren Buden. Sie haben glatte schwarze Bärte, und ihre Turbane sind mit goldenen Zechinen geziert; lange Schnüre Bernstein und geschnitzte Pfirsichkerne gleiten durch ihre kühlen Finger. Manche von ihnen verkaufen Galbanum und Narde und fremdartiges Räucherwerk von den Inseln des Indischen Meeres und das trübfließende Öl roter Rosen und Myrrhen und kleine nagelförmige Gewürznelken. Wenn jemand stehenbleibt, um mit ihnen zu reden, werfen sie Weihrauchkörnchen auf eine Pfanne mit Kohlen und machen die Luft süß. Ich sah einen Syrer, der in den Händen eine dünne Gerte hielt, einem Schilfrohr ähnlich. Fäden grauen Rauches kräuselten daraus empor, und ihr Duft, da sie brannte, war wie der Duft rosiger Mandelblüten im Frühling. Andere verkaufen silberne Armreifen, über und über geschmückt mit mattblauen Türkisen, und Fußspangen aus Messingdraht, umsäumt mit kleinen Perlen, und Tigerklauen, in Gold gefaßt, und die Klauen jener güldenen Katze, des Leoparden, auch sie in Gold gefaßt, und Ohrringe aus durchbohrtem Smaragd und Fingerringe aus gehöhlter Jade. Aus den Teehäusern dringt Gitarrenklang, und die Opiumraucher mit den weißen, lächelnden Gesichtern schauen heraus auf die Vorüberwandelnden.

Wahrlich, du hättest mit mir sein sollen. Die Weinverkäufer mit den großen schwarzen Weinschläuchen über den Schultern bahnen sich ihren Weg durch die Menge. Die meisten von ihnen handeln mit Schiraswein, der süß ist wie Honig. Sie kredenzen ihn in kleinen metallenen Schalen und streuen Rosenblätter darüber. Auf dem Marktplatz stehen die Obsthändler, die alle Arten von Früchten feilbieten: reife Feigen mit rissigem, purpurrotem Fleisch; Melonen, moschusduftend und gelb wie Topase; Zitronen und Rosenäpfel und große Trauben vom weißen Wein; runde rotgoldene Orangen und ovale Limonen, wie grünes Gold. Einmal sah ich einen Elefanten vorübergehen. Sein Rüssel war mit Zinnober und Gelbwurz gefärbt, und über seine Ohren spannte sich ein Netz aus karmesinenen Seidenschnüren. Er blieb gegenüber einer der Buden stehen und begann, die Orangen zu verzehren, und der Händler lachte nur. Du kannst dir nicht vorstellen, was für ein seltsames Volk das ist. Wenn sie froh sind, gehen sie zu den Vogelhändlern und kaufen einen gefangenen Vogel im Käfig und lassen ihn frei, damit ihre Freude noch größer werde, und wenn sie traurig sind, geißeln sie sich mit Dornen, damit ihr Gram sich nicht mindere.

Eines Abends begegnete ich Negern, die einen schweren Palankin durch den Basar trugen. Das Gehäuse war aus vergoldetem Bambusrohr, und die Tragstangen waren scharlachrot gelackt und mit messingnen Pfauen beschlagen. Vor den Fenstern hingen dünne Musselinvorhänge, bestickt mit Käferflügeln und winzigen Perlchen, und als die Sänfte an mir vorüberflog, schaute das blasse Antlitz einer Tscherkessin heraus und lächelte mir zu. Ich folgte der Sänfte, und die Neger blickten finster und beschleunigten ihren Schritt. Doch ich ließ mich das nicht anfechten. Ich fühlte, wie eine große Neugier über mich kam.

Endlich hielten sie vor einem würfelförmigen weißen Hause. Es hatte keine Fenster, nur ein kleines Pförtchen, wie die Pforte einer Gruft. Sie setzten den Palankin ab und klopften dreimal mit einem kupfernen Hammer. Ein Armenier in einem Kaftan aus grünem Leder spähte durch die Tür; und da er sie erkannte, öffnete er und breitete einen Teppich auf den Boden, und die Frau stieg aus der Sänfte. Als sie hineinging, wandte sie sich und lächelte mir abermals zu. Nie hatte ich jemand so bleich gesehen.

Sobald der Mond sich hob, kehrte ich zum selben Ort zurück und suchte das Haus, doch es war nicht mehr da. Als ich des innewurde, wußte ich, wer die Frau gewesen und weshalb sie mir zugelächelt hatte.

Wahrlich, du hättest mit mir sein sollen. Beim Fest des Neuen Mondes trat der junge Kaiser aus seinem Palast hervor und ging in die Moschee, um zu beten. Sein Haar und Bart waren mit Rosenblättern gefärbt, und seine Wangen waren mit feinem Goldstaub gepudert. Die Flächen seiner Hände und seiner Füße waren gelb von Safran.

Bei Sonnenaufgang schritt er aus seinem Palast hervor in einem Gewande aus Silber, und bei Sonnenuntergang kehrte er in ihn zurück in einem Gewande aus Gold. Das Volk warf sich nieder auf den Erdboden, und alle verhüllten ihr Angesicht, ich aber wollte dies nicht tun. Abwartend blieb ich neben der Bude eines Dattelhändlers stehen. Als der Kaiser mich sah, zog er seine gemalten Augenbrauen in die Höhe und hielt an. Ich stand ganz regungslos und erwies ihm keine Huldigung. Die Leute verwunderten sich über meine Kühnheit und rieten mir, aus der Stadt zu fliehen. Ich achtete ihrer nicht, sondern ging und setzte mich zu den Verkäufern fremder Götter, die man um ihres Gewerbes willen verabscheut. Als ich ihnen erzählte, was ich getan hatte, gab mir jeder von ihnen ein Götzenbild und bat mich, sie zu verlassen.

In der folgenden Nacht, als ich auf einem Kissen in dem Teehaus schlief, das an der Straße der Granatäpfel liegt, traten des Kaisers Wachen herein und führten mich zum Palast. Nachdem ich hineingegangen war, verschlossen sie jede Tür hinter mir und legten eine Kette vor. Im Innern des Palastes war ein großer Hof, um den rings ein Bogengang lief. Die Mauern waren aus weißem Alabaster, hier und da mit blauen und grünen Ziegeln geschmückt. Die Pfeiler waren aus grünem Marmor, der fast von der Farbe der Pfirsichblüte war. Nie zuvor hatte ich etwas Ähnliches gesehen.

Da ich über den Hof ging, blickten zwei verschleierte Frauen von einem Balkon herab und fluchten mir. Die Wachen eilten weiter, und die Schäfte ihrer Lanzen klangen auf dem glänzenden Pflaster. Sie öffneten ein Tor aus kunstreich geschnitztem Elfenbein, und ich fand mich in einem wohlbewässerten, in sieben Terrassen ansteigenden Garten. Er war bepflanzt mit Tulpen, hochstengligen Kelchen vergleichbar, und mit Mondblumen und silberiger Aloe. Wie ein schlankes Schilfrohr aus Kristall hing ein Springbrunnen in der schwärzlichen Luft. Die Zypressenbäume glichen ausgebrannten Fackeln. In einer der Zypressen schlug eine Nachtigall.

Am Ende des Gartens stand ein kleiner Pavillon. Als wir uns ihm näherten, traten zwei Eunuchen heraus und kamen uns entgegen. Ihre fetten Körper schwappten beim Gehen, und sie blickten mich neugierig aus ihren gelblidrigen Augen an. Der eine zog den Hauptmann der Wachen beiseite und flüsterte

ihm mit gesenkter Stimme etwas zu. Der andere kaute schmatzend parfümierte Pastillen, die er mit gespreizten Gebärden aus einer ovalen Dose von fliederfarbenem Schmelz nahm.
Nach einigen Augenblicken sandte der Hauptmann der Wachen die Soldaten hinweg. Sie gingen zurück zum Palaste, während die Eunuchen ihnen langsam folgten und süße Maulbeeren von den Bäumen pflückten, an denen sie vorüberschlenderten. Einmal kehrte der ältere der beiden sich um und lächelte mich an, mit einem bösen Lächeln.
Dann bedeutete mir der Hauptmann der Wachen durch eine Handbewegung, daß ich zum Eingang des Pavillons gehen solle. Ich schritt ohne Zittern dahin, schlug den schweren Vorhang zur Seite und trat ein.
Der junge Kaiser ruhte ausgestreckt auf einem Lager von gefärbten Löwenfellen, und ein Gierfalke saß auf seiner Faust. Hinter ihm stand ein messinggelb beturbanter Nubier, nackt bis zu den Hüften und mit schweren Ohrringen in den gespaltenen Ohren. Auf einem Tisch an der Seite des Ruhebettes lag ein gewaltiger stählerner Türkensäbel.
Als der Kaiser mich sah, runzelte er die Stirn und sprach zu mir: ›Wie ist dein Name? Weißt du nicht, daß ich der Kaiser dieser Stadt bin?‹ Aber ich gab ihm keine Antwort.
Er wies mit dem Finger auf den Türkensäbel, und der Nubier packte ihn, und sich vorwärtswerfend hieb er mit großer Gewalt nach mir. Die Klinge sauste durch meinen Körper und versehrte mich nicht. Der Mann stürzte der Länge lang zu Boden, und als er sich erhob, schlugen seine Zähne vor Entsetzen, und er verkroch sich hinter das Ruhebett.
Der Kaiser sprang auf, riß eine Lanze aus einem Waffenständer und schleuderte sie nach mir. Ich fing sie in ihrem Fluge und zerbrach den Schaft in zwei Stücke. Er schoß einen Pfeil nach mir, aber ich hob meine Hände, und er blieb stehen, mitten in der Luft. Da zückte der Kaiser einen Dolch aus seinem Gürtel von weißem Leder und stieß ihn dem Nubier in den Hals, damit der Sklave seine Schmach nicht verriete. Der Mann wand sich wie eine zertretene Schlange, und roter Schaum troff von seinen Lippen.
Kaum war er tot, so wandte sich der Kaiser zu mir, und als er

sich mit einem Tüchlein aus purpurfarbener gestickter Seide den hellen Schweiß von der Stirn gewischt hatte, sprach er: ›Bist du ein Prophet, daß ich dir kein Leides tun kann, oder der Sohn eines Propheten, daß ich dich nicht zu versehren vermag? Ich bitte dich, verlaß meine Stadt noch in dieser Nacht, denn solange du in ihr weilest, bin ich nicht mehr ihr Herr.‹

Und ich erwiderte ihm: ›Ich will gehen, wenn du mir die Hälfte deines Schatzes gibst. Gib mir die Hälfte deines Schatzes, und ich will von hinnen ziehen.‹

Er nahm mich bei der Hand und führte mich hinaus in den Garten. Als der Hauptmann der Wachen mich sah, verwunderte er sich. Als die Eunuchen mich sahen, schlotterten ihre Knie, und sie fielen nieder auf die Erde in Furcht.

Im Innern des Palastes ist ein Gemach, das hat acht Wände aus rotem Porphyrstein und eine Decke mit erzenen Schuppen und vielen von ihr niederhängenden Lampen. Der Kaiser berührte eine der Wände, und sie öffnete sich, und wir schritten einen Gang hinunter, der von Fackeln erhellt war. In Nischen zu beiden Seiten standen große Weinkrüge, bis zum Rand gefüllt mit Silbermünzen. Als wir die Mitte des Ganges erreichten, nannte der Kaiser das geheime Wort, das unnennbare, und von einer verborgenen Kraft bewegt, sprang eine granitene Türe auf; und er bedeckte sein Antlitz mit den Händen, damit seine Augen nicht geblendet würden.

Du kannst dir nicht denken, welche Wunder der Ort barg. Da waren ungeheure Schildpattschalen voller Perlen und ausgehöhlte Mondsteine von seltener Größe, in denen sich rote Rubine häuften. Das Gold lag aufgespeichert in Kästen aus Elefantenhaut und der Goldstaub in ledernen Flaschen. Da waren Opale und Saphire, jene in Schalen aus Kristall, diese in Schalen aus Jade. Runde grüne Smaragde reihten sich auf dünnen Elfenbeinplatten, und in einer Ecke lagen seidene Beutel, die einen gefüllt mit Türkisen, die anderen mit Beryllen. Elfenbeinerne Füllhörner quollen über von purpurnen Amethysten und die messingnen Füllhörner von Chalzedonen und dunkelroten Karneolen. Die Pfeiler, die aus Zedernholz bestanden, waren behangen mit Schnüren von gelben Luchssaphiren. In

flachen eiförmigen Schilden lagen Karfunkelsteine, weinfarbene und solche, die grün waren wie Gras. Und noch habe ich dir nur den kleinsten Teil von dem genannt, was dort aufgesammelt war.
Und als der Kaiser seine Hände vom Gesicht genommen hatte, sprach er zu mir: ›Dies ist mein Schatzhaus, und die Hälfte des, was in ihm ist, sei dein, so wie ich dir versprochen habe. Und ich will dir Kamele und Kameltreiber geben, und sie sollen tun nach deinem Geheiß und deinen Teil des Schatzes nach jeglicher Gegend der Welt bringen, wohin immer du zu gehen verlangst. Und das soll noch in dieser Nacht geschehen, denn ich will nicht dulden, daß das Auge des Sonnengottes, der mein Vater ist, einen Mann in meiner Stadt erblickt, den ich nicht töten kann.‹
Ich aber erwiderte ihm: ›Das Gold, das hier ist, soll dein sein, und auch das Silber sei dein, und dein seien die köstlichen Juwelen und all die Schätze sonder Preis. Denn ihrer bedarf ich nicht. Und nichts werde ich von dir nehmen als den kleinen Ring, den du am Finger deiner Hand trägst.‹
Und der Kaiser runzelte die Stirn. ›Es ist nur ein Ring aus Blei‹, schrie er, ›und ohne allen Wert. Also nimm deine Hälfte des Schatzes und geh aus meiner Stadt.‹
›Nein‹, entgegnete ich, ›ich will nichts nehmen als diesen bleiernen Ring, denn ich weiß, was darin geschrieben steht und wozu er dient.‹
Und der Kaiser zitterte und flehte zu mir und sprach: ›Nimm den ganzen Schatz und geh aus meiner Stadt. Auch die Hälfte, die mein ist, soll dir gehören.‹
Und ich tat etwas Absonderliches, doch was ich tat, gilt gleich: In einer Höhle, die nur eine Tagereise von diesem Ort hier entfernt ist, habe ich den Ring des Reichtums versteckt. Er ist nur eine Tagereise weit von hier, und er erwartet dein Kommen. Der diesen Ring hat, ist reicher als alle Könige der Welt. Komm also und nimm ihn, und die Reichtümer der Welt sollen dein sein.«
Doch der junge Fischer lachte. »Liebe ist besser als Reichtum«, rief er, »und die kleine Meermaid liebt mich.«
»Nein, nichts ist besser als Reichtum«, sagte die Seele.

»Die Liebe ist besser«, erwiderte der junge Fischer, und hinab tauchte er in die Tiefe, und die Seele ging weinend davon über die Marschen.

Und da das dritte Jahr verstrichen war, kam die Seele herab ans Ufer der See und rief den jungen Fischer, und er stieg aus der Tiefe und sprach: »Warum rufst du mich?«
Und die Seele antwortete: »Komm näher, daß ich zu dir spräche, denn Wunder über Wunder habe ich erschaut.«
Da kam er näher und streckte sich aus im flachen Wasser und lehnte sein Haupt auf seine Hand und lauschte.

Und die Seele sprach zu ihm: »In einer Stadt, die ich kenne, steht eine Schenke am Ufer eines Flusses. Dort saß ich mit Matrosen; sie tranken von zwei verschiedenfarbigen Weinen und aßen Gerstenbrot und kleine Salzfische, die mit Lorbeerblättern und Weinessig angerichtet waren. Und da wir saßen und es uns wohl sein ließen, trat ein alter Mann herein und trug einen ledernen Teppich und eine Laute, deren Hals in zwei Schnecken aus Bernstein endigte. Und als er den Teppich auf dem Boden ausgebreitet hatte, schlug er mit einem Federkiel auf die Saiten seiner Laute, und ein Mädchen mit verschleiertem Antlitz lief herein und begann vor uns zu tanzen. Ihr Antlitz war verschleiert mit einem Gazeschleier, doch ihre Füße waren nackt. Nackt waren ihre Füße, und sie schwebten über den Teppich wie ein Paar kleine weiße Täubchen. Niemals habe ich etwas so Wundervolles gesehen, und die Stadt, in der sie tanzt, ist nur eine Tagereise von diesem Ort hier entfernt.«
Als nun der junge Fischer die Worte seiner Seele hörte, gedachte er daran, daß die kleine Meermaid keine Füße hatte und nicht tanzen konnte. Und ein großes Verlangen kam über ihn, und er sprach bei sich selber: ›Es ist nur eine Tagereise, und ich kann zu meiner Liebsten zurückkehren‹, und er lachte und stand auf in dem flachen Wasser und schritt dem Ufer zu.
Und als er das trockene Gestade erreicht hatte, lachte er abermals und breitete die Arme seiner Seele entgegen. Und seine

Seele stieß einen lauten Freudenschrei aus und eilte zu ihm hin und kehrte ein in ihn, und der junge Fischer sah, wie sich vor ihm auf dem Sand jener Schatten des Leibes breitete, der der Seele Leib ist.
Und seine Seele sprach zu ihm: »Laß uns nicht verweilen, sondern sogleich von hinnen wandern, denn eifersüchtig sind die Meeresgötter, und sie haben Ungeheuer, zu tun nach ihrem Gebot.«

Da beeilten sie sich und zogen die ganze Nacht dahin unter dem Monde, und den ganzen nächsten Tag zogen sie dahin unter der Sonne, und am Abend dieses Tages kamen sie zu einer Stadt.
Und der junge Fischer sprach zu seiner Seele: »Ist dies die Stadt, darin sie tanzet, von der du mir geredet hast?«
Und seine Seele antwortete ihm: »Es ist nicht diese Stadt, sondern eine andere. Dennoch laß uns hineingehen.«
Also gingen sie hinein und wanderten durch die Straßen, und als sie durch die Straße der Goldschmiede wanderten, sah der junge Fischer einen schönen Silberbecher, der in einer Marktbude zur Schau gestellt war. Und seine Seele sprach zu ihm: »Nimm den Silberbecher und verbirg ihn!«
Da nahm er den Becher und verbarg ihn in den Falten seines Kleides, und sie flüchteten eilends aus der Stadt.
Und nachdem sie eine Wegstunde von der Stadt entfernt waren, verdüsterte sich des jungen Fischers Antlitz, und er schleuderte den Becher von sich und sprach zu seiner Seele: »Warum hießest du mich diesen Becher nehmen und ihn verbergen, da dies doch übel gehandelt war?«
Aber die Seele antwortete ihm: »Sei getrost, sei getrost.«
Und am Abend des zweiten Tages kamen sie zu einer Stadt, und der junge Fischer sprach zu seiner Seele: »Ist dies die Stadt, darin sie tanzet, von der du mir geredet hast?«
Und seine Seele antwortete ihm: »Es ist nicht diese Stadt, sondern eine andere. Dennoch laß uns hineingehen.«
Also gingen sie hinein und wanderten durch die Straßen, und als sie durch die Straße der Sandalenhändler wanderten, sah der junge Fischer ein Kind neben einem Kruge Wasser stehen.

Und seine Seele sprach zu ihm: »Schlag das Kind!« Da schlug er das Kind, daß es weinte, und als er dies getan hatte, flüchteten sie eilends aus der Stadt.
Und nachdem sie eine Wegstunde von der Stadt entfernt waren, wurde der junge Fischer zornig und sprach zu seiner Seele: »Warum hießest du mich das Kind schlagen, da dies doch übel gehandelt war?«
Aber die Seele antwortete ihm: »Sei getrost, sei getrost.«
Und am Abend des dritten Tages kamen sie zu einer Stadt, und der junge Fischer sprach zu seiner Seele: »Ist dies die Stadt, darin sie tanzet, von der du mir geredet hast?«
Und seine Seele antwortete ihm: »Es kann sein, daß es in dieser Stadt ist, darum laß uns hineingehen.«
Also gingen sie hinein und wanderten durch die Straßen, allein nirgends konnte der junge Fischer den Fluß finden oder die Schenke, die am Ufer des Flusses stand. Und die Bewohner der Stadt blickten ihn mit seltsamer Neugier an, und er fürchtete sich und sprach zu seiner Seele: »Laß uns von hinnen ziehen, denn sie, die mit weißen Füßen tanzet, ist nicht hier.«
Aber seine Seele antwortete: »Nein, laß uns verweilen, denn die Nacht ist finster, und Räuber werden an den Wegen lauern.«
Da setzte er sich nieder auf den Marktplatz und rastete, und nach einer Weile kam ein Kaufmann vorbei, der hatte eine Kapuze auf, war in einen Mantel aus tatarischem Tuch gehüllt und trug an einem knotigen Schilfrohr eine Laterne aus durchbrochenem Horn. Und der Kaufmann sprach zu ihm: »Warum sitzest du auf dem Marktplatz, da du doch siehst, daß die Buden geschlossen sind und die Ballen verschnürt?«
Und der junge Fischer antwortete ihm: »Ich kann keine Herberge in dieser Stadt finden, auch habe ich nicht Vetter noch Bruder, der mir Obdach gewähren könnte.«
»Sind wir nicht alle Brüder?« sprach der Kaufmann. »Und hat nicht ein Gott uns erschaffen? Deshalb komm mit mir, denn mein Haus bietet Raum genug für einen Gast.«
Da erhob sich der junge Fischer und folgte dem Kaufmann nach seinem Hause. Und als er durch einen Granatapfelgarten

geschritten und in das Haus eingetreten war, brachte ihm der Kaufmann Rosenwasser in einem kupfernen Becken, damit er sich die Hände wüsche, und reife Melonen, damit er seinen Durst stille, und setzte eine Schale Reis und ein Stück gebratenes Ziegenfleisch vor ihn hin.

Und nachdem der junge Fischer sein Mahl beendet hatte, führte ihn der Kaufmann in das Gästezimmer und hieß ihn schlafen und in Frieden bei ihm wohnen. Und der junge Fischer dankte dem Kaufmann und küßte den Ring, der an seiner Hand war, und legte sich nieder auf die Teppiche aus gefärbtem Ziegenhaar. Und als er sich mit einer Decke aus schwarzer Lammwolle zugedeckt hatte, schlief er ein.

Und drei Stunden vor dem Morgengrauen, da es noch Nacht war, weckte ihn seine Seele und sprach zu ihm: »Steh auf und geh in das Gemach des Kaufmanns, in das Gemach, darin er schläft, und erschlage ihn und nimm ihm sein Gold, denn wir können es wohl gebrauchen.«

Und der junge Fischer stand auf und schlich sich nach dem Gemach des Kaufmanns, und quer über den Füßen des Kaufmanns lag ein krummes Schwert, und der Kasten zur Seite des Kaufmanns barg neun Beutel mit Gold. Und er streckte seine Hand aus und griff nach dem Schwert, und als er danach griff, fuhr der Kaufmann in die Höhe und erwachte, und er sprang auf und faßte selbst das Schwert und rief dem jungen Fischer zu: »Vergiltst du Gutes mit Bösem und zahlst mit Blutvergießen für die Gastfreundschaft, die ich dir erwiesen habe?«

Und die Seele sprach zu dem jungen Fischer: »Triff ihn«, und er traf den Kaufmann so hart, daß der bewußtlos niedersank. Da packte der junge Fischer die neun Beutel Goldes und floh in Hast durch den Granatapfelgarten und wandte sein Antlitz nach dem Gestirn, das der Stern des Morgens ist.

Und nachdem sie eine Wegstunde von der Stadt entfernt waren, schlug sich der junge Fischer an die Brust und sprach zu seiner Seele: »Warum hießest du mich den Kaufmann erschlagen und sein Gold rauben? Wahrlich, du bist böse.«

Aber die Seele antwortete ihm: »Sei getrost, sei getrost.«

»Nein«, rief der junge Fischer, »ich kann mich nicht getrösten, denn alles, was du mir zu tun gebotest, ist mir verhaßt. Auch du bist mir verhaßt, und ich befehle dir: Sag mir, weshalb du mich solcherart in Unheil verstrickst.«

Und seine Seele antwortete ihm: »Als du mich in die Welt hinausstießest, gabst du mir kein Herz; so lernte ich all diese Dinge tun und mich daran erfreuen.«

»Was sagst du da?« fragte der junge Fischer leise.

»Du weißt es«, antwortete die Seele, »du weißt es wohl. Hast du etwa vergessen, daß du mir kein Herz mitgabst? Ich glaube kaum. Und so quäle weder dich noch mich, sondern sei getrost; denn es ist kein Leid, das du nicht antun sollst, und keine Freude, die du nicht empfangen sollst.«

Und da der junge Fischer diese Worte hörte, erbebte er und sprach zu seiner Seele: »Nicht also, aber du bist böse und hast mich meine Liebe vergessen machen und mich mit Versuchungen versucht und meinen Fuß auf den Weg der Sünde geführt.«

Und die Seele erwiderte ihm:

»Du hast es nicht vergessen – als du mich in die Welt hinausstießest, gabst du mir kein Herz. Komm, laß uns nach einer anderen Stadt gehen und guter Dinge sein, denn wir haben neun Beutel Goldes.«

Aber der junge Fischer nahm die neun Beutel Goldes und schleuderte sie zu Boden und trat sie unter seine Füße.

»Nein«, rief er, »nein, ich will nichts mit dir zu schaffen haben, und nirgendwohin will ich mit dir wandern; nein, wie ich dich einst von mir stieß, so will ich dich jetzt aus mir verstoßen, denn du hast Unheil über mich gebracht.« Und er wandte seinen Rücken dem Monde zu, und mit dem kleinen Messer, dessen Heft aus grüner Vipernhaut war, versuchte er, rund um seine Füße den Schatten seines Leibes abzuschneiden, seiner Seele Leib.

Doch seine Seele wich nicht von ihm, noch achtete sie seines Befehls, sondern sie sprach zu ihm: »Der Zauber, den die Hexe dich gelehrt, nützt dir nicht mehr, denn ich kann dich nicht verlassen, und du kannst mich nicht aus dir vertreiben. Ein einziges Mal im Leben kann sich ein Mensch von seiner Seele scheiden; der aber, der seine Seele wieder bei sich aufnimmt, muß sie fürderhin behalten, und das ist seine Strafe und sein Lohn.«

Und der junge Fischer wurde bleich und ballte seine Fäuste und schrie: »Sie war eine trügerische Hexe, denn davon hat sie mir nichts gesagt.«

»Nein«, erwiderte die Seele, »sie war nur Ihm getreu, den sie anbetet und dessen Dienerin sie ewig sein wird.«

Und als nun der junge Fischer wußte, daß er seiner Seele nicht noch einmal ledig werden konnte und daß sie eine böse Seele war und immerdar bei ihm wohnen werde, da fiel er nieder auf die Erde und weinte bitterlich.

Und als es Tag geworden war, erhob sich der junge Fischer und sprach zu seiner Seele: »Ich will meine Hände binden, damit ich dein Geheiß nicht tun kann, und meine Lippen versiegeln, damit ich deine Worte nicht sprechen kann, und ich will an den Ort zurückkehren, wo sie, die ich liebe, ihre Wohnung hat. Ja, an das Meer will ich zurück und zu der kleinen Bucht, wo sie zu singen pflegt, und ich will sie rufen und ihr das Böse bekennen, das ich getan, und das Böse, das du in mir erregt hast.«

Und seine Seele versuchte ihn und sprach: »Wer ist deine Liebste, daß du zu ihr zurückkehren solltest? In der Welt gibt es viele, die schöner sind als sie. Da sind die Tänzerinnen von Samaris, die die Tänze aller Arten von Vögeln und Tieren tanzen. Ihre Füße sind mit Henna gefärbt, und in den Händen tragen sie kleine Kupferglöckchen. Sie lachen beim Tanzen, und ihr Lachen ist so hell wie das Lachen der Bäche. Komm mit mir, und ich will sie dir zeigen. Wozu nützt dir dein Kummer über Sünde und sündhafte Dinge? Ist das, was angenehm zu essen ist, nicht für den Esser geschaffen? Ist Gift in dem Trank, der süß zu trinken ist? Also zage nicht, sondern komm mit mir in eine andere Stadt. Ganz nahe liegt eine kleine Stadt, in der ein Garten voller Tulpenbäume ist. Und in diesem lieblichen Garten wohnen weiße Pfauen und Pfauen mit blauer Brust. Schlagen sie ihr Rad sonnenwärts, so flirren ihre Schweife wie Scheiben aus Elfenbein und Scheiben aus Gold. Und das Mädchen, das ihnen Futter bringt, tanzt für sie, zu ihrer Lust; manchmal tanzt sie auf den Händen, und zu anderen Malen tanzt sie auf den Füßen. Ihre Augen sind mit Antimon geschwärzt, und ihre Nüstern sind geschwungen wie die Flügel einer Schwalbe. Von einem Häkchen in ihrer Nase hängt eine Blume herab, die aus einer Perle geschnitten ist. Wenn sie tanzt, lacht sie, und die silbernen Spangen um ihre Knöchel klingeln wie Silberglöckchen. Und so betrübe dich nicht länger, sondern komm mit mir in diese Stadt.«

Aber der junge Fischer gab seiner Seele keine Antwort; er verschloß seine Lippen mit dem Siegel des Schweigens und band seine Hände mit einem festen Band und wanderte zurück zu dem Ort, von dem er gekommen, zu jener kleinen Bucht, wo seine Liebste zu singen pflegte. Und immerfort, während sie reisten, versuchte ihn seine Seele; doch er erwiderte ihr nicht, noch tat er etwas von all dem Bösen, zu dem sie ihn verlocken wollte – so große Macht hatte die Liebe, die in ihm war.

Und als er das Gestade des Meeres erreicht hatte, löste er das Band von seinen Händen und nahm das Siegel des Schweigens von seinen Lippen und rief die kleine Meermaid. Doch sie erhörte sein Rufen nicht, obgleich er den ganzen Tag lang zu ihr rief und zu ihr flehte.

Und die Seele spottete sein und sprach: »Fürwahr, wenig Freude gewährt dir deine Liebe. Du bist wie einer, der in Dürrezeiten Wasser in ein durchlöchertes Gefäß gießt. Du gibst hin, was du besitzest, und nichts empfängst du dafür zurück. Es wäre besser für dich, wenn du mit mir kämest, denn ich weiß, wo das Tal der Lust gelegen ist und was dort getan und getrieben wird.«

Aber der junge Fischer gab seiner Seele keine Antwort, sondern baute sich in einer Felsenkluft eine Hütte aus Flechtwerk und verweilte dort ein volles Jahr. Und jeden Morgen rief er die Meermaid, und jeden Mittag rief er sie wieder, und zur Nachtzeit rief er ihren Namen. Doch niemals stieg sie aus der Flut hervor, ihm zu begegnen, und an keiner Stelle des Meeres konnte er sie finden, wiewohl er sie suchte in den Höhlen und im grünen Wasser, in den Wassern der Gezeiten und in den Strudeln auf der Tiefe Grund.

Und immerfort versuchte ihn seine Seele mit Bösem und

raunte ihm dunkle Lockungen zu. Doch sie vermochte nichts wider ihn, so groß war die Macht seiner Liebe.
Und als das Jahr verstrichen war, dachte die Seele in ihm: ›Ich habe meinen Herrn mit Bösem versucht, aber seine Liebe ist stärker als ich. Ich will ihn nun mit Gutem versuchen; vielleicht, daß er dann mit mir kommt.‹
Also redete sie zu dem jungen Fischer und sprach: »Ich habe dir von der Lust der Welt erzählt, und dein Ohr ist taub für mich geblieben. Gestatte mir nun, daß ich dir vom Leid der Welt erzähle; vielleicht, daß du mich hören wirst. Denn fürwahr, das Leid ist Gebieter über diese Welt, und keiner ist, der seinen Netzen entschlüpft. Den einen fehlt es an Kleidern, den anderen fehlt das Brot. Witwen sind, die schreiten in Purpur einher, und Witwen, die gehen in Lumpen. Hin und her über die Moore stehlen sich die Aussätzigen, und sind doch grausam gegeneinander. Die Bettler ziehen die Landstraßen auf und nieder, und ihre Bettelsäcke bleiben leer. Durch die Gassen der Städte schleicht der Hunger, und die Seuche sitzt an ihren Toren. Komm, laß uns ausgehen und all den Jammer lindern und machen, daß Not und Unrecht nicht mehr sind. Wozu solltest du hier ausharren und deine Liebste rufen, da du doch siehst, daß sie deinem Ruf nicht folgt? Und was ist die Liebe, daß du ihr so hohen Wert zuerkennst?«
Aber der junge Fischer erwiderte ihr mit keinem Wort, so groß war die Macht seiner Liebe. Und jeden Morgen rief er die Meermaid, und jeden Mittag rief er sie wieder, und zur Nachtzeit rief er ihren Namen. Doch niemals stieg sie aus der Flut hervor, ihm zu begegnen, und an keiner Stelle des Meeres konnte er sie finden, wiewohl er sie suchte in den Strömen der See und in den Tälern, die unter den Wogen sind, in dem Meere, das die Nacht purpurn färbt, und in dem Meere, das die Morgendämmerung grau hinter sich zurückläßt.
Und als das zweite Jahr verstrichen war, sprach die Seele des Nachts zu dem jungen Fischer, da er allein in der Hütte aus Flechtwerk saß: »Siehe, nun habe ich dich mit Bösem versucht, und ich habe dich mit Gutem versucht, und deine Liebe ist stärker als ich. Deshalb will ich dich nicht länger versuchen,

aber ich bitte dich, gestatte mir, in dein Herz einzukehren, daß ich mit dir eins sein möge wie zuvor.«
»Wohl magst du in mein Herz einkehren«, sprach der junge Fischer, »denn in den Tagen, da du ohne Herz durch die Welt gingest, mußt du viel gelitten haben.«
»Wehe!« rief die Seele, »ich kann keinen Eingang finden, so ganz von Liebe umschlossen ist dein Herz.«
»Und doch wollte ich, daß ich dir helfen könnte«, sagte der junge Fischer.
Und da er sprach, kam ein lauter Klageruf aus der See, der Ruf, den die Menschen hören, wenn einer vom Meervolk gestorben ist. Und der junge Fischer sprang auf und ging aus seinem Hause aus Flechtwerk und lief hinab ans Ufer. Und die schwarzen Wogen eilten dem Ufer zu, und ihnen aufgebürdet war etwas, das war weißer als Silber. Weiß wie die Brandung war es, und gleich einer Blume schwankte es auf den Wassern. Und die Brandung entriß es den Wogen, und der Schaum entriß es der Brandung, und das Ufer empfing es, und zu seinen Füßen liegen sah der junge Fischer den Körper der kleinen Meermaid. Tot lag sie zu seinen Füßen.
Weinend wie einer, der zu Tode getroffen ist vom Leid, warf er sich neben ihr nieder und küßte das kalte Rot des Mundes und spielte mit dem nassen Bernstein ihres Haares. Er warf sich neben ihr nieder auf den Sand und weinte wie einer, der in Lust erschauert, und in seinen braunen Armen hielt er sie fest an seiner Brust. Kalt waren die Lippen, jedoch er küßte sie. Salzig war der Honig ihres Haars, jedoch er schmeckte es mit einer bittern Freude. Er küßte die geschlossenen Lider, und der wilde Gischt, der auf den Hügeln ihrer Augen lag, war minder salzig als seine Tränen.
Und vor der toten Hülle legte er seine Beichte ab. In die Kelche ihrer Ohren ergoß er den herben Wein seiner Geschichte. Er legte sich ihre kleinen Hände um den Nacken, und mit seinen Fingern fühlte er den schlanken Schaft ihres Halses. Bitter, bitter war seine Lust, und voll seltsamer Freudigkeit war sein Schmerz.
Die schwarze See rollte näher heran, und der weiße Schaum ächzte wie ein Aussätziger. Mit weißen Schaumtatzen griff die

See nach dem Ufer. Aus dem Palast des Meerkönigs scholl abermals der Klageruf, und weit draußen auf den Wellen bliesen die großen Tritonen mißtönend auf ihren Hörnern.
»Flieh hinweg«, sprach die Seele, »denn näher und näher rollt die See, und zauderst du, wird sie dich verderben. Flieh hinweg, denn ich fürchte mich, da ich sehe, wie dein Herz sich gegen mich verschlossen hat wegen der Größe deiner Liebe. Flieh hinweg an einen sicheren Ort. Du wirst mich doch nicht ohne Herz in eine andere Welt hinüberschicken?«
Aber der junge Fischer hörte nicht auf seine Seele, sondern rief zu der kleinen Meermaid und sprach: »Liebe ist besser als Weisheit und reicher als Schätze und schöner als die Füße der Menschentöchter. Die Feuer können sie nicht verzehren, noch können die Wasser sie löschen. Ich rief dich, wenn der Morgen graute, und du kamst nicht auf mein Rufen. Der Mond hörte deinen Namen, du aber achtetest meiner nicht. Denn böse war, daß ich dich verlassen hatte, und mir selber tat ich weh, da ich davonging. Immer jedoch war deine Liebe bei mir, und immer war sie stark, und nichts vermochte etwas über sie, ob ich meine Augen auch auf Schlimmes wie auf Gutes richtete. Und nun du tot bist, will ich wahrlich mit dir sterben.«
Und seine Seele beschwor ihn aufzubrechen, aber er gab nicht nach, so groß war seine Liebe. Und die See rollte näher heran und wollte ihn unter ihre Wogen stampfen, und als er sah, daß sein Ende da war, küßte er mit rasenden Lippen die kalten Lippen der Meermaid, und das Herz, das in ihm war, zersprang. Und da in der Fülle seiner Liebe sein Herz zersprang, fand die Seele einen Eingang und kehrte ein in sein Herz und war eins mit ihm, so wie zuvor. Und die See bedeckte den jungen Fischer mit ihren Wogen.

Und am Morgen zog der Priester hinaus, das Meer zu segnen, denn es hatte im Aufruhr getost. Und mit ihm gingen die Mönche und die Musikanten, die Kerzenträger und die Knaben, die die Weihrauchfässer schwangen, und eine große Menge Volks.
Und als der Priester das Ufer erreichte, sah er den jungen Fischer ertrunken in der Brandung treiben, und seine Arme um-

fingen den toten Körper der kleinen Meermaid. Und er wandte sich grollend ab und schlug das Kreuzeszeichen; dann erhob er seine Stimme und sprach: »Nicht will ich das Meer segnen noch irgendein Wesen, das darin ist. Verflucht sei das Meervolk, und verflucht seien alle, die mit ihm Umgangs pflegen! Und was ihn anlangt, der um der Liebe willen Gott absagte und nun hier vor mir liegt mit seiner Buhle, geschlagen von Gottes Zorn – nehmt seinen Leichnam und den Leichnam seiner Buhle und begrabt sie in der Ecke des Schindangers, und errichtet über ihnen kein Mal noch Zeichen irgendwelcher Art, auf daß keiner ihre Stätte wisse. Denn verflucht waren sie in ihrer Lebenszeit, und verflucht sollen sie sein auch im Tode.«
Und die Leute taten, wie er ihnen gebot, und in der Ecke des Schindangers, wo keine süßen Kräuter wachsen, hoben sie eine tiefe Grube aus und legten die beiden toten Körper hinein.

Und da sich das dritte Jahr erfüllt hatte, und an einem Tage, der ein heiliger Tag war, ging der Priester hinauf zu der Kapelle, daß er dem Volke die Wundmale des Herrn wiese und zu ihnen spräche von Gottes Zorn.

Und er kleidete sich in die Kleider seines heiligen Amtes und trat in die Kapelle, und als er sich vor dem Altar neigte, sah er, daß der Altar mit fremdartigen Blumen bedeckt war, wie er sie nie zuvor erschaut. Fremdartig anzusehen waren sie und von seltsamer Schönheit, und ihre Schönheit verwirrte ihn, und ihr Duft war süß in seiner Nase. Und er fühlte sich froh und konnte nicht begreifen, warum er froh war.

Und er hatte das Tabernakel aufgetan und die Monstranz, die darin war, mit Weihrauch durchduftet und dem Volk die Hostie gezeigt und sie wieder geborgen hinter dem Schleier der Schleier; und nun hob er an zu sprechen vor dem Volke, denn ihn drängte es, ihnen zu sagen von Gottes Zorn. Doch die Schönheit der weißen Blumen verwirrte ihn, und ihr Duft war süß in seiner Nase, und ein anderes Wort glitt zwischen seine Lippen, und er sprach nicht von dem Zorne Gottes, sondern von dem Gott, dessen Name Liebe heißt. Und warum er so sprach, wußte er nicht.

Und als er seine Botschaft beendet hatte, weinte das Volk, und der Priester ging zurück in die Sakristei, und seine Augen waren voll Tränen. Und die Diakone traten herein und begannen, ihn der Meßgewänder zu entkleiden, und nahmen ihm die Alba und den Gürtel ab, die Armbinde und die Stola. Und er stand wie ein Träumender.

Und da sie ihm die heiligen Kleider abgenommen hatten, blickte er sie an und sprach: »Was sind das für Blumen, die auf dem Altar stehen, und woher kommen sie?«

Und sie antworteten ihm: »Was für Blumen es sind, können wir nicht sagen, doch kommen sie von der Ecke des Schindangers.« Und der Priester erbebte und kehrte heim in sein Haus und betete.

Und des Morgens, als es noch dämmerte, zog er hinaus mit den Mönchen und den Musikanten, den Kerzenträgern, und den Knaben, die die Weihrauchfässer schwangen, und einer großen Menge Volks, und er stieg hinab ans Gestade des Meeres und segnete das Meer und all die wilden Geschöpfe, die darin sind. Auch die Faune segnete er und die kleinen Geschöpfe, die im Walde tanzen, und die helläugigen Wesen, die durch die Blätter spähen. Alle Geschöpfe der Gotteswelt segnete er, und das Volk war voller Freude und voll Staunens. Nie wieder aber sprossen in dem Winkel des Schindangers Blumen, gleich welcher Art, sondern der Acker blieb unfruchtbar wie zuvor. Auch kam das Meervolk nie wieder in die Bucht, wie zuvor, denn es zog nach einem anderen Teil der See.

H.
V.

DAS STERNENKIND

ES waren einmal zwei arme Holzfäller, die gingen ihres Weges heimwärts durch einen großen Tannenwald. Es war Winter und eine bitterkalte Nacht. Der Schnee lag dick auf dem Boden und auf den Baumästen, und der Frost zerknackte unablässig die kleinen Zweige zu ihrer Rechten und zu ihrer Linken; und als sie zu dem Wassersturz des Gießbaches kamen, hing der reglos in der Luft, denn die Eiskönigin hatte ihn geküßt.

So kalt war es, daß selbst die Tiere des Waldes und die Vögel nicht wußten, was sie davon denken sollten.

»Hu!« knurrte der Wolf, als er durchs Dickicht humpelte, den Schwanz zwischen die Beine geklemmt, »das ist ein geradezu schauderhaftes Wetter. Warum schreitet die Regierung nicht dagegen ein?«

»Uitt, uitt, uitt!« zwitscherten die grünen Hänflinge, »die alte Erde ist tot, und sie haben sie in ihrem weißen Leichentuche aufgebahrt.«

»Die Erde will Hochzeit machen, und dies ist ihr Brautgewand«, gurrten die Turteltauben einander zu. Ihre kleinen rosenroten Füße waren ganz klamm vor Kälte, aber sie fühlten sich verpflichtet, die Lage in einem romantischen Lichte zu sehen.

»Unsinn!« brummte der Wolf. »Ich sage Ihnen, die Regierung ist an allem schuld, und wenn Sie mir's nicht glauben, freß ich Sie auf.« Der Wolf war eine durch und durch praktische Natur und nie um ein schlagendes Argument verlegen.

»Na, ich meinerseits«, sagte der Specht, der ein geborener Philosoph war, »ich mache mir nichts aus haarspalterischen Erwägungen. Wenn etwas so und so ist, dann ist es so, und gegenwärtig ist es fürchterlich kalt.«

Fürchterlich kalt war es in der Tat. Die kleinen Eichhörnchen, die im Innern des hohen Tannenbaumes wohnten, rieben in einem fort ihre Nasen gegeneinander, um sich ein bißchen an-

zuwärmen, und die Kaninchen lagen zusammengerollt in ihren Löchern und wagten nicht einmal, zur Tür hinauszugukken.
Die einzigen, die sich bei der Kälte wohlzufühlen schienen, waren die großen Uhus. Ihr Gefieder war ganz steif vom Rauhfrost, aber das störte sie nicht, und sie funkelten mit ihren großen gelben Augen und riefen einander zu, quer durch den Forst: »Tuwitt! Tuuhuu! Tuwitt! Tuuhuu! Ein Wetterchen ist das – eine wahre Wonne!«
Weiter und weiter gingen die beiden Holzfäller und hauchten sich kräftig auf die starren Finger und stapften mit den schweren, eisenbeschlagenen Stiefeln über den zusammengebackenen Schnee. Einmal versanken sie in einer tiefen Wehe, und als sie herausgeklettert kamen, waren sie weiß wie die Müller, wenn die Mühlsteine Korn mahlen; und ein andermal glitten sie aus auf dem harten, glatten Eise über dem gefrorenen Sumpf, und ihr Reisig fiel aus den Bündeln, und sie mußten es auflesen und von neuem zusammenbinden; und einmal wieder dachten sie, sie hätten den rechten Weg verfehlt, und ein großer Schrecken ergriff sie, denn sie wußten, daß der Schnee grausam ist gegen jeden, der in seinen Armen einschläft. Aber sie setzten ihr Vertrauen auf den guten heiligen Martin, der über alle Wanderer wacht, und verfolgten ihre Spur zurück und gingen bedachtsam, und endlich erreichten sie den Waldsaum und sahen tief unten im Tal zu ihren Füßen die Lichter des Dorfes, in dem sie wohnten.
So überfroh waren sie über ihre Rettung, daß sie aus vollem Halse lachten, und die Erde erschien ihnen wie eine Blume aus Silber und der Mond wie eine Blume aus Gold.
Allein nachdem sie gelacht hatten, wurden sie traurig, denn sie gedachten ihrer Armut, und der eine von ihnen sagte zu dem anderen: »Warum haben wir uns eigentlich gefreut, da Leben doch nur für die Reichen ist und nicht für solche, wie wir sind? Besser, wir wären im Wald vor Kälte umgekommen oder ein wildes Tier hätte uns angefallen und uns zerrissen.«
»Fürwahr«, erwiderte sein Gefährte, »manchen ist viel gegeben, nur wenig den anderen. Das Unrecht hat die Welt verteilt,

und nichts ist mit gleichem Maße zugemessen, außer dem Kummer.«
Doch wie sie miteinander ihr Elend beklagten, geschah etwas Wunderbares: vom Himmel fiel ein schöner und hell leuchtender Stern. Er glitt seitlich am Himmel herab, kreuzte die anderen Sterne auf seiner Bahn, und da die beiden ihm staunend zuschauten, kam es ihnen vor, als ob er hinter einer Gruppe von Weidenbäumen niederginge, die dicht bei einer kleinen Schafhürde standen, nicht mehr als einen Steinwurf von ihnen entfernt.
»Hoho! Das ist ein Topf voll Gold für den, der ihn findet«, riefen sie, und sie machten sich auf und rannten, so begierig waren sie nach dem Gold.
Und der eine der beiden rannte schneller als sein Geselle und überholte ihn und bahnte sich seinen Weg durch die Weiden und kam jenseits heraus – und siehe, es war wirklich etwas Goldenes, das da auf der weißen Schneedecke lag. Also eilte er darauf zu und legte, sich niederbeugend, seine beiden Hände darauf, und es war ein Tuch aus Goldgewebe, wundersam bestickt mit Sternen und vielfältig zusammengeknotet. Und er rief seinem Gefährten zu, er habe den Schatz gefunden, der vom Himmel gefallen war, und als sein Gefährte ihn eingeholt hatte, setzten sie sich nieder in den Schnee, und sie lösten die Knoten des Tuches, damit sie die Goldstücke unter sich teilten.
Doch ach, nicht Gold war darin noch Silber noch sonst ein Schatz irgendwelcher Art – nur ein kleines Kind lag da und schlief.
Und der eine von ihnen sagte zu dem anderen: »Dies ist ein bitteres Ende für unsere Hoffnung, und gar kein Glück soll uns beschieden sein; denn was nützt einem Manne ein Kind? Wir wollen es hier liegenlassen und unserer Wege gehen, da wir ja arme Leute sind und selber Kinder haben, deren Brot wir nicht an ein fremdes wegschenken dürfen.«
Doch sein Gefährte erwiderte ihm: »Nein, übel wäre es getan, wollten wir das Kind liegenlassen und dem Tod im Schnee überantworten; und wenn ich auch ebenso arm bin wie du und viele Mäuler zu stopfen und nur wenig im Topfe habe, so will

ich es doch zu mir heimbringen und mein Weib soll sich seiner annehmen.«
Also hob er das Kind ganz behutsam vom Boden auf und wikkelte es in das Tuch, um es vor der grimmigen Kälte zu schützen, und ging den Hügel abwärts nach dem Dorfe, während sein Kamerad sich weidlich über seine Torheit und sein weichmütiges Herz verwunderte.
Und als sie ins Dorf kamen, sagte sein Gefährte zu ihm: »Du hast das Kind – gib mir also das Tuch, denn es ist recht und billig, daß wir teilen.«
Aber der andere erwiderte: »Nein, das Tuch ist weder mein noch dein, sondern es gehört einzig dem Kinde«, und er wünschte ihm guten Weg und ging zu seinem Haus und klopfte.
Und als sein Weib die Tür öffnete und sah, daß ihr Mann wohlbehalten heimgekehrt war, legte sie ihm die Arme um den Hals und küßte ihn und nahm das Reisigbündel von seinem Rücken und klopfte den Schnee von seinen Stiefeln und bat ihn ins Haus.
Er aber sprach zu ihr: »Ich habe etwas im Wald gefunden und bringe es dir, damit du dich seiner annähmest«, und er rührte sich nicht von der Schwelle.
»Was ist es?« rief sie. »Zeig es mir, denn unser Haus ist arm, und wir brauchen vieles.« Und er zog das Tuch weg und zeigte ihr das schlafende Kind.
»Ach, lieber Mann!« murrte sie. »Haben wir nicht selbst Kinder genug, daß du um alles in der Welt noch einen Wechselbalg heimbringen und an unserem Herde sitzen lassen mußt? Und wer weiß, ob uns dieses Kind nicht Unheil bringen wird? Und wie sollen wir es pflegen?« Und sie war aufgebracht wider ihn.
»Ich weiß nicht«, erwiderte er, »doch es ist ein Sternenkind.« Und er erzählte ihr, auf wie seltsame Weise er es gefunden.
Sie aber wollte sich nicht beschwichtigen lassen und spottete seiner und sprach zornige Worte und schrie: »Unsere Kinder leiden Not – und anderer Leute Kind sollen wir füttern? Wer ist, der uns behütet? Und wer nähret uns?«

»Gott behütet auch die Sperlinge und nähret sie«, antwortete er.
»Sterben die Sperlinge nicht Hungers im Winter?« fragte sie. »Und ist jetzt nicht Winter?«
Und der Mann erwiderte nichts, rührte sich jedoch nicht von der Schwelle.
Und ein eisiger Wind wehte vom Walde her durch die offene Tür, so daß es die Frau kalt überlief, und sie schauderte und sprach zu ihm: »Willst du nicht die Türe schließen? Ein eisiger Wind weht ins Haus, und ich friere.«
»In ein Haus, darin ein Herz verhärtet ist, weht dahinein nicht allzeit ein eisiger Wind?« fragte er. Und die Frau erwiderte ihm nichts, sondern schlich nur näher ans Feuer.
Und nach einer Weile wandte sie sich und sah ihn an, und ihre Augen standen voll Tränen. Da kam er rasch herein und gab ihr das Kind in die Arme, und sie küßte es und legte es in ein kleines Bett, wo das jüngste ihrer Kinder schlief. Und am nächsten Morgen ergriff der Holzfäller das wundersame goldene Tuch und tat es in eine große Truhe, und eine Bernsteinkette, die sich um des Kindes Nacken schlang, nahm die Frau und barg sie gleichfalls in der Truhe.

Also wuchs das Sternenkind gemeinsam mit den Kindern des Holzfällers auf und saß mit ihnen an demselben Tisch und war ihr Spielgefährte. Und Jahr um Jahr ward es schöner anzuschauen, so daß es alle mit Staunen erfüllte, die in dem Dorfe wohnten; denn waren sie selber von dunkler Haut und schwarzem Haar, so war das Sternenkind weiß und zart, wie aus Elfenbein geschnitten, und seine Locken glichen den goldenen Blütenkronen der Osterglocke. Seine Lippen waren wie die Blätter einer roten Blüte und seine Augen wie Veilchen an klaren Wassern, und sein Leib war weiß wie die Narzisse auf einem Felde, das der Schnitter nicht abmäht.
Böses jedoch schuf ihm seine Schönheit. Denn sie machte es stolz und grausam und selbstsüchtig. Die Kinder des Holzfällers und die anderen Kinder im Dorfe verachtete es und sagte, sie seien niederer Geburt, es selber aber sei edel, einem Stern entsprossen, und es warf sich auf zum Herrn über sie und

nannte sie seine Knechte. Kein Mitleid hatte es mit den Armen oder mit denen, die blind oder verkrüppelt waren oder irgendein Leid trugen – es warf mit Steinen nach ihnen und jagte sie hinweg auf die Landstraße und hieß sie ihr Brot anderswo betteln, so daß keiner außer den Geächteten ein zweitesmal nach jenem Dorfe kam, um Almosen zu erbitten. Ja, das Sternenkind glich einem, der eifernd die Schönheit verehrt, und es höhnte die Kranken und die Häßlichen und verlachte sie; sich selbst aber liebte es, und im Sommer, wenn die Winde schwiegen, lag es oft neben dem Springquell in des Priesters Garten und blickte hinab auf das Wunder seines eigenen Angesichts und lachte voll der Freude, die seine Schönheit ihm gab.
Oftmals schalten der Holzfäller und sein Weib das Sternenkind, und sie sagten: »Wir haben nicht so an dir getan, wie du an denen tust, die ohne Tröstung sind und keinen haben, ihnen beizustehen. Warum bist du so grausam gegen alle, die des Mitleids bedürfen?«
Oftmals schickte der alte Priester nach ihm und suchte es zu belehren über die Liebe, die man allem Leben schuldet, und er sagte zu ihm: »Die Fliege ist deine Schwester. Tu ihr nichts zuleide. Den munteren Vögeln, die durch die Wälder schwärmen, gebührt ihre Freiheit. Stell ihnen nicht nach zu deinem Vergnügen. Gott schuf die Blindschleiche und den Maulwurf, und jedes hat seinen Ort. Wer bist du, daß du Schmerzen bringest in Gottes Welt? Selbst die Tiere auf dem Felde preisen seinen Namen.«
Doch das Sternenkind hörte nicht auf diese Worte, sondern murrte und höhnte nur und ging zurück zu seinen Gefährten und war ihr Herr. Und seine Gefährten folgten ihm, denn es war schön und schnellfüßig und konnte tanzen und flöten und musizieren. Und wohin das Sternenkind sie auch führte, sie folgten ihm, und was immer das Sternenkind ihnen zu tun gebot, das taten sie. Und wenn es mit einem spitzen Schilfrohr die trüben Augen des Maulwurfs durchbohrte, so lachten sie, und wenn es mit Steinen nach dem Aussätzigen warf, so lachten sie wieder. Und in allen Dingen herrschte es über sie, und ihre Herzen wurden hart, so wie seines war.

Eines Tages nun begab es sich, daß ein armes Bettelweib durch das Dorf zog.
Ihre Kleider waren zerrissen und zerlumpt, und ihre Füße bluteten von der rauhen Straße, auf der sie gewandert, und großer Jammer stand auf ihrer Stirn geschrieben. Und weil sie müde war, setzte sie sich nieder unter einem Kastanienbaum, um zu rasten.
Aber als das Sternenkind sie erblickte, sprach es zu seinen Gefährten: »Seht! Da sitzt ein schmutziges Bettelweib unter dem schönen, grünblätterigen Baum. Kommt, laßt uns sie von dannen jagen, denn sie ist häßlich und mißgestalt.«
Also ging es dicht an die Frau heran und schleuderte Steine nach ihr und höhnte sie, und sie schaute den Knaben an, Entsetzen im Blick, und wandte das Auge nicht von ihm. Und der Holzfäller, der in einem Gehege nahebei Kloben spaltete, sah, was das Sternenkind tat, und lief herzu und schalt es und sagte zu ihm: »Wahrlich, du bist harten Herzens und kennst kein Erbarmen, denn was hat dieses arme Weib dir Böses getan, daß du ihm so begegnest?«
Und das Sternenkind errötete vor Zorn und stampfte mit dem Fuß auf den Boden und sagte: »Wer bist du, daß du mich zur Rede stellst über das, was ich tue? Ich bin nicht dein Sohn und brauche mich deinem Gebot nicht zu fügen.«
»Du sprichst wahr«, erwiderte der Holzfäller, »doch ich erwies dir Barmherzigkeit, als ich dich im Walde fand.«
Und da das Weib diese Worte vernahm, stieß sie einen lauten Schrei aus und sank bewußtlos nieder. Und der Holzfäller trug sie in sein Haus, und seine Frau nahm sich ihrer an, und als sie aus ihrer Ohnmacht erwachte, setzten sie Speise und Trank vor sie hin und hießen sie sich erquicken.
Aber sie wollte nicht essen noch trinken, sondern sprach zu dem Holzfäller: »Sagtest du nicht, das Kind sei im Walde gefunden worden? Und war das nicht zehn Jahre vor dem heutigen Tag?«
Und der Holzfäller antwortete: »Ja, es war im Walde, daß ich das Kind fand, und es ist heute zehn Jahre her.«
»Und was für Kennzeichen fandest du an ihm?« rief sie. »Trug es nicht eine Bernsteinkette um den Hals? War es nicht rings

umhüllt von einem Tuch aus Goldgewebe, mit Sternen bestickt?«
»Wahrlich«, antwortete der Holzfäller, »es war so, wie du sagest.« Und er nahm das Tuch und die Bernsteinkette aus der Truhe, in der sie lagen, und zeigte ihr beides.
Und da sie die Dinge sah, weinte sie vor Freude und sprach: »Es ist mein kleiner Sohn, den ich im Wald verloren habe. Ich bitte dich sehr, sende eilends nach ihm, denn ihn zu suchen bin ich über die ganze Welt gewandert.«
Da gingen der Holzfäller und seine Frau hinaus und riefen das Sternenkind und sagten zu ihm: »Geh ins Haus, und dort sollst du deine Mutter finden, die auf dich wartet.«
Da lief der Knabe hinein, und Staunen und große Freude erfüllten ihn. Doch als er sah, wer im Hause auf ihn wartete, lachte er verächtlich und sagte: »Nun, wo ist meine Mutter? Denn ich sehe hier niemanden als dieses garstige Bettelweib.«
Und das Weib erwiderte ihm: »Ich bin deine Mutter.«
»Du bist von Sinnen, so zu reden«, schrie das Sternenkind zornig. »Ich bin nicht dein Sohn, denn du bist eine Bettlerin und häßlich und in Lumpen. Darum scher dich weg und laß mich dein abscheuliches Gesicht nicht länger sehen.«
»Doch, du bist wirklich mein kleiner Sohn, den ich im Wald gebar«, rief sie, und sie warf sich auf die Knie und streckte ihre Arme nach ihm aus. »Die Räuber stahlen dich mir und gaben dich dem Tode preis«, sprach sie mit versagender Stimme, »doch ich erkannte dich sogleich, da ich dich sah, und auch die Zeichen habe ich erkannt, das Tuch aus Goldgewebe und die Bernsteinkette. Deshalb beschwöre ich dich: Komm mit mir, denn dich zu suchen bin ich über die ganze Welt gewandert. Komm mit mir, mein Sohn, denn ich bedarf deiner Liebe.«
Das Sternenkind aber rührte sich nicht von der Stelle, sondern verschloß die Türen seines Herzens gegen sie, und kein Laut war in der Stube vernehmlich außer dem Weinen der Frau in ihrem großen Leide.
Und endlich sprach der Knabe zu ihr, und seine Stimme war hart und böse. »Wenn du in Wahrheit meine Mutter bist«, sagte er, »so wäre es besser gewesen, du wärest fern von mir ge-

blieben und nicht hierhergekommen, um mich in Schande zu bringen; denn ich glaubte, ich sei das Kind eines Sternes und nicht einer Bettlerin Kind, wie du mir sagest. Deshalb scher dich weg von hier und laß mich dich nicht wieder erschauen.«
»Wehe, mein Sohn!« rief sie. »Willst du mich nicht küssen, bevor ich weitergehe? Denn ich habe viel erduldet, um dich zu finden.«
»Nein«, sagte das Sternenkind, »allzu häßlich bist du anzusehen, und eher wollte ich die Natter und die Kröte küssen als dich.«
Da stand das Weib auf und ging bitterlich weinend hinweg in den Wald, und als das Sternenkind sah, daß sie gegangen war, freute es sich und lief zurück zu seinen Spielgefährten, um mit ihnen zu spielen.
Doch als sie es kommen sahen, lachten sie es aus und sagten: »Oh, du bist häßlich wie die Kröte und widerwärtig wie die Natter. Scher dich weg von hier, denn wir wollen nicht, daß du mit uns spielst«, und sie trieben es aus dem Garten.
Und das Sternenkind zog die Stirn kraus und sagte zu sich selber: ›Was war das, was sie zu mir sprachen? Ich will zu dem Quell gehen und hineinschauen, und er soll mir von meiner Schönheit sagen.‹
Also ging es zu dem Quell und schaute hinein, und siehe, sein Gesicht war wie das Gesicht einer Kröte, und sein Leib war schuppig wie der einer Natter. Und es warf sich nieder ins Gras und weinte und sprach bei sich selber: ›Wahrlich, dies ist über mich gekommen um meiner Sünde willen. Denn ich habe meine Mutter verleugnet und verjagt und bin stolz und grausam gegen sie gewesen. Deshalb will ich von dannen ziehen und sie suchen über die ganze Welt und nicht rasten noch ruhen, bis ich sie gefunden habe.‹
Da kam das kleine Töchterchen des Holzfällers ihm nachgelaufen und legte ihm die Hand auf die Schulter und sagte: »Was tut es, wenn du nicht mehr schön und lieblich bist? Bleib bei uns, ich will gewiß nicht über dich höhnen.«
Und der Knabe sprach zu ihr: »Nein; denn ich bin grausam gegen meine Mutter gewesen, und diese Trübsal ist als Strafe über mich verhängt. Deshalb muß ich von hier gehen und die

Welt durchwandern, bis ich sie finde und Vergebung von ihr erlange.«

Also lief er fort in den Wald und rief laut nach seiner Mutter, daß sie zu ihm käme, doch keine Antwort scholl zurück. Den ganzen Tag lang rief er sie, und als die Sonne sank, legte er sich zum Schlafe nieder auf ein Bett aus Blättern, und die Vögel und die Tiere des Waldes flohen vor ihm, denn sie gedachten seiner Grausamkeit; und alle ließen ihn allein, nur die Kröte wachte bei ihm und die träge Natter kroch vorüber.

Und am Morgen stand er auf und pflückte ein paar bittere Beeren von den Sträuchern und aß sie, und er ging seinen Weg durch den großen Wald und weinte sehr. Und bei jedem Wesen, das er traf, forschte er, ob es von ungefähr seine Mutter gesehen habe.

Er sprach zum Maulwurf: »Du kannst unter die Erde dringen. Sag mir, ist meine Mutter dort?«

Und der Maulwurf antwortete: »Du hast mir meine beiden Augen geblendet. Wie soll ich es wissen?«

Er sprach zum Hänfling: »Du kannst über die Wipfel der hohen Bäume fliegen und siehst die ganze Welt. Sag mir, kannst du meine Mutter sehen?«

Und der Hänfling antwortete: »Du hast mir die Flügel beschnitten aus böser Lust. Wie soll ich fliegen?«

Und zu dem kleinen Eichhörnchen, das im Tannenbaum wohnte und ganz verlassen war, sprach er: »Wo ist meine Mutter?«

Und das Eichhörnchen antwortete: »Du hast meine Mutter gemordet. Willst du auch die deine ermorden?«

Und das Sternenkind weinte und senkte sein Haupt und erbat Vergebung von Gottes Geschöpfen und wanderte weiter durch den Wald und suchte die Bettlerin. Und am dritten Tage gelangte es an die andere Seite des Waldes und stieg hinab in die Ebene.

Und wenn es durch die Dörfer zog, höhnten es die Kinder und warfen mit Steinen nach ihm, und die Bauern ließen es nicht einmal in den Scheunen schlafen, damit es nicht Mehltau über das gespeicherte Korn brächte, so widerlich war es anzusehen, und die Tagelöhner jagten es davon, und keiner war, der Mit-

leid mit ihm hatte. Und nirgends konnte es etwas über die Bettlerin erfahren, die seine Mutter war, ob es gleich während dreier Jahre über die Welt hin wanderte und oft vermeinte, die Frau auf der Landstraße vor sich zu sehen, und sie rief und ihr nacheilte, bis die scharfen Kieselsteine seine Füße bluten machten. Sie einzuholen aber vermochte es nicht, und die Leute, die an seinem Wege wohnten, leugneten stets, sie gesehen zu haben, sie oder eine, die ihr glich, und sie trieben Scherz mit seinem Gram.
Während dreier Jahre wanderte der Knabe über die Welt, und die Welt hatte für ihn nicht Liebe noch Herzensfreundlichkeit noch Erbarmen, es war eine Welt, wie er selbst sie sich erschaffen hatte in den Tagen seines großen Hochmuts.

Und eines Abends kam er an das Tor einer stark umwallten Stadt, die an einem Fluß aufragte, und so müde und fußwund er auch war, schickte er sich doch an, hineinzugehen. Aber die Soldaten, die am Tor Wache hielten, senkten ihre Hellebarden und versperrten den Eingang und fragten ihn barsch: »Was willst du hier in der Stadt?«
»Ich suche meine Mutter«, antwortete er, »und ich bitte euch herzlich, laßt mich vorbei, denn es könnte sein, daß sie in dieser Stadt ist.«
Sie aber verhöhnten das Sternenkind, und einer von ihnen schüttelte seinen schwarzen Bart und stieß den Schild auf den Boden und schrie: »Fürwahr, keine große Freude wird deine Mutter haben, wenn sie dich sieht, denn du bist häßlicher als die Kröte im Morast oder die Natter, die im Sumpfe kriecht. Hinweg mit dir! Hinweg! Deine Mutter wohnt nicht in dieser Stadt.«
Und ein anderer, der ein gelbes Banner in der Hand hielt, sagte zu ihm: »Wer ist deine Mutter, und weshalb suchst du sie?«
Und es antwortete: »Meine Mutter ist eine Bettlerin, so wie ich ein Bettler bin, und ich habe übel an ihr gehandelt; und deshalb flehe ich euch an: Gestattet mir, das Tor zu durchschreiten, damit ich Vergebung von ihr erlangen kann, falls sie von ungefähr in dieser Stadt weilt.« Aber sie ließen sich nicht erweichen und stachen nach ihm mit ihren Speeren.

Und da es sich weinend wegwandte, kam einer herzu, dessen Rüstung eingelegt war mit goldenen Blumen und auf dessen Helm ein geflügelter Löwe ruhte, und er fragte die Soldaten, wer da Einlaß begehrt habe. Und sie sagten zu ihm: »Es ist ein Bettler, einer Bettlerin Kind, und wir haben ihn weggejagt.«
»Nicht doch«, rief er lachend, »lieber wollen wir den widerlichen Burschen als Sklaven verkaufen, und das zu einem Preis, für den man eine Schale süßen Weines kauft.«
Und ein alter Mann mit bösem Gesicht, der gerade vorüberkam, stimmte zu und sagte: »Für diesen Preis will ich ihn kaufen«, und als er den Preis gezahlt hatte, nahm er das Sternenkind bei der Hand und führte es in die Stadt.
Und sie gingen durch viele Straßen und gelangten endlich zu einem Pförtchen in einer Mauer, die von den Zweigen eines Granatapfelbaumes überwachsen war. Und der Alte berührte die Pforte mit einem Ring aus geschnittenem Jaspis, und sie sprang auf, und sie stiegen fünf erzene Stufen hinab in einen Garten voll schwarzer Mohnblüten und grüner Krüge aus gebranntem Ton. Und der Alte nahm aus seinem Turban eine Binde aus gemusterter Seide und legte sie dem Sternenkind vor die Augen und stieß es vor sich her. Und als die Binde von seinen Augen genommen war, sah es sich in einem Kerker, den eine Hornlaterne erhellte.
Und der Alte setzte schimmeliges Brot auf einem Brett vor das Sternenkind hin und sagte: »Iß!«, und brackiges Wasser in einem Becher und sagte: »Trink!«, und da es gegessen und getrunken hatte, ging der Alte hinaus und schloß die Tür hinter sich ab und versperrte sie mit einer eisernen Kette.

Und der Alte, der in Wahrheit der tückischste aller Magier Libyens war und seine Kunst von einem gelernt hatte, der in den Totenstädten am Nil hauste – der Alte kam am Morgen zu dem Sternenkind herein und blickte es finster an und sprach: »In einem Walde, der sich nahe dem Tor dieser Stadt von Ungläubigen erstreckt, liegen drei Stücke Gold verborgen. Das eine ist von weißem Gold, und das zweite ist von gelbem Gold, und das Gold des dritten ist rot. Heute sollst du mir das Stück weißen Goldes bringen, und bringst du es mir nicht hierher, so will ich dich mit hundert Hieben streichen. Mach schnell und geh, und bei Sonnenuntergang will ich an der Gartenpforte auf dich warten. Sieh zu, daß du das weiße Gold mitbringst, oder es soll dir schlimm ergehen, denn du bist mein Sklave, und ich habe dich gekauft für den Preis einer Schale süßen Weines.« Und er legte dem Sternenkind die Binde aus gemusterter Seide vor die Augen und führte es durch das Haus und durch den Garten voller Mohnblüten und die fünf erzenen Stufen hinan. Und als er das Pförtchen mit seinem Ring geöffnet hatte, drängte er es auf die Straße.

Und das Sternenkind ging hinaus aus dem Tor der Stadt und kam zu dem Walde, von dem der Zauberer ihm gesprochen hatte.

Nun war dieser Wald von außen her sehr lieblich anzusehen und schien voll singender Vögel und süßduftender Blumen, und das Sternenkind freute sich, als es hineinging. Jedoch die Schönheit des Waldes nützte ihm wenig, denn wo es auch wanderte, schossen rauhe Dornen und Stacheln aus dem Boden hervor und umstarrten es, und boshafte Nesseln stachen nach ihm, und die Distel bohrte ihm ihre Dolche ins Fleisch, so daß es in herbe Pein geriet. Und nirgends konnte es das Stück weißen Goldes finden, von dem der Zauberer gesprochen hatte, obschon es danach suchte von Morgen bis Mittag und von Mittag bis Sonnenuntergang. Und bei Sonnenuntergang wandte es sein Antlitz zurück nach dem Hause des Zauberers und weinte bittere Tränen, denn es wußte, welches Geschick seiner wartete.

Doch als es den Saum des Waldes erreicht hatte, hörte es aus dem Dickicht einen Schrei wie von einem in Todesangst. Und seinen eigenen Kummer vergessend, lief es zurück zu der Stelle und sah dort einen kleinen Hasen in einer Schlinge gefangen, die der Jäger für ihn ausgelegt hatte.

Und das Sternenkind hatte Erbarmen mit dem Hasen und befreite ihn und sprach: »Ich bin selbst nur ein Sklave, dennoch kann ich dir deine Freiheit geben.«

Und der Hase antwortete ihm und sprach: »Wahrlich, du hast mir die Freiheit gegeben, und was soll ich dir als Gegengabe geben?«

Und das Sternenkind sagte zu ihm: »Ich suche nach einem Stück weißen Goldes und kann es nirgends finden, und wenn ich es meinem Herrn nicht bringe, wird er mich schlagen.«
»So komm mit mir«, sagte der Hase, »und ich will dich zu dem Golde hinführen, denn ich weiß, wo es versteckt ist und zu welchem Zweck.«
Da ging das Sternenkind mit dem Hasen, und siehe, in einem Spalt im Stamme eines großen Eichbaums erblickte es das Stück weißen Goldes, das es suchte. Und es war voller Freude und nahm das Gold und sagte zu dem Hasen: »Den Dienst, den ich dir geleistet, hast du mir vielmals und übergenug vergolten, und die Guttat, die ich dir erwies, hast du mir hundertfältig zurückgezahlt.«
»Nein«, erwiderte der Hase, »allein wie du mir getan, so habe ich an dir getan.« Und er lief hurtig davon, und das Sternenkind ging nach der Stadt.
Am Tore der Stadt nun saß einer, und es war ein Aussätziger. Über sein Gesicht hing eine Kapuze aus grauem Linnen, und durch zwei Schlitze glommen seine Augen gleich roten Kohlen. Und als er das Sternenkind kommen sah, schlug er auf einen hölzernen Napf und rasselte mit seiner Klapper und rief es an und sagte: »Gib mir ein Stück Geld, oder ich muß Hungers sterben. Denn sie haben mich aus der Stadt hinausgetrieben, und keiner ist, der sich meiner erbarmt.«
»Ach«, rief das Sternenkind, »ich habe nur ein einziges Stück Goldes in meiner Tasche, und bringe ich es nicht meinem Herrn, so wird er mich schlagen, denn ich bin sein Sklave.«
Doch der Aussätzige flehte zu ihm und bat und beschwor es, bis das Sternenkind sich seiner erbarmte, und es gab ihm das Stück weißen Goldes.
Und als es zum Hause des Zauberers kam, öffnete ihm der Zauberer und ließ es ein und sagte zu ihm: »Hast du das Stück weißen Goldes?« Und das Sternenkind antwortete: »Ich habe es nicht.«
Da stürzte sich der Zauberer auf den Knaben und schlug ihn und setzte ein leeres Brett vor ihn hin und sagte: »Iß!«, und einen leeren Becher und sagte: »Trink!«, und stieß ihn wieder in den Kerker.

Und am Morgen kam der Zauberer abermals zu ihm und sagte: »Wenn du mir heute nicht das Stück gelben Goldes bringst, so sollst du wahrlich mein Sklave bleiben und ich will dir dreihundert Schläge geben.«
Da ging das Sternenkind in den Wald und suchte den ganzen Tag lang nach dem Stück gelben Goldes und konnte es doch nirgends finden. Und bei Sonnenuntergang setzte es sich nieder und begann zu weinen, und da es weinte, kam der kleine Hase angelaufen, den es aus der Schlinge gerettet hatte.
Und der Hase sprach zu ihm: »Warum weinst du? Und was suchest du im Wald?«
Und das Sternenkind antwortete: »Ich suche ein Stück gelben Goldes, das hier verborgen liegt, und wenn ich es nicht finde, wird mein Herr mich schlagen und ich muß fürderhin sein Sklave sein.«
»Folge mir!« rief der Hase, und er lief durch den Wald, bis er an einen Wassertümpel kam. Und auf dem Grunde des Tümpels lag das Stück gelben Goldes.
»Wie soll ich dir danken?« sagte das Sternenkind. »Denn siehe, dies ist das zweite Mal, daß du mir beistehst.«
»Danke mir nicht, denn du zuerst hast dich meiner erbarmt«, sagte der Hase und lief hurtig davon.
Und das Sternenkind nahm das Stück gelben Goldes und barg es in seiner Tasche und eilte der Stadt zu. Aber der Aussätzige sah den Knaben kommen und lief ihm entgegen und fiel vor ihm auf die Knie und schrie: »Gib mir ein Stück Geld, oder ich werde Hungers sterben.«
Und das Sternenkind sagte zu ihm: »Ich habe in meiner Tasche nur ein einziges Stück gelben Goldes, und bringe ich es nicht meinem Herrn, so wird er mich schlagen und ich muß fürderhin sein Sklave sein.«
Doch der Aussätzige bestürmte das Sternenkind mit Bitten, so daß es sich seiner erbarmte, und es gab ihm das Stück gelben Goldes.
Und als es zum Hause des Zauberers kam, öffnete ihm der Zauberer und ließ es ein und sagte zu ihm: »Hast du das Stück gelben Goldes?« Und das Sternenkind erwiderte: »Ich habe es nicht.« Da stürzte sich der Zauberer auf den Knaben und

schlug ihn und legte ihm schwere Ketten an und warf ihn wieder in den Kerker.
Und am Morgen kam der Zauberer abermals zu ihm und sagte: »Wenn du mir heute das Stück roten Goldes bringst, will ich dir die Freiheit geben, bringst du es aber nicht, so will ich dich fürwahr erschlagen.«
Da ging das Sternenkind in den Wald und suchte den ganzen Tag lang nach dem Stück roten Goldes und konnte es doch nirgends finden. Und als es Abend wurde, setzte es sich nieder und weinte, und da es weinte, kam der kleine Hase angelaufen. Und der Hase sprach zu ihm: »Das Stück roten Goldes, das du suchst, liegt in der Höhle hinter dir. Darum weine nicht länger, sondern sei frohen Mutes.«
»Wie soll ich dich lohnen?« rief das Sternenkind. »Denn siehe, dies ist das dritte Mal, daß du mir beistehst.«
»Danke mir nicht, denn du zuerst hast dich meiner erbarmt«, sagte der Hase und lief hurtig davon.
Und das Sternenkind trat ein in die Höhle, und in ihrem fernsten Winkel fand es das Stück roten Goldes. Da barg es das Gold in seiner Tasche und eilte der Stadt zu. Und als der Aussätzige den Knaben kommen sah, stellte er sich mitten auf seinen Weg und rief ihn an und sagte zu ihm: »Gib mir das Stück roten Goldes, oder ich muß sterben.« Und das Sternenkind erbarmte sich sein abermals, und es gab ihm das Stück roten Goldes und sagte: »Dein Elend ist größer als das meine.« Allein sein Herz war bang, denn es wußte, welch bitteres Los seiner wartete.

Doch siehe, da es durch das Stadttor schritt, neigten sich die Wächter tief und huldigten ihm und sprachen: »Wie schön ist unser Herr!«, und ein großer Haufe Volks drängte ihm nach, und alle riefen laut: »Wahrlich, niemand auf der ganzen Welt ist so schön wie er!« Da weinte das Sternenkind und sprach bei sich selber: ›Sie verhöhnen mich, und meine Trübsal gilt ihnen wenig.‹ Und so viele Menschen liefen zusammen, daß es seinen Pfad verfehlte und auf einen großen Platz geriet, an dem der Palast des Königs stand.
Und das Tor des Palastes sprang auf, und heraus eilten die

Priester und die hohen Würdenträger der Stadt, es willkommen zu heißen, und sie demütigten sich vor ihm und sprachen: »Du bist unser Herr, auf den wir so lange gewartet haben, und der Sohn unseres Königs.«
Und das Sternenkind erwiderte ihnen und sprach also: »Ich bin nicht eines Königs Sohn, sondern das Kind eines armen Bettelweibes. Und wie wollt ihr sagen, ich sei schön, da ich doch weiß, daß ich häßlich anzusehen bin?«
Da hob der, dessen Rüstung mit goldenen Blumen eingelegt war und auf dessen Helm ein geflügelter Löwe ruhte, einen Schild empor und rief: »Wie mag mein Gebieter sagen, daß er nicht schön sei?«
Und das Sternenkind schaute hinein, und siehe, sein Antlitz war, wie es ehedem gewesen, und seine Lieblichkeit war ihm zurückgekehrt, in seinen Augen aber sah es etwas, das es früher nicht darin gesehen hatte.
Und die Priester und die hohen Würdenträger knieten nieder und sagten zu ihm: »Es war uns von alters geweissagt, daß am heutigen Tag der kommen werde, der über uns herrschen soll. Deshalb geruhe unser Herr, dies Zepter und diese Krone anzunehmen und in seiner Gerechtigkeit und Gnade König über uns zu sein.«
Das Sternenkind aber sprach zu ihnen: »Ich bin des nicht würdig, denn ich habe meine Mutter verleugnet, die mich gebar, und nicht ruhen will ich noch rasten, bis ich sie gefunden und ihre Vergebung erfahren habe. Deshalb laßt mich ziehen, denn weiter muß ich wandern all über die Welt und kann hier nicht verweilen, ob ihr mir auch Krone und Zepter bringt.« Und da es sprach, wandte es sein Antlitz von ihnen und kehrte sich zu der Straße, die zum Stadttor führte, und siehe, inmitten des Menschengedränges rings um die Soldaten erblickte es die Bettlerin, die seine Mutter war, und zu ihrer Seite stand der Aussätzige, der am Wege gesessen hatte.
Und ein Freudenschrei brach von seinen Lippen, und es lief hin und lag auf den Knien und küßte die Wunden an seiner Mutter Füßen und feuchtete sie mit seinen Tränen. Es beugte sein Haupt in den Staub, und schluchzend wie einer, dessen Herz brechen will, sprach es zu ihr: »Mutter, ich habe dich ver-

leugnet in der Stunde meines Hochmuts. Nimm mich an in der Stunde meiner Demut. Mutter, ich gab dir Haß. Gib du mir Liebe. Mutter, ich verschmähte dich. Laß nun mich dein Kind sein.« Aber die Bettlerin erwiderte ihm nicht ein Wort.

Und es streckte die Hände aus und umfaßte die narbigweißen Füße des Aussätzigen und sprach zu ihm: »Dreimal schenkte ich dir Barmherzigkeit. Bitte meine Mutter, daß sie ein einziges Mal zu mir spreche.« Aber der Aussätzige erwiderte ihm nicht ein Wort.

Und wieder schluchzte es und sprach: »Mutter, mein Leid ist größer, als ich tragen kann. Gewähre mir Vergebung und laß mich heimkehren in den Wald.« Und die Bettlerin legte ihm ihre Hand aufs Haupt und sprach zu ihm: »Steh auf!«, und der Aussätzige legte ihm seine Hand aufs Haupt, und auch er sprach zu ihm: »Steh auf!«

Und es erhob sich von seinen Knien und blickte sie an, und siehe, sie waren ein König und eine Königin.

Und die Königin sprach zu ihm: »Dies ist dein Vater, dem du beigestanden hast.«

Und der König sprach: »Dies ist deine Mutter, deren Füße du mit deinen Tränen gebadet hast.«

Und sie umhalsten und küßten ihren Sohn und führten ihn in den Palast und kleideten ihn in prächtige Gewänder und setzten ihm die Krone auf sein Haupt und gaben das Zepter in seine Hand, und über die Stadt, die am Fluß aufragte, gebot er und war ihr Herr. Große Gerechtigkeit und Gnade erzeigte er allen seinen Untertanen, und den bösen Zauberer verbannte er, und dem Holzfäller und seiner Frau sandte er viele reiche Gaben, und ihren Kindern erwies er hohe Ehre. Und niemals ließ er zu, daß jemand grausam gegen Vögel oder anderes Getier war, sondern er lehrte Liebe und Herzensgüte und Barmherzigkeit, und den Armen gab er Brot, und die Nackten kleidete er, und Friede und Fülle waren im Land.

Allein er herrschte nicht lange, allzu groß war sein Leid gewesen und allzu verzehrend das Feuer seiner Prüfung, und nach drei Jahren starb er. Und der nach ihm kam, herrschte böse.

DAS GESPENST VON CANTERVILLE

Eine hylo-idealistische Erzählung

1

ALS Mr. Hiram B. Otis, der amerikanische Gesandte, Canterville Chase kaufte, erklärte ihm jeder, er tue daran sehr töricht, denn ganz bestimmt spuke es dort im Schlosse. Auch Lord Canterville selbst, der äußerst heikel in Dingen der Ehre war, hatte sich verpflichtet gefühlt, Mr. Otis auf die Tatsache hinzuweisen, bevor man über die Kaufbedingungen einig wurde.

»Wir hatten keine Lust mehr, dort zu wohnen«, sagte Lord Canterville, »seit meine Großtante, die Herzoginwitwe von Bolton, einen Nervenanfall erlitt, den sie nie völlig überwand, weil zwei Knochenhände sich auf ihre Schultern legten, als sie zum Dinner Toilette machte; und ich kann nicht umhin, Ihnen zu sagen, Mr. Otis, daß der Geist von mehreren lebenden Mitgliedern meiner Familie gesehen worden ist sowie vom Pfarrer des Kirchspiels, Ehrwürden Augustus Dampier, Mitglied des King's College zu Cambridge. Nach dem unheilvollen Erlebnis der Herzogin wollte niemand von unserer jüngeren Dienerschaft mehr bei uns bleiben, und Lady Canterville vermochte in vielen Nächten kaum Schlaf zu finden wegen der unerklärlichen Geräusche, die vom Korridor und aus der Bibliothek zu uns drangen.«

»Mylord«, entgegnete der Gesandte, »ich will die ganze Einrichtung mitsamt dem Gespenst zum Schätzungspreis übernehmen. Ich komme aus einem modernen Lande, wo wir alles haben, was für Geld zu kaufen ist; und wenn ich bedenke, wie unsere unternehmungslustigen fixen Jungen die Alte Welt unsicher machen und euch eure besten Schauspielerinnen und Primadonnen ausspannen, dann meine ich, gäbe es in Europa etwas wie ein Gespenst, so hätten wir es in allerkürzester Zeit bei uns in einem unserer öffentlichen Museen oder in einem Wanderzirkus auf den Landstraßen.«

»Ich fürchte, das Gespenst existiert wirklich«, sagte Lord Canterville lächelnd, »wenn es den Angeboten Ihrer geschäftstüchtigen Manager bisher auch widerstanden hat. Es ist seit drei Jahrhunderten allgemein bekannt, genauer gesagt seit 1584, und es erscheint immer unmittelbar bevor ein Mitglied unserer Familie stirbt.«

»Genau wie der Hausarzt also, Lord Canterville. Gespenster aber gibt es nicht, und ich kann mir nicht denken, daß die Gesetze der Natur der britischen Aristokratie zuliebe aufgehoben werden sollten.«

»In Amerika sieht man sicher alles sehr natürlich an«, erwiderte Lord Canterville, der Mr. Otis' letzte Bemerkung nicht ganz verstand, »und wenn ein Gespenst im Haus Ihnen nichts ausmacht, ist ja alles in Ordnung. Nur dürfen Sie nicht vergessen, daß ich Sie vorher gewarnt habe.«

Wenige Wochen nach dieser Unterredung war der Kauf abgeschlossen, und gegen Ende der Saison begab sich der Gesandte mit seiner Familie nach Canterville Chase. Mrs. Otis, die als Miss Lucretia R. Tappan, New York West, 53. Straße, eine gefeierte Schönheit ihrer Stadt gewesen war, war jetzt eine sehr stattliche Frau mittleren Alters, mit schönen Augen und einem herrlichen Profil. Viele amerikanische Damen geben sich, sowie sie ihr Heimatland verlassen haben, als siechten sie an einem chronischen Leiden, denn sie halten das für eine Form europäisch verfeinerter Kultur; Mrs. Otis aber war diesem Irrtum niemals unterlegen. Ihr Körper funktionierte ausgezeichnet und barg ein wahrhaft erstaunliches Maß robuster Lebenstüchtigkeit. In vieler Hinsicht war sie also durchaus englisch, ja sie bot ein vorzügliches Beispiel für die Tatsache, daß England und Amerika heute alles miteinander gemein haben – ausgenommen natürlich die Sprache. Ihr ältester Sohn, den seine Eltern in einer Aufwallung patriotischer Gefühle auf den Namen Washington getauft hatten, was zu beklagen er nie aufhörte, war ein blonder, recht gut aussehender junger Mann und hatte seine Befähigung für die amerikanische Diplomatenlaufbahn dadurch nachgewiesen, daß er im Strandkasino von Newport drei Sommer nacheinander den Reigen anführte und selbst in London als hervorragender Tänzer galt. Gardenien und englischer Hochadel waren seine einzigen Schwächen. In allem übrigen war er ungemein vernünftig. Miss Virginia E. Otis, ein kleines Fräulein von fünfzehn Jahren, geschmeidig und hübsch wie ein junges Reh und mit schönem Freimut in ihren großen blauen Augen, war eine wundervolle Reiterin, eine wahre Amazone, und hatte kürzlich auf ihrem Pony ein Rennen zweimal rund um den Hyde Park gegen den alten Lord Bilton ausgetragen und genau vor der Achillesstatue mit anderthalb Längen gewonnen. Das entzückte den jungen Herzog von Cheshire dermaßen, daß er ihr auf der Stelle einen Heiratsantrag machte und noch an demselben Abend, in Tränen gebadet, von seinen Vormündern nach Eton zurückgeschickt wurde. Nach Virginia kamen die Zwillinge, gemeinhin ›das Sternenbanner‹ genannt, weil sie immerzu verprügelt werden mußten. Sie waren reizende Knaben und, abgesehen von dem trefflichen Gesandten, die einzigen echten Republikaner der Familie.

Da Schloß Canterville sieben Meilen von Ascot, der nächsten Bahnstation, entfernt liegt, hatte Mr. Otis nach einem Break telegraphiert, der die Familie abholen sollte, und frohgemut fuhren sie los. Es war ein lieblicher Juliabend, und die Luft schmeckte köstlich herb vom Duft der Fichtenwälder. Dann und wann hörten sie eine Waldtaube ihrer eigenen sanften Stimme nachlauschen oder sahen tief im raschelnden Farn die braunglänzende Brust des Fasans. Kleine Eichhörnchen guckten von den Rotbuchen auf sie nieder, wenn sie vorüberfuhren, und die Kaninchen stoben durchs Unterholz und über die bemoosten Wurzelknorren, die weißen Schwänzchen hoch in der

Luft. Doch als Mr. Otis und die Seinen in die Allee von Canterville Chase einbogen, verdüsterten Wolken plötzlich den Himmel, eine sonderbare Stille schien der Luft den Atem abzudrücken, ein großer Flug Krähen schwebte lautlos über ihre Köpfe dahin, und ehe sie das Haus erreichten, waren einige schwere Regentropfen gefallen.

Auf der Freitreppe empfing sie eine alte Frau in würdiger schwarzer Seide und mit weißer Haube und Schürze. Das war Mrs. Umney, die Haushälterin, die Mrs. Otis auf Lady Cantervilles inständige Bitte in ihrer bisherigen Stellung übernommen hatte. Als sie ausstiegen, machte sie vor jedem einen tiefen Knicks und sagte in eigentümlich altmodischer Ausdrucksweise: »Ich heiße Sie willkommen auf Schloß Canterville.«

Von ihr geführt, ging man durch die schöne Tudorhalle nach der Bibliothek, einem langen, niedrigen, mit schwarzem Eichenholz getäfelten Raum, an dessen Ende sich ein großes Fenster mit bunten Glasscheiben befand. Hier war der Tisch schon zum Tee für sie gedeckt, und als sie ihre Mäntel abgelegt hatten, nahmen sie Platz und begannen sich umzuschauen, während Mrs. Umney sie bediente.

Plötzlich erblickte Mrs. Otis einen trübroten Fleck auf dem Fußboden, gerade vor dem Kamin, und sagte zu Mrs. Umney, ohne im mindesten zu ahnen, was es damit auf sich hatte: »Ich glaube fast, jemand hat dort etwas vergossen.«

»Ja, gnädige Frau«, erwiderte die alte Haushälterin mit gedämpfter Stimme, »Blut ist an jener Stelle vergossen worden.«

»Wie gräßlich!« rief Mrs. Otis. »Blutflecke in einem Zimmer kann ich nicht ausstehen. Er muß sofort entfernt werden.«

Die Alte lächelte und sprach mit derselben leisen, geheimnisvollen Stimme: »Es ist das Blut der Lady Eleanore de Canterville, die an eben jener Stelle von ihrem eigenen Gemahl, Sir Simon de Canterville, im Jahre 1575 ermordet wurde. Sir Simon überlebte sie um neun Jahre und verschwand plötzlich unter rätselhaften Umständen. Sein toter Leib ward niemals aufgefunden, doch sein schuldbeladener Geist geht noch heute hier im Schlosse um. Der Blutfleck wird von Touristen und anderen Besuchern viel bewundert und kann durch nichts entfernt werden.«

»Unsinn!« rief Washington Otis. »Pinkertons Ia Fleckweg und Universalreiniger wird ihn sofort wegbringen«, und ehe die entsetzte Haushälterin dazwischentreten konnte, hatte er sich auf die Knie niedergelassen und wischte behende über den Fußboden mit etwas hin, das aussah wie ein Stümpfchen schwarze Pomade. Nach ein paar Augenblicken war von dem Blutfleck keine Spur mehr zu sehen.
»Ich wußte, Pinkerton schafft's!« schrie er triumphierend, während sein Blick reihum über die staunende Familie wanderte; doch kaum hatte er die Worte ausgesprochen, da erleuchtete ein greller Blitzstrahl das düstere Zimmer, ein furchtbarer Donnerschlag ließ alle von ihren Stühlen aufspringen, und Mrs. Umney fiel in Ohnmacht.
»Was für ein schauderhaftes Klima!« sagte der amerikanische Gesandte ruhig und zündete sich eine lange Manilazigarre an. »Ich glaube, das alte England ist so übervölkert, daß sie nicht genug anständiges Wetter für alle haben. Meine Ansicht war stets: nur Auswanderung kann England retten.«
»Lieber Hiram«, rief Mrs. Otis, »was sollen wir mit einer Frau anfangen, die ohnmächtig wird?«
»Zieh es ihr vom Lohn ab wie das zerbrochene Geschirr«, antwortete der Gesandte, »dann wird sie nicht wieder in Ohnmacht fallen«, und wirklich kam Mrs. Umney nach ein paar Sekunden wieder zu sich. Allein sie war zweifellos im Tiefsten aufgewühlt, und sie mahnte Mr. Otis mit Grabesstimme, sich auf Ungemach vorzubereiten, das sein Haus treffen werde.
»Ich habe mit meinen eigenen Augen Dinge gesehen, Sir«, sagte sie, »daß sich jedem Christenmenschen die Haare sträuben würden, und manch eine Nacht habe ich kein Auge zugetan zum Schlaf, um des Grauenvollen willen, das hier geschieht.« Doch Mr. Otis und seine Gattin versicherten der ehrlichen Haut mit allem Nachdruck, daß sie sich nicht vor Gespenstern fürchteten, und die alte Haushälterin flehte den Segen der Vorsehung auf ihre neue Herrschaft herab, murmelte einiges betreffs Lohnerhöhung und humpelte davon in ihr Zimmer.

II

Der Sturm tobte die ganze Nacht hindurch, aber nichts Absonderliches ereignete sich. Am nächsten Morgen indessen, als sie zum Frühstück herunterkamen, sahen sie den grausigen Blutfleck von neuem auf dem Fußboden. »Ausgeschlossen, der Universalreiniger kann nicht versagt haben«, meinte Washington, »er ist von mir selbst an allem möglichen ausprobiert. Es muß das Gespenst gewesen sein.« Also rieb er den Fleck zum zweitenmal weg, aber am nächsten Morgen erblickte man ihn wieder. Auch am dritten Morgen war er da, obwohl Mr. Otis die Bibliothek am Abend eigenhändig abgeschlossen und den Schlüssel nach oben mitgenommen hatte. Die ganze Familie interessierte sich nun für die Angelegenheit: Mr. Otis hielt es für möglich, daß er sich doch wohl zu entschieden festgelegt hatte, als er die Existenz von Gespenstern rundweg ableugnete; Mrs. Otis tat kund, sie beabsichtige dem Spiritistenklub beizutreten; und Washington verfaßte einen langen Brief an Messrs. Myers & Podmore über das Problem der Dauerhaftigkeit von Blutflecken, sofern diese kriminellen Ursprungs sind. In der folgenden Nacht sollte mit allen Zweifeln an der tatsächlichen Existenz von Geistererscheinungen ein für allemal aufgeräumt werden.

Der Tag war warm und sonnig gewesen, und in der Abendkühle fuhr die ganze Familie ein Stück spazieren. Sie kehrten erst um neun Uhr nach Haus zurück und nahmen dann ein leichtes Abendessen ein. Bei Tisch war keineswegs von Gespenstern die Rede, so daß auch die Vorbedingungen für jene Aufnahmebereitschaft fehlten, die so oft die Wahrnehmung übersinnlicher Phänomene begünstigt. Wie ich später von Mr. Otis erfuhr, waren die behandelten Gesprächsthemen durchweg solche, wie sie unter gebildeten Amerikanern der besseren Stände üblich sind: daß zum Beispiel Miss Fanny Davenport der Sarah Bernhardt als Schauspielerin enorm überlegen ist; daß man selbst in den besten englischen Häusern unmöglich frische Maiskolben, Buchweizenkuchen und Maisbrei bekommen kann; daß Boston aus der Entwicklung der Weltseele nicht wegzudenken ist; daß das amerikanische Gepäckscheinsystem den Eisenbahnreisenden unbestreitbare Vorteile bietet und daß der New Yorker Akzent unvergleichlich melodischer klingt als das Londoner Geklöne. Das Übernatürliche wurde mit keinem Wort erwähnt und auf Sir Simon de Canterville auch nicht beiläufig Bezug genommen. Um elf ging die Familie zu Bett, und halb zwölf waren alle Lichter ausgelöscht. Eine Weile später wurde Mr. Otis durch ein sonderbares Geräusch auf dem Korridor vor seinem Schlafzimmer geweckt. Es klang, als ob Metall klirrte, und schien mit jedem Augenblick näher zu kommen. Er stand sogleich auf, zündete ein Streichholz an und sah nach, wie spät es war. Die Uhr zeigte Punkt eins. Er war ganz ruhig und fühlte sich den Puls; der ging durchaus normal. Das seltsame Geräusch dauerte noch fort, zugleich hörte Mr. Otis deutlich Schritte. Er fuhr in seine Pantoffeln, nahm ein längliches Fläschchen aus seinem Nachttischkasten und öffnete die Tür. Gerade vor sich erblickte er im blassen Mondlicht einen alten Mann von gräßlichem Aussehen. Seine Augen glichen rotglühenden Kohlen, langes graues Haar fiel ihm in wirren Locken über die Schultern, seine Kleider, von Urvätermachart, waren schmutzig und zerfetzt, und von seinen Hand- und Fußgelenken hingen schwere, rostige Fesseln.

»Mein lieber Herr«, sagte Mr. Otis, »ich muß Sie dringendst ersuchen, Ihre Ketten zu ölen, und ich habe Ihnen zu diesem Zwecke ein Fläschchen ›Tammany-Morgensonnen-Salböl‹ mitgebracht. Es soll bereits bei einmaliger Anwendung von höchster Wirksamkeit sein, auf dem Etikett stehen verschiedene Gutachten darüber von einigen unserer hervorragendsten amerikanischen Geistlichen. Ich stelle es Ihnen hierher neben den Leuchter und werde Sie gern mit mehr versorgen, falls Sie es brauchen.« Mit diesen Worten deponierte der Gesandte der Vereinigten Staaten die Flasche auf einem Marmortischchen, schloß die Tür hinter sich und ging wieder zur Ruhe.

Das Gespenst von Canterville stand einen Augenblick erstarrt in gerechter Entrüstung; dann schmetterte es die Flasche hitzig auf den blankpolierten Fußboden und floh den Korridor entlang, wobei es hohle Wehelaute ausstieß und ein grausiggrünes Licht verbreitete. Doch als es eben die große eichene Treppe hinunterwollte, wurde plötzlich eine Tür aufgerissen, zwei kleine Gestalten in weißen Nachtkitteln erschienen, und ein großes Kissen sauste ihm dicht am Kopf vorbei! Jetzt war offensichtlich keine Zeit zu verlieren, und so ergriff es in aller Hast die vierte Dimension als Rettungsanker, verflüchtigte sich durch die Wandtäfelung, und das Haus lag wieder still und schweigend.

Das Gespenst hatte unterdessen ein kleines verborgenes Gemach im linken Flügel erreicht; dort lehnte es sich an einen Mondstrahl, um erst mal tief Luft zu holen, und versuchte sich seine Lage klarzumachen. Niemals in seiner blendenden, während dreier Jahrhunderte nicht unterbrochenen Karriere war man ihm so gröblich zu nahe getreten. Es dachte an die Herzoginwitwe, der es einen Nervenanfall verursacht hatte, als sie in ihren Diamanten und Spitzen vor dem Spiegel stand; an die vier Hausmädchen, die es nur durch die Gardinen der Fremdenzimmer anzugrinsen brauchte, und sie fielen in Krämpfe; an den Pfarrer des Kirchspiels, dem es die Kerze ausgeblasen hatte, als er einmal spät in der Nacht aus dem Bibliothekszimmer trat, und der seitdem bei Sir William Gull in ständiger Behandlung war, ein wahrer Märtyrer nervöser Störungen; und es dachte an die alte Madame de Tremouillac, die eines Morgens früh beim Aufwachen ein Gerippe in ihrem Lehnstuhl am Kamin hatte sitzen und in ihrem Tagebuch lesen sehen, worauf sie sechs Wochen mit einem Anfall von Gehirnfieber das Bett hüten mußte und, als sie dann doch genas, ihren Frieden mit der Kirche machte und jede Verbindung mit dem berüchtigten Freigeist Monsieur de Voltaire löste. Es gedachte jener schaurigen Nacht, da der ruchlose Lord Canterville röchelnd und fast erstickt in seinem Ankleidezimmer aufgefunden wurde, mit dem Karobuben tief in der Kehle, und wie er im Angesicht des Todes gerade noch beichten konnte, er habe Charles James Fox beim Spiel im Crockford's Club fünfzigtausend Pfund abgeluchst, und zwar vermittels ebendieses Karobuben, den, das schwöre er, das Cantervillegespenst ihm danach in den Rachen gestopft hatte. All seine großen Erfolge kamen ihm ins Gedächtnis zurück, angefangen mit dem Kellermeister, der sich in der Speisekammer erschoß, weil er eine grüne Hand leise an der Fensterscheibe hatte rühren sehen, bis hinauf zu der schönen Lady Stutfield, die stets ein schwarzes Samtband um ihren weißen Hals tragen mußte, um das Brandmal von fünf Knochenfingern zu verstecken, und die sich schließlich im Karpfenteich am Ende der Königsallee ertränkte. Mit der enthusiastischen Selbstbespiegelungslust des echten Künstlers ließ das Gespenst seine glorreichsten Rollen an sich vorüberziehen und lächelte bitter, als es sich seines letzten Auftretens als ›Roter Ruben oder Der erdrosselte Säugling‹ erinnerte, seines Debüts als ›Der dürre Gibeon, der Blutsäufer vom Bexley-Moor‹ und des rasenden Beifalls, der an einem lieblichen Juniabend einer ganz schlichten Darbietung zuteil geworden: Es hatte damals auf dem Tennisplatz mit seinen eigenen Knochen Kegel geschoben. Und nach all dem sollten da ein paar niederträchtige moderne Amerikaner hereingeschneit kommen und ihm Morgensonnen-Salböl anbieten und mit Kissen nach ihm werfen! Das ging denn doch zu weit. Nein, nie in der Geschichte war ein Gespenst auf solche Art behandelt worden. Es schnob also Rache und verblieb bis zum Morgengrauen in der Haltung tiefen Sinnens.

III

Als Familie Otis sich am nächsten Morgen zum Frühstück versammelte, erörterte man die nächtliche Erscheinung mit einiger Ausführlichkeit. Den Gesandten der Vereinigten Staaten verdroß es begreiflicherweise ein bißchen, daß sein Geschenk verschmäht worden war. »Es liegt mir ferne«, sagte er, »dem Gespenst eine persönliche Kränkung zuzufügen, und ich muß sagen, in Anbetracht der langen Jahre, die es in diesem Hause zugebracht hat, finde ich es keineswegs höflich, mit Kopfkissen nach ihm zu werfen« – eine sehr richtige Bemerkung, die von den Zwillingen leider mit Lachsalven beantwortet wurde. »Andererseits«, fuhr er fort, »falls das Gespenst es tatsächlich ablehnen sollte, das Morgensonnenöl zu benutzen, werden wir ihm wohl oder übel seine Ketten wegnehmen müssen. Bei so einem dauernden Geklapper vor dem Zimmer kann man ja unmöglich schlafen.«
Den Rest der Woche verbrachte die Familie indes ungestört, das einzige Bemerkenswerte war die Tatsache, daß der Blut-

fleck am Boden der Bibliothek sich ständig erneute. Dies war allerdings sehr merkwürdig, denn Mr. Otis verschloß die Tür jeden Abend und hielt die Fenster stets fest verriegelt. Auch die chamäleonhafte Färbung des Fleckes regte zu zahlreichen Deutungsversuchen an. Manchen Morgen zeigte er ein mattes Rot, nahezu ein Indischrot, dann war er scharlachfarben, dann von tiefem Purpur; und als einmal alle Otis, den schlichten Riten der Freien Amerikanischen Reformierten Episkopalkirche gemäß, zum gemeinsamen Familiengebet zusammentraten, prangte er in leuchtendem Smaragdgrün. Dieser kaleidoskopartige Wechsel erfreute die Gesellschaft natürlich sehr, und alle Abende wurden Wetten jeder Höhe darüber abgeschlossen. Die einzige, die sich an dieser Belustigung nicht beteiligte, war die kleine Virginia, der – wer weiß warum – der Anblick des Blutflecks immer das Herz schwer machte, und an dem Morgen, als er smaragdgrün aussah, hätte sie um ein Haar richtig losgeweint.

Das zweitemal erschien das Gespenst Sonntag nacht. Kurz nachdem alle Familienmitglieder schlafen gegangen waren, wurden sie jählings durch ein fürchterliches Gerassel in der Halle aufgestört. Sie liefen hinunter und sahen, daß eine komplette alte Ritterrüstung von ihrem Ständer herabgerissen und auf den steinernen Fußboden gefallen war; in einem hochlehnigen Armstuhl aber saß das Gespenst von Canterville und rieb sich die Knie, den Ausdruck tiefster Seelenqual in den Zügen. Die Zwillinge, die sich vorsorglich mit ihren Blasrohren bewaffnet hatten, schossen sogleich zwei Kügelchen auf den Geist ab, mit einer Treffsicherheit, wie sie nur durch lange und gründliche Übung an einem Schreiblehrer erworben wird; der Gesandte der Vereinigten Staaten hingegen feuerte aus seinem Revolver auf das Gespenst und rief ihm ganz in der Art des Wilden Westens ein ›Hände hoch!‹ zu. Mit gellendem Wutgeheul sprang das Gespenst in die Höhe und wehte wie ein Nebelschleier mitten durch die Amerikaner hindurch, wobei es im Vorüberstreichen Washington Otis die Kerze auslöschte und alle in totaler Finsternis stehen ließ. Erst auf den höchsten Treppenstufen ermannte es sich und beschloß, seine gefeierte dämonische Lache anzuschlagen. Diese hatte es bei mehr als einer Gelegenheit äußerst wirkungsvoll und nützlich gefunden. Man erzählte sich, Lord Rakers Haupthaar sei davon in einer einzigen Nacht ergraut, und bestimmt wurden drei von Lady Cantervilles französischen Gesellschafterinnen durch die Wucht dieses Geschmetters zur Kündigung bewogen, bevor noch der Monat um war. Also stieß das Gespenst sein gräßlichstes Lachen aus, daß die alten Gewölbe hallten und widerhallten; doch kaum war das schauerliche Echo erstorben, als eine Tür sich öffnete und Mrs. Otis in einem himmelblauen Morgenrock herauskam. »Ich fürchte, Ihnen ist nicht ganz recht«, sagte sie, »und ich bringe Ihnen deshalb eine Flasche von Dr. Dobells Tropfen. Sollten Sie an Koliken leiden, so werden Sie sich über die prompte Wirkung freuen.« Das Gespenst stierte sie wütend an und traf sogleich Anstalten, sich in einen riesigen schwarzen Hund zu verwandeln – ein Kunststück, dessentwegen es mit Recht in hohem Ansehen stand und dem der Hausarzt die chronische Idiotie des Onkels von Lord Canterville, des Hochedlen Thomas Horton, zuschrieb. Der Schall näherkommender Schritte ließ den Geist jedoch in seinem unmenschlichen Vorsatz wankend werden; so begnügte er sich damit, schwach zu phosphoreszieren, und entschwand mit einem dumpfen Kirchhofseufzer, gerade als die Zwillinge heran waren.

Das Gespenst floh in seine Kammer und brach kraftlos in sich zusammen, eine Beute des grausamsten Aufruhrs der Gefühle. Das pöbelhafte Betragen der Zwillinge und Mrs. Otis' unvornehmer Materialismus waren selbstverständlich im höchsten Grade verstimmend, am schlimmsten aber peinigte es der Gedanke, daß es nicht imstande gewesen war, die Rüstung zu tragen. Es hatte gehofft, selbst neuzeitlichen Amerikanern werde der Anblick eines ›Geistes im Harnisch‹ Schauer über den Rücken jagen – wenn schon aus keinem vernünftigeren Grunde, so doch zum mindesten aus Respekt vor ihrem Nationalpoeten Longfellow, dessen anmutige und liebenswerte Gedichte dem Gespenst selber manch öde Stunde gekürzt hatten, wenn Cantervilles nach London gefahren waren. Vor allem aber war dies seine eigene Rüstung. Es hatte sie mit großem Erfolg beim Turnier von Kenilworth getragen und von niemand

Geringerem als der jungfräulichen Königin in Person die schmeichelhaftesten Komplimente geerntet. Als es die Rüstung jedoch heute anlegen wollte, war es von dem Gewicht des mächtigen Brustharnischs und des stählernen Helmes buchstäblich zu Boden gedrückt worden, so daß es mit aller Wucht auf das Steinpflaster geschlagen war und sich schwere Abschürfungen an beiden Knien sowie blaue Flecke an den Knöcheln der rechten Hand zugezogen hatte.
Ein paar Tage fühlte es sich ganz elend nach diesem Ereignis, und verließ kaum je sein Gemach, außer um den Blutfleck in anständigem Zustand zu erhalten. Doch da es in diesen Tagen nur seiner Gesundheit lebte, brachte es sich glücklich wieder auf die Beine und faßte den Entschluß, ein drittes Mal zu versuchen, ob es den Gesandten der Vereinigten Staaten und seine Familie nicht doch das Fürchten lehren könne. Es erkor Freitag, den 13. August, für sein Erscheinen und verbrachte den größten Teil dieses Tages mit der Durchsicht seiner Garderobe; schließlich entschied es sich für einen breiten Schlapphut mit roter Feder, ein Leichenhemd, an Hals und Handgelenken reich gefältelt, und einen rostigen Dolch. Gegen Abend ging ein heftiger Regenguß nieder, und der Wind blies so stark, daß alle Fenster und Türen in dem alten Hause schütterten und klappten. Ja, das war genau das Wetter, das es liebte. Sein Feldzugsplan war dieser: Es wollte ganz leise nach Washington Otis' Zimmer schleichen, ihm vom Fußende seines Bettes her etwas wirr Phantastisches zulallen und sich dabei zu den Klängen einer getragenen Musik dreimal den Dolch in die Gurgel bohren. Das Gespenst grollte Washington ganz besonders, denn es war sich wohl bewußt, daß er es war, der mit Hilfe von Pinkertons Ia Fleckweg den berühmten Blutfleck der Cantervilles täglich von neuem entfernte. War dieser Tollkopf, dieser unbedachte Jüngling erst im Zustand zitternden Entsetzens, so wollte das Gespenst sich in das Zimmer begeben, das der Gesandte der Vereinigten Staaten und seine Frau innehatten, und dort eine feuchtklebrige kalte Hand auf Mrs. Otis' Stirn legen, dabei aber in des bebenden Gatten Ohr die grauenhaftesten Geheimnisse des Beinhauses zischen. Bezüglich der kleinen Virginia war das Gespenst noch nicht ganz mit sich im

reinen. Sie hatte es niemals irgendwie gekränkt und war hübsch und nett. Ein paar hohle Seufzer aus dem Kleiderschrank, meinte der Geist, würden für sie reichlich genügen, oder falls sie davon nicht aufwachte, konnte er ja mit krampfhaft zuckenden Fingern an ihrer Bettdecke zerren. Die Zwillinge aber, die sollten ihre Lektion erhalten – das stand für ihn fest. Zunächst mußte er sich ihnen natürlich auf die Brust setzen, um das erstickende Angstgefühl eines Alpdrucks hervorzurufen. Dann wollte er in der Gestalt eines grünen, eisigkalten Leichnams zwischen ihre dicht beieinanderstehenden Betten treten und dort angewurzelt bleiben, bis die Furcht sie lähmte, dann als Schlußeffekt das Totenhemd abwerfen und mit weißgebleichten Knochen und seinem einzigen Augapfel rollend an den Wänden entlangkriechen in der Rolle des ›Stummen Daniel oder Das Selbstmördergerippe‹, und das war eine Rolle, die mehr als einmal die stärkste Wirkung getan hatte und die er seiner berühmten Verkörperung des ›Martin der Tobsüchtige oder Das maskierte Geheimnis‹ für ebenbürtig erachtete.

Und halb elf hörte das Gespenst die Familie zu Bett gehen. Eine Zeitlang wurde es durch die zügellosen Lachausbrüche der Zwillinge gestört, die lustig und leichtfertig, wie Schuljungen sind, wohl noch Allotria trieben, bevor sie sich schlafen legten; doch um viertel zwölf war alles still, und als die Uhr Mitternacht schlug, brach das Gespenst auf. Die Eule flatterte gegen die Fensterläden, der Rabe krächzte vom alten Eibenbaum hernieder, und der Wind lief stöhnend rings ums Haus wie eine verdammte Seele, aber Familie Otis schlief, des nahenden Verhängnisses unbewußt, und sieghaft Sturm und Regen übertönend erklang dem Gespenst das unerschütterliche Schnarchen des Vertreters der Vereinigten Staaten. Das Gespenst trat verstohlen aus dem Wandgetäfel hervor, ein böses Lächeln um den blutdürstigen, welken Mund, und der Mond verbarg sein Antlitz in einer Wolke, als es dicht an dem großen Erkerfenster vorüberschlich, auf dem sein eigenes Wappen und das seines gemordeten Weibes in Blau und Gold gemalt waren. Weiter und weiter glitt es gleich einem unheilvollen Schatten, und selbst der Finsternis schien vor ihm und seinem

Weg zu grausen. Einmal meinte es rufen zu hören und blieb stehen; aber es war nur Hundegebell, das vom Roten Gutshof herüberscholl, und das Gespenst schritt weiter, seltsame Verwünschungen auf den Lippen, wie sie im sechzehnten Jahrhundert Mode gewesen, und hin und wieder schwang es den rostigen Dolch in der mitternächtigen Luft. Endlich erreichte es die Biegung des Ganges, der in des unseligen Washington Zimmer führte. Einen Augenblick verhielt es hier, und der Wind wehte ihm die langen grauen Locken um den Kopf und raffte das namenlose Grauen des Totenkleides zu wunderlichen und grotesken Falten. Da schlug die Uhr ein Viertel, und das Gespenst wußte, daß seine Zeit gekommen war. Es kicherte in sich hinein und bog in den Gang; doch kaum hatte es das getan, als es mit einem jammervollen Schreckensschrei zurückwich und sein erblichenes Gesicht in den langen Knochenhänden verbarg. Gerade vor ihm stand ein scheußliches Gespenst, reglos wie eine Statue und ungeheuerlich wie eines Wahnwitzigen Traumbild! Sein Kopf war kahl und glänzend, das Gesicht rund und fett und weiß, und ein widerwärtiges Lachen schien seine Züge zu einem ewigen Grinsen zu verzerren. Aus den Augen schossen Strahlen Scharlachlicht, der Mund war ein gähnender Feuerschlund, und ein grausiges Gewand, seinem eigenen gleich, umhüllte grabesstill und schneeig die Riesengestalt. Auf der Brust trug es ein Schild mit einer seltsamen Aufschrift in altertümlichen Lettern, ein Verzeichnis von wilden Schandtaten, schien es, ein Register unausdenkbarer Sünden, eine entsetzliche Liste von Verbrechen; und in der Rechten hocherhoben hielt es ein Schwert aus lichtem Stahl.

Da das Gespenst von Canterville nie zuvor ein Gespenst gesehen hatte, war es natürlich furchtbar erschrocken; nach einem zweiten hastigen Blick auf die greuliche Erscheinung flüchtete es zurück in sein Gemach, und bei dem eiligen Lauf den Korridor hinunter stolperte es in einem fort über sein schleppendes Leichentuch und ließ schließlich den rostigen Dolch in des Gesandten Reitstiefel fallen, wo er am Morgen vom Butler gefunden wurde. Als es wieder in der Geborgenheit seiner Klause war, warf es sich auf ein kleines Feldbett und steckte das Gesicht unter das Bettzeug. Nach einer Weile jedoch obsiegte der alte Heldengeist der Cantervilles, und das Gespenst beschloß, sobald es Tag geworden, vor das andere Gespenst hinzutreten und es anzureden. Also machte es sich auf, als die Morgendämmerung die Berge eben silbern überhauchte, und kehrte zu dem Ort zurück, wo ihm das schaurige Phantom zuerst erschienen war; es meinte nämlich, am Ende seien zwei Gespenster besser als eins und mit Hilfe seines neuen Freundes würde es getrost auch mit den Zwillingen fertig werden. Doch an der bewußten Stelle traf ein niederschmetternder Anblick sein Auge. Dem Geist mußte wohl irgend etwas zugestoßen sein, denn das Licht in seinen hohlen Augen war erloschen, das schimmernde Schwert seinen Händen entglitten, und sein Körper lehnte sich in einer gezwungenen, unbequemen Stellung gegen die Wand. Das Gespenst von Canterville stürzte vorwärts und packte das andere an den Armen. Da fiel zu seinem Entsetzen der Kopf ab und rollte auf den Boden, der Rumpf sank schlaff zurück, und das Gespenst mußte erkennen, daß es einen weißen barchentenen Bettvorhang in den Händen hielt; ein Besen, ein Wiegemesser und eine ausgehöhlte Futterrübe lagen zu seinen Füßen! Unfähig, diese sonderbare Wandlung zu begreifen, faßte es in fieberhafter Hast das Schild, und in dem grauen Morgenlicht las es darauf die Schreckensworte:

Wir, das Gespenst der Otis.
Nur Wir sind der einzig echte Originalspuk.
Vor Imitationen wird gewarnt.
Alle anderen sind nachgemacht.

Nun war ihm alles klar. Man hatte es betrogen, getäuscht, überlistet! Der alte Cantervilleblick sprühte aus seinem Auge; es knirschte mit den zahnlosen Kiefern; und die welken Hände hoch über sein Haupt aufreckend, schwor es in den pittoresken Redewendungen der alten Schule: Wenn der Hahn zum zweiten Mal hell in sein heiteres Horn gestoßen habe, würden blutige Taten vollbracht und auf verschwiegenen Sohlen werde Mord im Hause umgehen.
Kaum hatte es den gräßlichen Eid ausgesprochen, als vom ro-

ten Ziegeldach eines entfernten Gehöftes der Hahn krähte. Es lachte ein langes, hohles, boshaftes Lachen, und wartete. Stunde um Stunde wartete es, aber aus einem unerfindlichen Grunde krähte der Hahn kein zweites Mal. Schließlich, morgens um halb acht Uhr, beendete das Nahen der Hausmädchen seine fürchterliche Wacht, und das Gespenst stahl sich zurück in seine Kammer und dachte seiner eitlen Hoffnungen, seiner durchkreuzten Pläne. Zu Hause schlug es in mehreren alten Ritterbüchern nach, seiner Lieblingslektüre, und stellte fest, daß jegliches Mal, wenn jener Eid geschworen worden war, der Hahn ein zweites Mal gekräht hatte. »Verderben treff das arge Vieh«, murmelte das Gespenst. »Ich hab den Tag gesehn, da ich ihm meinen kühnen Speer tat in die Kehle rennen, daß es mir krähte, war es auch im Tod!« Dann zog es sich in einen behaglichen Bleisarg zurück und verharrte dort bis zum Abend.

IV

Am nächsten Tage war das Gespenst sehr schwach und müde. Die entsetzlichen Aufregungen der letzten vier Wochen begannen sich auszuwirken. Seine Nerven waren völlig zerrüttet, und bei dem leisesten Geräusch zuckte es zusammen. Fünf Tage lang blieb es zurückgezogen in seiner Behausung und kam schließlich mit sich überein, im Kampf um den Blutfleck auf dem Fußboden der Bibliothek nachzugeben. Wenn die Familie Otis den Fleck nicht mochte, so zeigte sie sich damit deutlich seiner unwert. Man sah aus dem Gehaben dieser Leute, daß sie auf einer niederen, grobmaterialistischen Daseinsstufe standen und den Symbolwert sinnfälliger Formen des Wunderbaren in keiner Weise zu schätzen wußten. Geistererscheinungen und das Entstehen von Astralleibern waren selbstverständlich Fragen ganz anderer Art als so ein Blutfleck und nicht seinem freien Ermessen anheimgestellt. Seine heilige Pflicht war es, einmal in der Woche auf dem Korridor zu spuken und an jedem ersten und dritten Mittwoch des Monats von dem großen Erkerfenster herab dummes Zeug zu schwatzen, und das Gespenst sah keine Möglichkeit, wie es sich diesen Aufgaben auf eine ehrenvolle Weise entziehen könne. Es hatte ein sehr übles Leben geführt, zugestanden; auf der andern Seite aber nahm es alles peinlich genau, was mit dem Übernatürlichen zusammenhing. An den nächsten drei Sonnabenden ging es also wie gewöhnlich von Mitternacht bis morgens drei auf dem Korridor um, ergriff indessen jede erdenkliche Vorsichtsmaßregel, damit niemand es sehe oder höre. Es zog seine großen Stiefel aus, trat so leicht als irgend möglich auf die alten wurmstichigen Dielen, hüllte sich in einen weiten nachtschwarzen Samtmantel und gebrauchte treulich das Morgensonnenöl, um seine Ketten damit zu schmieren. Zur Anwendung dieses letzteren Schutzmittels hatte sich der Geist, wie ich bekennen muß, furchtbar schwer durchgerungen. Eines Abends jedoch, während die Familie beim Dinner saß, schlüpfte er in Mr. Otis' Schlafzimmer und holte sich die Flasche. Er fühlte sich zunächst ein bißchen gedemütigt, später aber war er vernünftig genug, einzusehen, daß eine Menge zugunsten dieser neumodischen Erfindung gesagt werden konnte und daß sie bis zu einem gewissen Grade seinen Zwekken sogar dienlich war. Allein – diesen sämtlichen weisen Maßnahmen zum Trotz blieb er nicht unbehelligt. Quer über den Korridor fand er beständig Stricke gespannt, über die er in der Dunkelheit stolperte, und einmal, als er gerade als ›Schwarzer Isaak oder Der Jäger vom Hogley-Wald‹ gekleidet ging, stürzte er der Länge nach hin, weil er auf eine Rutschbahn aus Butter getreten war, die die Zwillinge vom Eingang des Gobelinzimmers bis zur großen Treppe angelegt hatten. Diese letzte Kränkung brachte das Gespenst dermaßen auf, daß es beschloß, mit einem Gesamtaufgebot all seiner Geisteskräfte seine Würde und seine gesellschaftliche Stellung zu verteidigen; und zu diesem Behuf wollte es die nichtsnutzigen jungen Etonboys in der folgenden Nacht in einer seiner berühmtesten Rollen, als ›Kecker Ruprecht oder Der Graf ohne Kopf‹ heimsuchen.

Der Geist war seit mehr denn siebenzig Jahren nicht in dieser Gestalt erschienen, seit er damit der reizenden Lady Barbara Modish einen solchen Schrecken eingejagt hatte, daß sie umgehend ihr Verlöbnis mit dem Großvater des derzeitigen Lord Canterville löste, mit dem schönen Jack Castleton nach Gretna

Green durchging und erklärte, nichts in der Welt könne sie dazu bewegen, in eine Familie zu heiraten, bei der so ein Scheusal von einem Gespenst unangefochten im Zwielicht auf der Terrasse umherspazieren durfte. Der arme Jack war später von Lord Canterville zu Wandsworth Common im Duell erschossen worden, und Lady Barbara starb in Tunbridge Wells an gebrochenem Herzen, bevor noch das Trauerjahr um war – der Kecke Ruprecht hatte also einen in jeder Hinsicht großartigen Erfolg gehabt. Allerdings bereitete das ›Make-up‹ dem Gespenst gewaltige Mühe, wenn ich mich eines solchen Ausdrucks aus der Theatersphäre bedienen darf in Verbindung mit einem der tiefsten Geheimnisse des Übernatürlichen oder, um einen mehr wissenschaftlichen Terminus anzuwenden, mit einem Phänomen der höherorganisierten Welt. Das Gespenst brauchte volle drei Stunden, bis es seine Vorbereitungen getroffen hatte. Endlich war es mit allem fertig, und sein Aussehen gefiel ihm außerordentlich wohl. Die mächtigen ledernen Reitstiefel, die zu dem Kostüm gehörten, schlappten zwar ein bißchen an seinen Füßen, und es konnte nur die eine der beiden schweren Sattelpistolen finden; alles in allem aber war es mit sich durchaus zufrieden, und um viertel zwei trat es aus der Wandtäfelung und schlich den Korridor hinunter. Als es ans Zimmer der Zwillinge gelangte – wie ich erwähnen möchte, wurde es nach der Farbe seiner Tapeten das ›Blaue Schlafzimmer‹ genannt –, fand es die Tür einen Spalt breit offen. Da der Geist sich gern einen effektvollen Auftritt verschaffen wollte, stieß er die Tür sperrangelweit auf – und im selben Augenblick stürzte ein schwerer Krug Wasser gerade auf ihn nieder, durchnäßte ihn bis auf die Haut und hätte um ein Haar seine linke Schulter getroffen. Zu gleicher Zeit vernahm er unterdrücktes Lachen von dem großen Doppelbett her. Sein gesamtes Nervensystem erlitt einen fürchterlichen Schock, in rasender Flucht rannte er nach seinem Gemach zurück, und den ganzen nächsten Tag lag er mit schwerem Schnupfen fest zu Bett. Das einzige, was ihn bei dieser Katastrophe zu trösten vermochte, war der Umstand, daß er seinen Kopf nicht aufgehabt hatte; andernfalls hätten die Folgen leichtlich sehr ernst für ihn sein können.

Nein, diese dickfellige Amerikanerfamilie konnte ein Geist niemals in Schrecken setzen, jede derartige Hoffnung war eitel; und das Gespenst begnügte sich nun in der Regel damit, in Filzpantoffeln auf den Gängen umherzuschlurfen, einen dikken roten Wollschal um den Hals, aus Furcht vor Zugluft, und mit einer kleinen Armbrust für den Fall, daß die Zwillinge zu neuen Feindseligkeiten schritten. Den letzten, entscheidenden Schlag empfing es dann am 19. September. Es war in die große Eingangshalle hinabgestiegen, weil es sich wenigstens da vor jeder Belästigung sicher fühlte, und vergnügte sich damit, ironische Bemerkungen über die pompösen Saroni-Photographien des Gesandten der Vereinigten Staaten und seiner Gattin zu machen, die jetzt anstelle der Cantervilleschen Ahnenbilder dort hingen. Das Gespenst war einfach, aber schmuck in ein langes Bahrtuch mit Tupfen von Kirchhofserde gekleidet, hatte sich die Kinnlade mit einem Streifen gelben Linnens hochgebunden und trug in der einen Hand eine kleine Laterne, in der andern einen Totengräberspaten. Ja, es hatte das Kostüm für ›Jona ohne Grab oder Der Leichenräuber von Chertsey Barn‹ angelegt, eine seiner Glanzrollen und überdies eine, deren zu gedenken die Cantervilles allen Grund hatten, denn sie bildete die eigentliche Ursache des Zwistes zwischen ihnen und ihrem Nachbarn, Lord Rufford. Es war gegen viertel drei am Morgen, und soweit der Geist feststellen konnte, rührte sich nichts im Hause. Allein als er seine Schritte nach der Bibliothek lenkte, um nachzusehen, ob von dem Blutfleck vielleicht doch noch irgendwelche Spuren übrig seien, sprangen mit einem Mal zwei Gestalten aus einem dunklen Winkel auf ihn los, fuchtelten mit den Armen wild über ihren Köpfen und brüllten ihm »Buuuh!« in die Ohren.

Von einer unter diesen Umständen nur allzu begreiflichen Panik erfaßt, wollte das Gespenst zur Treppe stürzen, lief aber Washington Otis in die Arme, der ihm dort mit einer großen Gartenspritze auflauerte; und da es sich solchergestalt von seinen Feinden auf allen Seiten umstellt und fast ausweglos in die Enge getrieben sah, entwich es in den mächtigen eisernen Ofen, der glücklicherweise nicht geheizt war, und mußte durch Rauchfänge und Kamine heim in sein Zimmer, wo es nach vie-

ler Beschwer in einem gräßlichen Zustand ankam, schmutzig, verstört und trostlos.
Danach wurde es nicht wieder auf nächtlichen Expeditionen angetroffen. Die Zwillinge lagen bei verschiedenen Gelegenheiten nach ihm auf der Lauer und bestreuten jeden Abend zum großen Mißvergnügen ihrer Eltern und der Dienerschaft die Korridore mit Nußschalen, aber alle Bemühungen waren nutzlos. Man hatte das Gespenst offenbar so im Innersten verletzt, daß es sich nicht mehr zeigen mochte. Mr. Otis nahm daraufhin die Arbeit an seinem grundlegenden Werk über die Geschichte der Demokratischen Partei der Vereinigten Staaten von Nordamerika wieder auf, das ihn bereits seit einigen Jahren beschäftigte; Mrs. Otis veranstaltete ein riesenhaftes Gartenfest mit originalecht amerikanischem Muschelbacken und versetzte damit die ganze Gegend in Staunen; die Jungen widmeten sich Vergnügungen wie Lacrosse, Euchre und Poker sowie anderen Nationalspielen ihres Heimatlandes; und Virginia ritt auf ihrem Pony über Land, begleitet von dem jungen Herzog von Cheshire, der nach Canterville Chase gekommen war, um dort seine letzte Ferienwoche zu verbringen. Man nahm allgemein an, das Gespenst sei vom Schlosse weggezogen, und Mr. Otis schrieb in diesem Sinne sogar einen Brief an Lord Canterville, der in Erwiderung desselben seine aufrichtige Freude über diese Nachricht aussprach und der verehrten Gattin des Gesandten seine herzlichsten Glückwünsche übermittelte.
Jedoch die Otisses irrten, denn das Gespenst weilte noch im Hause; und obgleich es nun recht gebrechlich war, fühlte es durchaus keine Neigung, die Dinge auf sich beruhen zu lassen – vor allem seit es hörte, unter den Gästen befinde sich der junge Herzog von Cheshire, dessen Großonkel, Lord Francis Stilton, einst um hundert Guineen mit Oberst Carbury gewettet hatte, er werde mit dem Gespenst von Canterville knobeln, und der dann am nächsten Morgen so hilflos gelähmt auf dem Fußboden des Spielzimmers gefunden ward, daß er, der zwar noch ein hohes Alter erreichte, nie wieder imstande war, etwas anderes zu sagen als ›Doppelte Sechs!‹ Die Geschichte kannte seinerzeit jeder Mensch, wiewohl man sie natürlich mit Rück-

sicht auf die beiden vornehmen Familien sorgfältig zu vertuschen suchte; ein ausführlicher Bericht über alle mit der Sache zusammenhängenden Umstände findet sich jedoch im dritten Bande von Lord Tattles ›Erinnerungen an den Prinzregenten und seine Freunde‹. Selbstverständlich wollte das Gespenst nun furchtbar gern zeigen, daß es seine Macht über die Stiltons nicht eingebüßt hatte, mit denen es obendrein entfernt verwandt war, denn seine Cousine ersten Grades war in zweiter Ehe mit dem Sieur de Bulkeley verheiratet gewesen, und wie jedermann weiß, stammen von diesem die Herzöge von Cheshire in direkter Linie ab. Es traf also Anstalten, vor Virginias jugendlichem Verehrer zu erscheinen, und zwar in seiner berühmten Verkörperung › Der Vampirmönch oder Der blutleere Benediktiner‹, einem so gruseligen Schauspiel, daß die alte Lady Startup, als sie es an jenem schicksalsschweren Silvesterabend des Jahres 1764 sah, in gellende Schreikrämpfe ausbrach, die sich dann zu einem verhängnisvollen Schlagfluß steigerten; sie starb daran nach Ablauf von drei Tagen und nachdem sie schnell noch die Cantervilles – und diese waren ihre nächste Verwandtschaft! – enterbt und ihr sämtliches Geld ihrem Londoner Apotheker vermacht hatte. Im letzten Augenblick bannte die Angst vor den Zwillingen das Gespenst jedoch in seine Kammer, und der kleine Herzog schlief friedlich unter dem großen federgeschmückten Betthimmel des ›Königlichen Schlafzimmers‹ und träumte von Virginia.

V

Einige Tage danach ritten Virginia und ihr lockenköpfiger Kavalier über die Brockley-Wiesen; dort setzte sie über eine Hecke, zerschliß dabei ihr Reitkleid und wollte deshalb bei der Heimkehr über die Hintertreppe nach oben gehen, damit ihr niemand begegne. Als sie am Gobelinzimmer vorüberlief, dessen Tür zufällig nur angelehnt war, schien ihr, sie sehe jemand drinnen, und in der Meinung, es sei Mrs. Otis' Kammermädchen, das zuweilen seine Näharbeit dorthin mitnahm, ging sie hinein, um sich das Kleid ausbessern zu lassen. Doch zu ihrer unermeßlichen Überraschung war es das Gespenst von Canterville selber! Es saß am Fenster und schaute zu, wie das welke Gold der gilbenden Bäume durch die Luft flog und die roten Blätter in tollem Wirbel die lange Allee hinuntertanzten. Sein Kopf ruhte in die Hand geschmiegt, und seine ganze Haltung drückte tiefste Niedergeschlagenheit aus. Und wie die kleine Virginia das Gespenst so gottverlassen und so greisenhaft hinfällig sah, erfüllte sie Mitleid; sie widerstand ihrer ersten Regung, davonzulaufen und sich in ihr Zimmer einzuschließen, und wollte versuchen, ob sie es trösten könnte. So leicht war ihr Schritt und des Gespenstes Schwermut so tief, daß es ihrer Anwesenheit erst gewahr wurde, als sie zu ihm sprach.

»Sie tun mir herzlich leid«, sagte sie, »aber morgen gehen meine Brüder nach Eton zurück, und wenn Sie sich gesittet benehmen, wird Sie dann niemand mehr ärgern.«

»Zu verlangen, daß ich mich gesittet benehmen soll, ist absurd«, erwiderte das Gespenst und blickte erstaunt auf zu dem hübschen Mädchen, das gewagt hatte, es anzureden, »völlig absurd. Ich muß mit meinen Ketten rasseln und durch Schlüssellöcher stöhnen und nachts umgehen, wenn Sie das etwa meinen. Es ist mein einziger Lebenszweck.«

»Es ist ganz und gar keiner, und Sie wissen selbst, daß Sie es zu Ihrer Zeit sehr arg getrieben haben. Mrs. Umney hat uns alles erzählt, als wir kaum angekommen waren: Sie haben Ihre Frau umgebracht.«

»Na ja, das geb ich ja ganz gerne zu«, sagte das Gespenst störrisch, »aber das war eine reine Familienangelegenheit und ging niemanden weiter was an.«

»Morden ist stets eine große Sünde«, sagte Virginia, die mitunter eine entzückende puritanische Feierlichkeit an sich hatte, ein spätes Erbteil von irgendeinem alten Neu-Engländer Vorfahren.

»Oh, wie hasse ich die billige Strenge abstrakter Moral! Meine Frau war sehr reizlos, außerdem stärkte sie mir die Halskrausen nie ordentlich und kochte jammervoll. Da hatte ich mal im Hogley-Wald einen jungen Hirsch geschossen, einen kapitalen Burschen – und wissen Sie, wie sie den auf den Tisch gebracht hat? Na ja, reden wir nicht davon, 's ist ja nun alles einerlei und vorüber; aber ich dächte, es war nicht gerade sehr nett von

Ihren Brüdern, daß sie mich haben Hungers sterben lassen, und wenn ich zehnmal meiner Frau den Garaus gemacht habe.«

»Hungers sterben lassen? Oh, Mister Gespenst ... ich wollte sagen, Sir Simon, möchten Sie etwas zu essen? Ich habe ein Butterbrot in der Tasche. Wollen Sie es haben?«

»Nein, danke, ich esse jetzt niemals mehr; aber trotzdem ist es sehr liebenswürdig von Ihnen. Sie gefallen mir überhaupt viel besser als die anderen aus Ihrer gräßlichen, rüden, vulgären Räuberfamilie.«

»Still!« rief Virginia und stampfte mit dem Fuße auf, »Sie sind es, der rüde und gräßlich und vulgär ist, und was die Räuberei angeht – Sie wissen ganz genau, wer mir immer die Farben aus meinem Malkasten gestohlen hat, das waren Sie, weil Sie diesen lächerlichen Blutfleck in der Bibliothek damit nachmalen wollten. Zuerst nahmen Sie alle meine Sorten Rot, und sogar mein Zinnoberrot, und ich konnte keine Sonnenuntergänge mehr malen; dann holten Sie sich Smaragdgrün und Chromgelb, und zum Schluß hatte ich bloß Indigo und Zinkweiß übrig, und da konnte ich nur noch Mondscheinlandschaften machen, und die sehen immer so langweilig aus und sind dabei gar nicht mal so leicht. Ich habe Sie niemals verpetzt, obwohl ich furchtbar ärgerlich war. Und albern finde ich sie im höchsten Grade, diese ganze Geschichte; denn wer hat je etwas von smaragdgrünem Blut gehört?«

»Ach Gott!« sagte der Geist ganz kleinlaut, »was sollte ich schon tun? Heutzutage ist es äußerst schwierig, richtiges Blut zu bekommen, und als Ihr Bruder mit seinem Universalreiniger losging, sah ich wirklich keinen Grund, warum ich mich nicht an Ihren Malkasten halten sollte. Und das mit den Farben ist immer Geschmacksache, wir Cantervilles haben zum Beispiel blaues Blut, das allerblaueste in England; aber ich weiß, ihr Amerikaner interessiert euch nicht für solche Fragen.«

»Sie wissen gar nichts, und ich kann Ihnen nur raten, auszuwandern und sich eines Bessern belehren zu lassen. Mein Vater wird Ihnen mit Vergnügen die Überfahrt bezahlen, und wenn die Zollgebühren für Geistiges aller Art auch sehr hoch sind, so werden Sie doch keine Schwierigkeiten bei der Einreise haben, denn die Zollbeamten gehören alle zur Demokratischen Partei. Und sind Sie erst mal in New York, dann garantiere ich Ihnen einen Riesenerfolg. Ich kenne massenhaft Leute, die hunderttausend Dollar für einen Großvater gäben und noch viel, viel mehr, wenn sie ein Familiengespenst kriegten.«

»Ich glaube nicht, daß es mir in Amerika gefallen würde.«

»Wohl weil wir keine Altertümer und keine Sehenswürdigkeiten haben?« sagte Virginia schnippisch.

»Keine Altertümer? Keine Sehenswürdigkeiten?« erwiderte das Gespenst. »Sie haben doch Ihre Kriegsschiffe und Ihre Manieren.«

»Gute Nacht. Ich gehe und werde Papa bitten, daß er den Zwillingen zusätzlich acht Tage Ferien bewilligt.«

»Bitte, bitte, gehen Sie nicht fort, Miss Virginia«, rief der Geist. »Ich bin so mutterseelenallein und unglücklich, und ich weiß wirklich nicht, was ich tun soll. Ich möchte so gerne schlafen und kann es nicht.«

»Das ist ja Unsinn! Sie brauchen nur ins Bett zu gehen und die Kerze auszupusten. Wach bleiben ist manchmal schwierig, besonders in der Kirche; aber Schlafen ist doch kinderleicht. Sogar die Babys können das, und die sind gewiß nicht sehr gescheit.«

»Ich habe seit dreihundert Jahren nicht mehr geschlafen«, sagte er traurig, und Virginia schlug verwundert ihre schönen blauen Augen auf, »seit dreihundert Jahren nicht mehr, und ich bin so müde.«

Virginia wurde ganz ernst, und ihre kleinen Lippen zitterten wie Rosenblätter. Sie trat zu ihm, kniete neben ihm nieder und blickte in sein altes, welkes Gesicht.

»Armes, armes Gespenst«, sagte sie leise, »haben Sie kein Fleckchen, wo Sie schlafen können?«

»Fern, fern, hinter den Fichtenwäldern«, antwortete der Geist mit dunkel träumerischer Stimme, »liegt ein kleiner Garten. Dort wächst das Gras hoch und voll, dort schimmern die großen weißen Schierlingssterne, dort singt die Nachtigall die ganze Nacht. Die ganze Nacht singt sie, und der kühle, kristallene Mond schaut hernieder, und der Eibenbaum breitet seine Riesenarme über die Schläfer.«

Virginias Augen dunkelten in Tränen, und sie barg ihren Kopf zwischen den Händen.

»Sie meinen den Garten des Todes«, flüsterte sie.

»Ja, des Todes. Der Tod muß so schön sein. Schön, in der zärtlichen braunen Erde zu liegen, wenn das Gras über einem wogt, und der Stille zu lauschen. Kein Gestern haben und kein Morgen. Die Zeit vergessen, dem Leben vergeben, im Frieden sein. Du kannst mir helfen. Du kannst die Pforten des Todeshauses für mich auftun, denn um dich ist allzeit Liebe, und Liebe ist stärker als der Tod.«

Virginia zitterte, ein kalter Schauder durchlief sie, und eine kurze Weile herrschte Schweigen. Ihr war, als läge sie in einem schweren Traum.

Dann sprach der Geist weiter, und seine Stimme klang wie die Klage des Windes.

»Hast du die alte Prophezeiung gelesen, die am Fenster der Bibliothek geschrieben steht?«

»Oh, oftmals«, rief die kleine Virginia und sah zu ihm auf, »ich kann sie sogar auswendig. Sie ist in altmodischen Schnörkelbuchstaben gemalt und schwer zu lesen. Es sind nur sechs Zeilen:

Wenn's ein güldne Maid vollbringt,
Sündenmund zum Beten zwingt,
Wenn die tote Mandel sprießt,
Kindes Mitleidsträne fließt:
Endlich wird's im Haus dann still,
Friede wohnt in Canterville.

Aber ich weiß nicht, was das bedeutet.«

»Es bedeutet«, sagte er schwermütig, »daß du für mich um meiner Sünden willen weinen mußt, denn ich habe keine Tränen, und mit mir für meine Seele beten mußt, denn ich habe keinen Glauben; und wenn du immer lieb und gut und freundlich gewesen bist, wird sich der Todesengel mein erbarmen. Du wirst im Dunkel schreckliche Gestalten sehen, und teuflische Stimmen werden dir in die Ohren flüstern; aber sie werden dir nichts zuleide tun, denn gegen die Reinheit eines Kindes vermögen die Höllenmächte nichts.«

Virginia antwortete nicht, und der Geist rang wildverzweifelt die Hände, als er auf ihren gesenkten goldenen Scheitel niedersah. Plötzlich stand sie auf, sehr bleich und mit einem seltsamen Leuchten in den Augen. »Ich fürchte mich nicht«, sagte sie entschlossen, »und ich will den Engel bitten, daß er sich dein erbarmt.«

Mit einem schwachen Freudenschrei erhob er sich von seinem Sitze, und ihre Hand ergreifend, beugte er sich mit altväterlicher Galanterie darüber und küßte sie. Seine Finger waren kalt wie Eis, und seine Lippen brannten gleich dem Feuer; aber Virginia zauderte nicht, als er sie durch den dämmrigdüsteren Raum führte. Auf die verblichenen grünen Wandteppiche waren kleine Jäger gestickt. Sie stießen in ihre quastengeschmückten Hörner und winkten ihr mit den winzigen Händen, umzukehren. »Kehre um, kleine Virginia«, riefen sie, »kehre um!« Aber der Geist packte ihre Hand noch fester, und sie verschloß ihre Augen gegen die Warner. Gräßliche Tiere mit Eidechsenschwänzen und Glotzaugen starrten vom geschnitzten Kaminsims nach ihr und raunten: »Hüte dich, kleine Virginia! Hüte dich! Kann sein, daß wir dich niemals wiedersehen.« Doch der Geist eilte noch schneller dahin, und Virginia hörte nicht auf die Stimmen. Als sie den Raum durchquert hatten, hielt er ein und murmelte Worte, die sie nicht verstand. Sie öffnete die Augen und sah die Wand allmählich schwinden wie Nebel, und eine weite dunkle Höhle gähnte vor ihr. Ein schneidendkalter Wind raste um sie beide, und Virginia fühlte, wie etwas an ihrem Kleid zerrte. »Rasch, rasch«, rief der Geist, »oder es wird zu spät!« Und im nächsten Augenblick hatte sich die Wandtäfelung hinter ihnen geschlossen, und das Gobelinzimmer war leer.

VI

Etwa zehn Minuten später läutete der Gong zum Tee, und als Virginia nicht herunterkam, sandte Mrs. Otis einen Bedienten, sie zu rufen. Nach einer kleinen Weile kam er wieder und sagte, er könne Miss Virginia nirgends finden. Da sie gewöhnlich am späten Nachmittag in den Garten ging, um Blumen für den Abendbrottisch zu holen, war Mrs. Otis zunächst keineswegs beunruhigt; als es jedoch sechs schlug und Virginia immer noch nicht erschien, geriet sie in ernste Sorge und schickte die Jungen auf die Suche, sie selbst und Mr. Otis durchforschten unterdessen alle Räume des Hauses. Um halb sieben kehrten die Jungen zurück und berichteten, von ihrer Schwester sei keine Spur zu entdecken. Alle waren nun in höchster Aufregung und wußten nicht, was tun, bis Mr. Otis sich plötzlich erinnerte, daß er ein paar Tage zuvor einer Zigeunerbande gestattet hatte, im Park ihr Lager aufzuschlagen. Also brach er mit seinem ältesten Sohne und zwei Bauernburschen schleunigst nach Blackfell Hollow auf, wo, wie er wußte, die Zigeuner sich aufhielten. Der kleine Herzog von Cheshire, der vor Angst um Virginia ganz außer sich war, bestürmte ihn um die Erlaubnis, mitgehen zu dürfen; Mr. Otis aber lehnte ab, da er fürchtete, es könne zu einer Schlägerei kommen. An der betreffenden Stelle angelangt, mußte er jedoch sehen, daß die Zigeuner weitergezogen waren, und zwar augenscheinlich in großer Hast, denn das Lagerfeuer brannte noch und ein paar Teller lagen im Grase. Er schickte Washington und die beiden Männer, die Gegend abzusuchen, eilte selber zum Haus zurück und jagte Telegramme an alle Polizeiinspektionen des Distrikts, mit der Bitte, man möge Nachforschungen nach einem Kinde anstellen, das von Landstreichern oder Zigeunern entführt worden sei. Dann ließ er sein Pferd satteln, und nachdem er dringend gemahnt hatte, daß seine Frau und die drei Jungen sich zum Abendbrot niedersetzen sollten, ritt er mit einem Reitknecht davon, die Straße nach Ascot hinunter. Er war jedoch noch keine zwei Meilen weit gekommen, als er jemand hinter sich her galoppieren hörte; er schaute sich um und sah den kleinen Herzog auf seinem Pony heranpreschen, krebsrot im Gesicht und ohne Hut. »Tut mir schrecklich leid, Mr. Otis«, keuchte der Junge, »aber ich kann nichts essen, solange Virginia nicht da ist. Bitte, seien Sie mir nicht böse; hätten Sie voriges Jahr erlaubt, daß wir uns verloben, wäre das ganze Unglück nicht passiert. Nicht wahr, Sie schicken mich nicht fort? Ich kann nicht zurück, und ich will nicht zurück!«

Der Gesandte mußte lächeln über den hübschen kleinen Tollkopf, und des Jungen Schwärmerei für Virginia rührte ihn; er beugte sich vom Pferd, klopfte ihm freundlich auf die Schulter und sagte: »Schön, Cecil, wenn Sie nicht zurückwollen, müssen Sie schon mit mir mitkommen; aber zunächst müssen Sie in Ascot einen Hut kriegen.«

»Zum Teufel mit dem Hut! Ich will Virginia wiederkriegen!« rief der kleine Herzog, und sie galoppierten zum Bahnhof. Dort erkundigte sich Mr. Otis beim Stationsvorsteher, ob ein Mädchen auf dem Bahnsteig gesehen worden sei, auf das Virginias Beschreibung zutraf, konnte aber nichts über sie erfahren. Immerhin telegraphierte der Beamte nach allen Stationen an der Strecke und versicherte, man werde scharf aufpassen; und nachdem Mr. Otis in einem Schnittwarengeschäft gerade noch bei Ladenschluß einen Hut für den kleinen Herzog erstanden hatte, ritten sie weiter nach Bexley, einem etwa vier Meilen entfernten Dorf, weil dieser Ort, wie ihnen gesagt worden war, wegen der nahegelegenen großen Gemeindewiese von den Zigeunern mit Vorliebe aufgesucht wurde. In Bexley scheuchten sie den Landgendarm aus seinem Schlummer, konnten jedoch keine Auskunft von ihm erhalten. Sie ritten die Wiese nach allen Richtungen ab und mußten schließlich schweren Herzens umkehren, zurück nach Canterville Chase, wo sie gegen elf Uhr anlangten, todmüde und der Verzweiflung nahe. Washington und die Zwillinge erwarteten sie mit Laternen schon am Pförtnerhäuschen, denn in der zum Schloß führenden Allee war es sehr dunkel. Von Virginia war nicht die mindeste Spur entdeckt worden. Man hatte die Zigeuner auf den Brockley-Wiesen angetroffen, aber das Mädchen befand sich nicht bei ihnen, und sie konnten ihren überstürzten Aufbruch glaubwürdig erklären; sie sagten, sie hätten sich im Datum des Jahrmarkts von Chorton geirrt und seien Hals über Kopf weitergezogen, um nicht zu spät zu kommen. Die Nachricht von Virginias plötzlichem Verschwinden hatte sie ehrlich betrübt, denn sie waren Mr. Otis sehr dankbar, daß er sie in seinem Park hatte lagern lassen, und vier von ihnen waren zurückgeblieben, um bei den Nachforschungen zu helfen. Der Karpfenteich war mit dem Grundnetz abgesucht und im ganzen Schlosse das Unterste zuoberst gekehrt worden – allein ohne jeden Erfolg. Offensichtlich mußte man Virginia verloren geben, zum mindesten für diese Nacht; und im Zustand tiefster Niedergeschlagenheit gingen Mr. Otis und die Jungen nach dem Hause, während der Reitknecht ihnen mit den beiden Pferden und dem Pony folgte. In der Halle fanden sie eine Gruppe aufgeregter Bedienter, die arme Mrs. Otis lag auf einem Sofa in der Bibliothek, fast von Sinnen vor Kummer und Sorge, und die alte Haushälterin tupfte ihr die Stirn mit Eau de Cologne. Mr. Otis drang vor allem darauf, daß sie etwas zu sich nehme, und ließ das Abendbrot für die ganze Familie auftragen. Es wurde ein trübseliges Mahl, kaum einer sprach ein Wort, selbst die Zwillinge hielt die Bangigkeit im Zaume, denn sie hatten ihre Schwester sehr lieb. Als die Mahlzeit beendet war, schickte Mr. Otis, trotz der inständigen Bitten des kleinen Herzogs, alle zu Bett, denn in der Nacht könne doch nichts mehr unternommen werden, sagte er, und am Morgen wolle er ein Telegramm an Scotland Yard absenden, damit unverzüglich einige Detektive nach Canterville Chase herauskämen. Alle verließen das Speisezimmer, und im selben Augenblick begann die Uhr Mitternacht vom Turm zu dröhnen; als aber der letzte Schlag erscholl, hörten sie ein Krachen und einen kurzen gellenden Schrei; ein fürchterliches Donnerrollen erschütterte das Haus, überirdische Musik wehte melodisch durch die Luft, ein Stück Tafelwerk ganz oben im Treppenhaus sprang mit lautem Getöse aus der Wand, und auf die Treppe heraus trat, weiß und geisterblaß und mit einem Kästchen in der Hand – Virginia. Schon waren alle zu ihr hinaufgestürzt, Mrs. Otis schloß sie leidenschaftlich in ihre Arme, der Herzog erstickte sie mit ungestümen Küssen, und die Zwillinge vollführten einen wilden Indianertanz rings um die Gruppe.

»Gott im Himmel! Kind, wo bist du gewesen?« fragte Mr. Otis, und es klang ziemlich verärgert, denn er meinte, sie habe ihnen einen mutwilligen Streich gespielt. »Cecil und ich sind in der ganzen Gegend nach dir umhergeritten, und deine

Mutter ist vor Angst fast gestorben. Daß du mir nie wieder solche schlechten Späße machst!«

»Außer mit dem Gespenst! Außer mit dem Gespenst!« brüllten die Zwillinge und sprangen wie die Böckchen.

»Mein geliebtes Kind, Gott sei Dank, wir haben dich wieder! Du darfst mir nicht mehr von der Seite gehen«, flüsterte Mrs. Otis, während sie ihre zitternde Tochter küßte und sanft über das Goldgeflecht ihres Haares strich.

»Papa«, sagte Virginia ruhig, »ich war bei dem Geist. Er ist tot, und ihr müßt mitkommen und ihn sehen. Er ist im Leben sehr böse gewesen, aber er hat alle seine schlimmen Taten von Herzen bereut, und bevor er starb, hat er mir dieses Kästchen voll herrlicher Edelsteine gegeben.«

Die ganze Familie starrte sie an, stumm vor Verwunderung, aber sie sprach ganz ernst und gesammelt, und sich umwendend, führte sie alle durch die Öffnung im Wandgetäfel und einen engen geheimen Gang hinunter; Washington ging als letzter, mit einer brennenden Kerze, die er vom Tisch gerafft hatte. Endlich kamen sie zu einer großen, mit verrosteten Nägeln beschlagenen Eichentür. Virginia berührte sie, und sie flog auf in ihren schweren Angeln, und alle fanden sich in einem kleinen niedrigen Raum mit gewölbter Decke und einem einzigen, winzigkleinen Gitterfenster. In die Mauer war ein starker Eisenring eingelassen, und an ihn gekettet lag ein schauerliches Gerippe der Länge lang auf dem steinernen Boden und schien mit seinen langen Knochenfingern nach einem altertümlichen Wasserkrug und einem Holzteller greifen zu wollen, die um ein weniges außer der Reichweite seiner Hand aufgestellt waren. Der Krug mußte einstmals mit Wasser gefüllt gewesen sein, denn grüner Moder überzog seine Innenseite. Auf dem Teller war nichts als ein Häufchen Staub. Virginia kniete neben dem Gerippe nieder, faltete ihre kleinen Hände und begann still zu beten; die anderen blickten staunend auf die grausige Tragödie, deren Geheimnis sich ihnen nun entschleiert hatte.

»Hallo!« rief plötzlich der eine der Zwillinge, der zum Fenster hinausschaute, um festzustellen, in welchem Flügel des Hauses die Kammer eigentlich lag. »Hallo! Der alte verdorrte

Mandelbaum blüht ja. Der Mond scheint drauf, da kann ich es ganz deutlich sehen.«

»Gott hat ihm verziehen«, sagte Virginia ernst. Sie erhob sich, und ein schöner Glanz leuchtete auf ihrem Gesicht.

»Sie sind ein Engel!« rief der junge Herzog, und er legte seinen Arm um ihren Hals und küßte sie.

VII

Vier Tage nach diesen merkwürdigen Ereignissen bewegte sich gegen elf Uhr nachts ein Trauerzug aus Canterville Chase. Der Leichenwagen wurde von acht schwarzen Pferden gezogen, die große Büschel nickender Straußenfedern auf den Köpfen trugen, und den bleiernen Sarg bedeckte ein prächtiges purpurnes Bahrtuch mit dem in Gold gestickten Wappen der Cantervilles. Zur Seite der Bahre und der Trauerwagen schritten die Bedienten mit brennenden Fackeln – der ganze Zug hätte nicht malerischer sein können. Lord Canterville, der Hauptleidtragende, war von Wales eigens hergekommen, um dem Leichenbegängnis beizuwohnen, und saß neben der kleinen Virginia im ersten Wagen. Dann kamen der Gesandte der Vereinigten Staaten mit seiner Gemahlin, dann Washington und die drei Jungen, und im letzten Wagen fuhr Mrs. Umney. Alle hatten gleichermaßen das Gefühl gehabt, daß die alte Haushälterin, die mehr als fünfzig Jahre ihres Lebens von dem Gespenst in Schrecken gehalten worden war, ein Recht habe, auch sein letztes Auftreten mit anzusehen. Ein tiefes Grab war in der Ecke des Kirchhofs ausgehoben, gerade unter dem alten Eibenbaum, und der Trauergottesdienst wurde von Ehrwürden Augustus Dampier in der eindrucksvollsten Weise gehalten. Am Ende der Feier löschten die Bedienten nach einem alten, in der Familie Canterville geübten Brauch ihre Fackeln, und als man den Sarg in die Grube hinuntersenkte, trat Virginia vor und legte ein großes Kreuz aus weißen und rosa Mandelblüten darauf nieder. In diesem Augenblick kam der Mond hinter einer Wolke hervor und überflutete den kleinen Friedhof mit stillem Silberlicht, und aus einem fernen Gebüsch begann eine Nachtigall zu schlagen. Virginia erinnerte sich, wie der Geist ihr den Garten des Todes beschrieben hatte; ihre

Augen wurden trüb von Tränen, und während der Heimfahrt sprach sie kaum ein Wort.

Am nächsten Morgen, ehe Lord Canterville nach London abreiste, hatte Mr. Otis mit ihm eine Unterredung betreffs der Juwelen, die das Gespenst der kleinen Virginia geschenkt hatte. Sie waren von ganz außerordentlicher Schönheit, vor allem ein Halsband aus Rubinen in altvenezianischer Fassung, ein wahrhaft prachtvolles Stück Goldschmiedearbeit des sechzehnten Jahrhunderts; und wegen des hohen Wertes der Gegenstände empfand Mr. Otis beträchtliche Skrupel, ob er seiner Tochter erlauben dürfe, sie anzunehmen.

»Mylord«, sagte er, »wie mir bekannt ist, gilt Familienschmuck nach englischem Recht ebenso als unveräußerliches Gut wie Grund und Boden, und es steht für mich außer Frage, daß die Edelsteine Erbeigentum Ihrer Familie sind oder doch sein sollten. Daher muß ich Sie bitten, sie nach London mitzunehmen und als nichts anderes als einen Teil Ihres Vermögens zu betrachten, der Ihnen unter gewissen merkwürdigen Umständen zurückerstattet worden ist. Was meine Tochter anlangt, so ist sie noch ein Kind und hat bis jetzt, wie ich mit Genugtuung feststelle, bloß geringes Vergnügen an solchen Artikeln nichtiger Pracht. Von Mrs. Otis, die, ich darf sagen, keine unbedeutende Autorität in der Materie der Kunst ist, da sie den Vorzug genoß, als junges Mädchen mehrere Winter in Boston zu verleben – von Mrs. Otis wurde ich auch davon unterrichtet, daß dieses Flitterwerk großen Geldwert besitzt und einen kolossalen Preis erbrächte, falls man die Absicht hegte, es zu verkaufen. Sie werden sicherlich begreifen, Lord Canterville, wie unmöglich es bei dieser Lage der Dinge für mich ist, den Schmuck im Besitz eines Mitglieds meiner Familie zu belassen; überdies wäre solch eitler Putz und Tand, so angemessen, ja notwendig derlei für das Ansehen des britischen Adels auch sein mag, keineswegs bei denen am Platze, die in den strengen und meiner Überzeugung nach unsterblichen Grundsätzen republikanischer Einfachheit erzogen worden sind. Vielleicht sollte ich noch erwähnen, daß Virginia sich sehr freuen würde, wenn Sie ihr das Kästchen als Erinnerung an Ihren unglücklichen, aber irregeleiteten Vorfahren zu behalten gestatteten. Da es sehr alt und folglich nicht im besten Erhaltungszustand ist, wären Sie vielleicht nicht abgeneigt, ihr den Wunsch zu erfüllen. Für mein Teil muß ich gestehen: Ich sehe mit einigem Befremden eins meiner Kinder Interesse äußern für Mittelalterliches, ganz gleich welcher Art, und kann es mir nur durch die Tatsache erklären, daß Virginia in einem Ihrer Londoner Vororte geboren wurde, kurz nachdem Mrs. Otis von einem Abstecher nach Athen zurückgekehrt war.«

Lord Canterville hörte der langen Rede des wackeren Gesandten sehr ernsthaft zu und zupfte nur dann und wann an seinem grauen Schnurrbart, um ein unwillkürliches Lächeln zu verbergen; als Mr. Otis zu Ende gekommen war, schüttelte er ihm herzlich die Hand und sagte: »Mein lieber Mr. Otis, Ihr reizendes Töchterchen hat meinem unseligen Ahnherrn Sir Simon einen sehr wertvollen Dienst geleistet, und ich sowie meine Familie sind ihr für ihren unerhörten Mut und ihre Kühnheit zutiefst verpflichtet. Der Schmuck ist unstreitig ihr Eigentum, ja ich glaube, wenn ich so herzlos wäre, ihn ihr vorzuenthalten, würde der wüste alte Geselle binnen kurzem aus seinem Grabe steigen und mir ein Höllenleben bereiten. Was den Begriff des Erbeigentums betrifft, so ist er nur auf solche Dinge anwendbar, die in einem Testament oder in einem rechtsgültigen Schriftstück erwähnt sind; das Vorhandensein der Juwelen jedoch war gänzlich unbekannt. Seien Sie versichert, ich habe nicht mehr Anspruch darauf als Ihr Butler, und wenn Miss Virginia heranwächst, wird sie sich freuen, meine ich, so hübsche Dinge tragen zu können. Überdies vergessen Sie, Mr. Otis, daß Sie damals die ganze Einrichtung samt dem Gespenst zum Schätzungspreis übernommen haben, und alles, was dem Gespenst gehört hat, ist somit in Ihren Besitz übergegangen; denn wieviel Lebendigkeit Sir Simon nachts auf dem Korridor auch entfaltet haben mag – juristisch war er tot, und Sie haben durch Kauf sein Eigentum erworben.«

Mr. Otis war aufrichtig betrübt, weil Lord Canterville die Juwelen ausschlug, und er bat ihn, seinen Entschluß nochmals zu erwägen, aber der liebenswürdige Lord blieb fest und brachte den Gesandten schließlich dahin, daß er seiner Tochter erlaubte, das Geschenk des Gespenstes zu behalten; und als im

Frühjahr 1890 die junge Herzogin von Cheshire der Königin anläßlich deren Vermählung beim ersten großen Empfang vorgestellt wurde, waren ihre Juwelen Gegenstand der allgemeinen Bewunderung. Denn Virginia erhielt die Adelskrone, die der Lohn für alle braven kleinen Amerikanermädchen ist, und heiratete ihren jugendlichen Verehrer, den Herzog, sobald er mündig wurde. Sie waren beide so hübsch und liebten einander so sehr, daß an dieser Heirat jeder seine Freude hatte, mit Ausnahme der alten Marquise von Dumbleton – sie hatte den Herzog für eine ihrer sieben unverehelichten Töchter kapern wollen und zu diesem Zweck nicht weniger als drei sehr kostspielige Abendgesellschaften gegeben – und, seltsam aber wahr, mit Ausnahme von Mr. Otis selber. Dem Gesandten gefiel der junge Herzog persönlich zwar über die Maßen, aber er war grundsätzlich gegen Adelstitel und, um seine eigenen Worte zu gebrauchen, ›nicht ohne Befürchtungen, daß inmitten der entnervenden Einflüsse einer vergnügungssüchtigen Aristokratie die echten und wahren Prinzipien republikanischer Einfachheit verlorengehen könnten‹. Seine Einwände wurden jedoch auf der ganzen Linie überstimmt, und ich glaube, als er mit seiner Tochter am Arm durch das Schiff der St. George's Church, Hanover Square, schritt, gab es in ganz England von Nord bis Süd und von Ost bis West keinen stolzeren Mann als ihn.

Nach den Flitterwochen begaben sich der Herzog und die Herzogin nach Canterville Chase, und gleich am folgenden Tage gingen sie nachmittags hinüber zu dem einsamen Friedhof hinter den Fichtenwäldern. Die Inschrift auf Sir Simons Grabstein hatte zunächst viel Kopfzerbrechen gemacht, dann aber war beschlossen worden, einfach die Initialen des alten Herrn einzumeißeln und dazu den Spruch vom Fenster der Bibliothek. Die Herzogin hatte schöne Rosen mitgebracht und streute sie über das Grab, und nachdem sie ein Weilchen geblieben waren, schlenderten sie weiter, nach dem verfallenen Chor der alten Abtei. Dort setzte sich die Herzogin auf eine umgestürzte Säule, und der Herzog lagerte sich ihr zu Füßen, um eine Zigarette zu rauchen und seiner Gattin in die schönen Augen zu sehen. Plötzlich warf er die Zigarette weg, nahm Vir-

ginias Hand und sagte: »Virginia, eine Frau sollte vor ihrem Mann keine Geheimnisse haben.«
»Lieber Cecil, ich habe keine Geheimnisse vor dir!«
»O doch«, antwortete er lächelnd, »du hast mir nie erzählt, was dir geschah, als du mit dem Gespenst eingeschlossen warst.«
»Das habe ich niemand erzählt, Cecil«, sagte Virginia ernst.
»Ich weiß, aber mir könntest du es sagen.«
»Bitte, frag mich nicht, Cecil; ich kann es dir nicht sagen. Der arme Sir Simon! Ich bin ihm zu großem Dank verpflichtet. Jawohl, Cecil, lach nicht, es ist wahr. Er lehrte mich erkennen, was das Leben ist und was der Tod bedeutet, und warum die Liebe stärker ist als sie beide.«
Der Herzog stand auf und küßte seine Frau sehr zärtlich.
»Du kannst dein Geheimnis so lange bewahren, wie mir dein Herz gehört«, sagte er leise.
»Das gehört dir immer, Cecil.«
»Und unseren Kindern wirst du's eines Tages mal erzählen, nicht wahr?«
Virginia errötete.

H. V.

Auskünfte

Oscar Wilde.

1856 Oscar Fingall O'Flahertie Wills Wilde wird am 15. Oktober in Dublin geboren. Vater Dr. William (später Sir William) Wilde ist ein berühmter Augenarzt, Mutter Jane Francisca Speranza, geb. Elgee, führt jahrelang den bekanntesten literarischen und politischen Salon Dublins, tritt als Verfasserin eines Gedichtbandes und politischer Artikel hervor.

1864 Besuch der Portora Royal School in Enniskillen.

1871 Beginn des Studiums am Trinity College in Dublin.

1873 Auszeichnung durch ein Stipendium.

1874–1878 Fortsetzung des Studiums – vor allem der Literatur- und Kunstgeschichte der Antike und der Renaissance – am Magdalen College der Universität Oxford, das er mit glänzendem Examen abschließt.

1876 Gedichtveröffentlichungen und akademische Erfolge.

1877 Besucht in den Ferien Ravenna und Griechenland. Wilde ist während seines ganzen Studiums als Dichter produktiv.

1878 Erhält den angesehenen Oxforder Newdigate-Preis für sein Gedicht ›Ravenna‹.

1879 Läßt sich in London nieder.

1880 Veröffentlicht die Komödie ›Vera, or the Nihilists‹ (Vera oder Die Nihilisten).

1881 Erste Ausgabe seiner Gedichte.

1882 Vortragsreise in den Vereinigten Staaten von Amerika; Wilde bemüht sich mit Erfolg, seinem Ruf als enfant terrible des Ästhetizismus gerecht zu werden.

1883 Bei einem Parisaufenthalt lernt er Edmond de Goncourt, Alphonse Daudet, Victor Hugo, J. S. Sargent und Paul Bourget kennen. Vortragsreise durch die englische Provinz. Die Uraufführung der ›Vera‹ in New York fällt durch. Veröffentlicht das Stück ›The Duchess of Padua‹ (Die Herzogin von Padua).

1884 Heiratet Constance Mary Lloyd, die wohlhabende Tochter eines Dubliner Anwalts, und bezieht ein Haus in der Tite Street im Londoner Stadtteil Chelsea.

1885 Geburt des Sohnes Cyril.

1886 Geburt des Sohnes Vivian.

1887–1889 Chefredakteur der Zeitschrift ›The Woman's World‹, in der 1887 seine Erzählungen ›The Canterville Ghost‹ (Das Gespenst von Canterville), ›The Sphinx Without a Secret‹ (Die Sphinx ohne Geheimnis) und ›The Model Millionaire‹ (Der Millionär) erscheinen.

1888–1895 Die literarisch fruchtbarsten und erfolgreichsten Jahre.

1888 ›The Happy Prince and other Tales‹ (Der glückliche Prinz und andere Märchen).

1889 ›The Decay of Lying‹ (Der Verfall des Lügens), Dialog-Essay, erscheint in der Zeitschrift ›The Nineteenth Century‹. ›The Portrait of Mr. W. H.‹ (Das Bildnis des Mr. W. H.), erzählerischer Essay.

1890 ›Lippincott's Magazine‹ veröffentlicht den Roman ›The Picture of Dorian Gray‹, ›The Courts and Society Review‹ die Erzählung ›Lord Arthur Savile's Crime‹ (Lord Arthur Saviles Verbrechen), ›The Critic as Artist‹ (Der Kritiker als Künstler), Dialog-Essay, ›The Soul of Man under Socialism‹ (Der Sozialismus und die Seele des Menschen), Essay.

1891 Mehrere Arbeiten Wildes erscheinen in Buchform, darunter ›A House of Pomegranates‹ (Das Granatapfelhaus), der zweite Märchen-Band, mit ›The Fisherman and his Soul‹ (Der Fischer und seine Seele) und ›The Star Child‹ (Das Sternenkind) als Erstveröffentlichungen, sowie der Essay-Band ›Intentions‹ (Fingerzeige). Uraufführung von ›The Duchess of Padua‹ in New York. Lernt in Paris André Gide kennen.

1892 Uraufführung der Komödie ›Lady Windermere's Fan‹ (Lady Windermeres Fächer) im St. James Theatre, London. Die lyrische Tragödie ›Salomé‹ (1891 in Paris französisch geschrieben) wird von der großen Sarah Bernhardt im Londoner Palace Theatre inszeniert; der Lord Chamberlain, der oberste Zensor, verweigert die Aufführungserlaubnis mit der Begründung, das Stück enthalte biblische Figuren.

1893 ›Salomé‹ erscheint in Frankreich. Uraufführung der Komödie ›A Woman of No Importance‹ unter der Regie von Beerbohm Tree im Londoner Haymarket Theatre. ›Lady Windermere's Fan‹ erscheint im Druck.

1894 ›Poems in Prose‹ (Gedichte in Prosa) und ›Phrases and Philosophies for the Use of the Young‹ (Sätze und Lehren zum Gebrauch für die Jugend), Aphorismen. Uraufführung der ›Salomé‹ in Paris; Buchveröffentlichung in der englischen Übersetzung von Lord Alfred Douglas, Wildes Freund ›Bosie‹, und mit Illustrationen von Aubrey Beardsley.

1895 Wilde verklagt den Vater seines Freundes Bosie, den Marquess of Queensberry, wegen Verleumdung, verliert den Prozeß, wird seinerseits wegen homosexueller Beziehungen unter Anklage gestellt und im Mai zu zwei Jahren Gefängnis verurteilt. Im Juli wird er für bankrott erklärt. Anfang des Jahres waren noch die Komödien ›An Ideal Husband‹ (Ein idealer Gatte) und ›The Importance of Being Earnest‹ (Bunbury oder Ernst sein ist alles) im Londoner Haymarket Theatre uraufgeführt worden.

1897 Entlassung aus der Haft in Reading, wo er seine erst postum (1905) veröffentlichte Beichte ›De Profundis‹ geschrieben hatte, die auch die Geschichte seiner Freundschaft zu Lord Douglas reflektiert. Wilde geht unter dem Namen Sebastian Melmoth nach Berneval, Frankreich. Schreibt seinen ersten Brief an den ›Daily Chronicle‹ über die Zustände im englischen Strafvollzug.

1898 Tod seiner Frau. Wilde verläßt Berneval, verbringt vier Monate mit Lord Douglas in Neapel und geht dann nach Paris. ›The Ballad of Reading Gaol‹ (Die Ballade vom Zuchthaus zu Reading) erscheint. Zweiter Brief an den ›Daily Chronicle‹.

1899 Reise mit Frank Harris an die Riviera.

1900 Im Frühjahr Reise nach Italien. Am 30. November stirbt Oscar Wilde an den Spätfolgen der Syphilis im Hôtel d'Alsace, seiner schäbigen Pariser Bleibe.

Günter Walch
Die zwei Gesichter Oscar Wildes

›Lieber Colonel Morse‹, schreibt Oscar Wilde im Februar 1882 dem mit der Organisation seiner Vortragsreise in den USA Beauftragten, ›würden Sie so freundlich sein, eine gute (Bühnen-) Schneiderei aufzusuchen und für mich – ohne meinen Namen zu nennen – zwei Überröcke machen zu lassen, die man bei Matineen und vielleicht auch abends tragen kann. Sie sollen schön sein; anliegendes Samtwams mit weiten, geblümten Ärmeln und, unter dem Kragen hervorschauend, kleine Batistkrausen ... Jeder gute Kostümschneider wird wissen, was ich haben will – etwas à la François Ier: nur Kniehosen statt der langen Strümpfe ... In Cincinnati war man bitter enttäuscht, weil ich keine Kniehosen trug ...‹ In seinen Reisebriefen an Freunde kostet er den Triumph über das Aufsehen aus, das seine Auftritte überall erregen, über die ihm zu Ehren mit Lilien geschmückten Räume, über seine beiden Sekretäre, von denen der eine an ihn gerichtete Wünsche nach Autogrammen, der andere solche nach Haarlocken zu erfüllen hat: ›Er wird zusehends kahl.‹ Oscar Wilde von Herren und ekstatischen Damen der Gesellschaft umringt, die ihm entzückt und schokkiert seine mit müder Eleganz artikulierten Bonmots von den Lippen lesen; Oscar Wilde im Phantasiekostüm, das Evangelium von der Autonomie der Kunst, der Kunst um der Kunst willen, verkündend, in seinem achtundzwanzigsten Lebensjahr bereits erklärtes Haupt der ›ästhetischen Bewegung‹, als Dandy eine internationale Leitfigur des sich neigenden 19. Jahrhunderts: das ist der Solist, den nordamerikanische Geschäftstüchtigkeit für diese Exotenschau in siebzig Städten des Kontinents eingekauft hatte.
Wilde, immer in Geldnot, gibt seinen Part, wie man es von ihm erwartet. Er tut es im großen und ganzen nicht ungern. Es schmeichelt seinem von jeher beträchtlichen Ichgefühl, als ›ein *petit roi*‹ wie nie zuvor im Mittelpunkt zu stehen. Dabei nutzt er die Vortragstournee ganz bewußt, um rührig Reklame zu machen – für Oscar Wilde. Daher die umsichtige Inszenierung seiner Auftritte, daher auch die Kostümierung, denn, was

immer behauptet wurde und wird, privatim war er sorgsam darauf bedacht, sich als Gentleman und nach der gängigen Mode zu kleiden.

Und doch, allem oberflächlichem Rummel und aller Egozentrik zutrotz, hat Wildes Amerikareise auch eine andere Seite. Den Vorträgen, die er hier hält, eignen im Keim alle Elemente seiner Kunstauffassungen. Später neu gefaßt und mit den funkelnden Halbedelsteinen seiner Paradoxe besetzt, bleiben sie bis zu ›De Profundis‹ (postum 1905) so gut wie unverändert. Und wie seine privaten Äußerungen geben sie zu erkennen, wie Wilde die Neue Welt im Bewußtsein bereist, eine Mission zu erfüllen. In einem Brief, ebenfalls vom Februar 1882, berichtet er: ›... was meinen praktischen Einfluß anlangt, so übertrifft der Erfolg meine kühnsten Hoffnungen. In jeder Stadt werden nach meinem Besuch Schulen für Dekorationskunst gegründet, öffentliche Museen eingerichtet, wobei ich bei der Wahl der Gegenstände und der Art des Gebäudes um Rat gefragt werde.‹

Wilde fühlt sich als Kulturbote, als Apostel einer Bewegung der Lebenserneuerung durch Schönheit, als Fortsetzer jener aus der Mitte des 19. Jahrhunderts datierenden Traditionslinie, die von den Präraffaeliten, also vor allem Dante Gabriel Rossetti, im Zeichen John Keats' initiiert und von Edward Burne-Jones und William Morris weitergeführt wurde. Vor allem Morris war es, dem sich Wilde verehrungsvoll verbunden fühlte. Denn für eine ästhetische Lebenserneuerung, für das Heranführen und Gewöhnen des Menschen an das Schöne von Kind auf, das ihm nach und nach das Eindringen in das Wesen der Kunst gestatten sollte, hatte der Maler und Dichter ein Kunsthandwerk begründet, das sich an der vorindustriellen Schönheit des von der Hand geschaffenen Gegenstandes orientierte.

Morris und seine Mitarbeiter formten Ton, Metall und Holz; 1890 gründete er die Kelmscott Press, aus der eine Vielzahl wertvoller Buchausgaben hervorging – alles Bestrebungen, die nicht nur ihre Zeit prägten, sondern auch die Entwicklung des Kunsthandwerks in unserem eigenen Jahrhundert. Aber bei aller Nähe mancher ästhetischer Ansichten, in einem Punkt unterschieden sich Morris und sein Bewunderer wesentlich voneinander: Während Morris nicht zuletzt durch sein Nachdenken über Gesellschaft und Kunst und ihr Verhältnis zueinander einen politischen Weg fand, der ihn in die Social Democratic Federation und 1884 in die Socialist League, der auch Eleanor Aveling, die Tochter von Karl Marx, angehörte, führte, mündete Wildes Programm in einen ästhetischen Hedonismus, den er in Kunst und Leben zu übersetzen trachtete. Nichtsdestoweniger umfaßt es gleichzeitig jenes das eigene Subjekt transzendierende ästhetische Wollen, das, ohne freilich weitreichende Konsequenzen zu ziehen, auf seine Weise die Spitze kehrte gegen die Verhäßlichung des Lebens durch die Industriegesellschaft der letzten Dekaden des vorigen Jahrhunderts, gegen ihren strikten Utilitarismus und erbarmungslosen Kommerzialismus.

Jene Übel erlebte Wilde in Amerika sozusagen in reinster Form. Sie waren überdies gekoppelt mit einem Banausentum, das den geschmäcklerisch feinsinnigen Wilde beinahe physisch schmerzen mußte. Wie er später zu berichten wußte, war es dortzulande möglich, daß der ebenso reiche wie kunstignorante Käufer eines Gipsabgusses der Venus von Milo die Transportgesellschaft wegen des Verlustes der Arme auf Schadenersatz verklagte – mit Erfolg. Fünf Jahre nach seiner Amerikareise verdichtete Wilde sein Erleben der das ganze 19. Jahrhundert hindurch literarisch ergiebigen Antinomie von Neuer und Alter Welt, von Yankee-Geist und dem zähen Überleben feudaler Konventionen in England zum ›Gespenst von Canterville‹ (*The Canterville Ghost,* 1887). Scheinbar mit leichter Hand hingeworfen, erzielt die Erzählung ihre Wirkung gerade durch das Liebenswerte ihres Spotts, der darüber hinwegtäuschen kann, daß Wilde den Gegenstand seiner Satire mit einer durchaus nicht simplen Dialektik erfaßt. Er kontrastiert ja nicht schlechthin eine Seite mit der anderen, um etwa nur das Verhalten der Amerikaner zu kritisieren, die aus Verhältnissen kommen, ›wo wir alles haben, was für Geld zu kaufen ist‹. Wilde lobt und tadelt in einem die eine Seite wie die andere, die Schattenseiten an sich positiver Eigenschaften wie Furchtlosigkeit und Nüchternheit des Urteils ans Licht kehrend und andererseits verheißungsvolle Umkehrungen aufspürend: noch in der märchenhaften Auflösung erweist eine Vertreterin der kaltherzig respektlosen Otis, die junge und ursprünglich empfindende Virginia, durch Mitgefühl und Opferbereitschaft menschliche Qualitäten.

Der Eindruck, Wildes Persönlichkeit und Werk lasse sich kaum auf einen Generalnenner reduzieren, bestätigt sich, wenn man beispielsweise bedenkt, daß zwei so grundverschiedene Werke wie der Essay ›Der Sozialismus und die Seele des Menschen‹ (*The Soul of Man under Socialism*, 1890) und Wildes einziger Roman ›Das Bildnis des Dorian Gray‹ (*The Picture of Dorian Gray*, 1891) aus derselben Feder und in zeitlicher Nachbarschaft entstehen konnten und daß ihr Verfasser obendrein der Dichter von Kunstmärchen war, die zu den schönsten der Weltliteratur zählen.

In ›Der Sozialismus und die Seele des Menschen‹ setzt der Hedonist nämlich durch sein durchaus kreditwürdiges aktives Interesse an einer humanen Zukunft der Menschheit in Erstaunen. Er kann zwar seinen bürgerlichen Individualismus auch hier nicht verleugnen. Auch ist seine Prognose durchaus eklektisch. In einem Atemzug schreibt er von der Selbstverwirklichung des Menschen, nicht mehr durch aufgezwungene Selbstisolierung – Wilde nennt Keats, Darwin und Flaubert als Beispiele –, sondern auf der Grundlage der Beseitigung des Privateigentums, und ergeht sich in ausführlichen Schmähungen der Journalisten und des Publikums, von dem der wahre Künstler keine Notiz nehme, zumal das Kunstwerk mit den Bedürfnissen anderer nichts zu tun habe. Wie hier das ästhetizistische Kunstprogramm, wird anarchistischer Einfluß bei Wildes Definition der Rolle des Staates im Sozialismus spürbar. Ohne ein faßbares revolutionäres Programm zu kennen, billigt er aber das Mittel der Revolution zur Umwälzung einer Gesellschaft, die auf privatem Eigentum beruht, die den Menschen mit seinem Eigentum verwechselt, die geschützt ist durch ein Recht, das, eben weil darin seine Hauptfunktion besteht, Klassenrecht ist. Von dieser Warte aus lehnt er die Mildtätigkeit, die soziale Patentmedizin des Viktorianismus, ab: ›Warum sollten die Armen für die Krumen, die von der Tafel des Reichen fallen, dankbar sein? Sie sollten mit bei dem Mahle sitzen, das beginnen sie jetzt zu merken.‹ Mehr noch, es sind ›gerade die Wohltäter die größten Schädlinge‹, weil sie Schleier über die Verhältnisse der Unterdrückung breiten, somit lähmende Illusionen nährend. Und gerade im Unvermögen des manipulierten Bewußtseins, die eigene Entwürdigung zu erkennen, erblickt Wilde auf bis in die heutige Zeit überraschend relevante Weise den höchsten Triumph der Ausbeuter und die tiefste Erniedrigung der Ausgebeuteten: ›Für den Denkenden bedeutet nicht der Tod der Marie Antoinette, die sterben mußte, weil sie eine Königin war, den tragischen Höhepunkt der Französischen Revolution, sondern die Erhebung der ausgehungerten Bauern der Vendée, die freiwillig aufstanden, um für die häßliche Sache des Feudalismus zu sterben.‹ Den Menschen befreien heißt, ihn von solchen Erniedrigungen frei machen, von Elend und Hunger, von Arbeitslosigkeit, aber auch – Wilde ist hier im Gegensatz zu manchem auch progressiven Zeitgenossen ganz unromantisch – von schwerer und schmutziger körperlicher Arbeit, die von immer besseren Maschinen verrichtet werden wird. Erst dann wird der Mensch, dessen Wesen für ihn veränderbar ist, sein Menschentum voll entfalten können: ›Der Sozialismus, Kommunismus, oder wie immer man ihn nennen mag, wird dadurch, daß er das Privateigentum in allgemeinen Reichtum umwandelt, dadurch, daß er an Stelle der Konkurrenz die Kooperation setzt, der Gesellschaft die ihr eigentümliche Form eines gesunden Organismus zurückgeben und die materielle Wohlfahrt eines jeden Mitgliedes dieser Gemeinschaft sichern.‹

Wie anders, um wie vieles ›oscarianischer‹ präsentiert sich uns Wilde im ›Dorian Gray‹, jenem sofort erfolgreichen und höchst widersprüchlich beurteilten Roman, der von schrankenloser Sinnenlust als letztem Lebensziel handelt. Ihr gibt sich Dorian Gray hin. Doch zeichnen die Spuren seiner Ausschweifungen nicht sein Antlitz, sondern ein von Freundeshand gemaltes Porträt Dorians. So lange lebt er in einem ständig stärkerer Stimuli bedürfenden Sinnenrausch, bis er nach seiner ersten guten Tat den Anblick des Bildes, das ihm sein wahres Wesen, die Tiefe des Abgrunds zwischen Schein und

Sein vor Augen führt, nicht mehr ertragen kann. Er erhebt die Hand gegen das Bild. Allein, der Stoß, der den Beweis seines verpfuschten Lebens beseitigen soll, kehrt sich gegen ihn selbst. Einen verwüsteten häßlichen Mann findet man am Morgen tot vor einem Bildnis, das Dorian Gray in strahlend schöner Jugend zeigt.

Gewiß, die Geschichte gibt sich als warnendes Exempel. Tradierte Moralbegriffe werden deutlich als Maßstab des Geschehens erkennbar. Manche Motive sind durchaus viktorianisch vorgebildet. Huysmans' ›Gegen den Strich‹ (*A Rebours,* 1884), eine der wichtigsten Hervorbringungen der kontinentalen *décadence,* ein Roman, der nachhaltige Spuren im Kolorit des ›Dorian Gray‹ hinterlassen hat, wird dort selbst als das ›giftige‹ Buch apostrophiert. Andererseits ist aber Wildes kritischer Abstand speziell zu der Figur Lord Henry Wottons, des schlimmen Mentors Dorians, viel zu gering, als daß sich der Roman in dieser moralischen Funktion erschöpfte, die ihm der wohlmeinende Flügel der Kritik bescheinigt hat. Der Autor ist viel zu fasziniert von seinen Geschöpfen, von ihrem Witz und ihrer Frivolität wie von ihrem elegant-dekadenten Lebensstil, er hat zu viel von seiner Persönlichkeit in sie hineingelegt, um sich ernsthaft von ihnen distanzieren zu können. Und spätestens bei dem Gedanken an die metaphorische Parallelität des Endes von Autor und Titelfigur wird man nicht umhin können zu konstatieren, in welch außergewöhnlichem Maße sie, die Titelfigur, Resultat intensivster Ich-Bespiegelung, ja Ich-Besessenheit ist. Jedes mit Gefühl gemalte Porträt ist ein Porträt nicht des Modells, sondern des Künstlers, besagt ein Kernsatz des Romans. Wilde muß sich der Narzißhaftigkeit des Aperçus bewußt gewesen sein.

Das Werk weist nicht nur auf die sprühenden Dialoge der Dramen voraus, durch seinen Sentenzenreichtum, der Manier wie dem Inhalt und sogar den Formulierungen nach: Wilde fand seine Epigramme und Paradoxe viel zu gut und auch viel zu gut verkäuflich, als daß er es bei einmaligem Gebrauch hätte bewenden lassen; in den Komödien verschießt er sie erneut im Feuerwerk seiner Dialoge. Der ›Dorian Gray‹ hat aber in wichtigerem Sinn Schlüsselbedeutung für Wildes Œuvre.

André Gide, mit dem Wilde befreundet war, spielt mit seinem Urteil, der Roman sei ein ›verfehltes Meisterwerk‹, auf jene Wiederholungen und sogar konventionellen Bestandteile an, die ihm dessen ästhetische Essenz zu verwässern schienen. Wilde hatte ja auf Veranlassung seines Verlegers und durchaus als Konzession an den Publikumsgeschmack – ein echt Wildescher Widerspruch – nachträglich sechs Kapitel hinzugeschrieben, damit aus dem Buch ein Roman wurde. Gerade sie enthalten Handlungselemente, wie man sie eher in einem zeitgenössischen Kolportageprodukt vermutet hätte als bei einem Bekenner zum *l'art pour l'art;* das Geschehen um Jim und Vane, der seine Schwester an ihrem Verderber rächen will, wäre ein Beispiel. Aber solcher Makel ungeachtet, auch aller unbestreitbaren Causerie und Pose zutrotz, überträgt sich aus dem Buch etwas von der eigentümlichen Faszination, mit der Wilde das zergliedert, was im Grunde sein eigenes Dilemma ist, sein eigenes Schicksal, das er antizipiert. Dabei spiegelt er sich in der Titelfigur, aber auch in den Gestalten Lord Henrys und – andererseits – des hochtalentierten Künstlers Basil Hallward, des Exponenten eines positiven Moralprinzips, den Dorian umbringt. Wir haben Wildes eigenes briefliches Zeugnis dafür: ›. . . es steckt viel von mir darin. Basil Hallward ist das, wofür ich mich halte; Lord Henry das, wofür die Welt mich hält; Dorian das, was ich gern sein möchte . . .‹ Der Roman reflektiert, in vielfacher Brechung und allerdings rein auf das Subjekt des Autors bezogen, einen wirklichen Konflikt des bürgerlichen Individuums, der in der Gesellschaft seinen Ursprung nimmt. Er widerspiegelt den zum Jahrhundertende hin schmerzhaft bewußt werdenden Zerfall der Totalität der bürgerlichen Persönlichkeit, ihr Auseinanderfallen in eine öffentliche und eine private Existenz: der Citoyen steht dem Bourgeois in einer Person gegenüber.

Die zeitgenössische Literatur registrierte diesen Vorgang mit hoher Empfindlichkeit, jedoch nicht seinem Wesen nach, sondern vielfältig vermittelt als ethischen Konflikt. Der Zerfall der moralischen Statur des Romanhelden im ›Dorian Gray‹ veranschaulicht indessen nicht nur das charakteristische Obsiegen des hypertrophierten privaten Ich. Das Treiben des nach außen hin makellos schönen und daher vertrauenerweckenden, in seiner zweiten Existenz aber von Ausschweifung zu Ausschweifung und schließlich von Verbrechen zu Verbrechen taumelnden Dorian beurteilt Wilde in dieser Phase seines Schaffens, in der auch die Märchen entstanden, noch nach einem relativ stabilen Kanon ethischer Grundsätze. Obschon Wilde den Prinzipien des Ästhetizismus verpflichtet ist, der das Kunstwerk seines gesellschaftlichen Bezugs beraubt, verschafft sich der Citoyen in ihm doch Gehör. Und es ist dieser Konflikt, auf den der Dualismus in Wildes Werk, sein Schwanken zwischen unvereinbar scheinenden Extremen, zurückgeht. Daß das Motiv solcher Persönlichkeitsspaltung sich rein biographischer oder psychologischer Deutung widersetzt, daß es vielmehr historische Ursachen hat, beweist der Umstand, daß es in der Literatur seit den achtziger Jahren immer häufiger auftaucht. Sein Auftreten bei Wilde beschränkt sich nicht auf den Roman. Es findet sich auch in den Komödien und wird als untergründige Spannung für ›Bunbury oder Ernst sein ist alles‹ (*The Importance of Being Ernest,* 1895) zur Grundlage des Komischen und der Fabel, führt doch die Zentralfigur – dort mit Hilfe der Erfindung eines Bruders, während das Vorhandensein eines echten Bruders unerkannt ist – ebenfalls eine Doppelexistenz. Bei Robert Louis Stevenson, bei Joseph Conrad, Henry James, Rudyard Kipling – im Grunde bei allen Erzählern von Rang – tritt das Motiv mehrfach und in unterschiedlicher Form auf. Weithin am bekanntesten ist Stevensons ›Seltsamer Fall des Dr. Jekyll und Mr. Hyde‹ (*The Strange Case of Dr. Jekyll and Mr. Hyde,* 1886) geworden. Auch diese Erzählung, die den ›Dorian Gray‹ entscheidend beeinflußte, projiziert den Grundkonflikt auf eine ethische Ebene, indem die böse Komponente in Dr. Jekylls Psyche unter Drogeneinfluß eine auch physisch entsprechende Gestalt annimmt. Vielleicht am unmittelbarsten gibt der gebürtige Amerikaner und Wahlbrite Henry James in seiner 1893 veröffentlichten Kurzgeschichte ›Das Privatleben‹ (*The Private Life*) etwas vom wirklichen Urgrund des dualistischen Motivs preis. Sein Schriftsteller Clare Vawdry, für den Robert Browning Modell gestanden haben soll, hat in dieser Geschichte sein Ich in zwei Hälften gespalten, von denen er die eine zu Hause schreiben und die zweite, unproduktive in der Öffentlichkeit auftreten läßt. Damit war der Totalitätsverlust der spätbürgerlichen Persönlichkeit, der Zerfall der politisch-sozialen und der geistig-schöpferischen Tätigkeit des Dichters, konstatiert.

Natürlich war die Lossagung des bürgerlichen Dichters von seinen Verantwortlichkeiten als Citoyen kein neuer Vorgang. Nach 1848 von gesamteuropäischer Verbreitung, konnte der Riß jedoch durch das keineswegs unproblematische sozialreformerische Denken des Viktorianismus, das von der Illusion der grundsätzlichen Gesundheit des industriekapitalistischen Gesellschaftskörpers ausging, einstweilen noch überbrückt werden. Nun aber, da die englische Gesellschaft seit den achtziger Jahren in ihr imperialistisches Stadium eintrat, drang der Konflikt, dem das literarische Motiv von Persönlichkeitsspaltung und Doppelleben ein Zeichen setzte, überaus bedrohlich ins Bewußtsein sensibler Zeitgenossen. Letztlich war das eine Konsequenz der zeitbestimmenden sozial-ökonomischen Veränderungen. Die Verlagerung des wirtschaftlichen Schwergewichts vom *entrepreneur* des 19. Jahrhunderts auf das Finanzkapital mußte einschneidende ideologische Folgen haben. Sie bedeutete, daß mit dem historischen Abdanken des freien Unternehmers auch das Kredo des Liberalismus seine Glaubwürdigkeit eingebüßt hatte.

Denn wenn der Liberalismus mit seinem Grundsatz des *laissez-faire,* des freien Spiels miteinander wetteifernder Kräfte, dem einzelnen theoretisch unbegrenzte Entfaltungsmöglichkeiten und kraft dieser ständige allgemeine Höherentwicklung verheißen hatte, so wurden mit der rapiden Reduzierung jenes Kräftespielraums nun Individualismus und bürgerlicher Fortschrittsglaube als dessen ethische Ableitungen äußerst fragwürdig. In einer Welt, in der nicht mehr das Individuum entschied, sondern anonyme Kräfte undurchsichtig zu walten schienen, verkehrten sie sich in ihr Gegenteil. Hinzu kam das maßgeblich von den naturwissenschaftlichen Entdeckungen des 19. Jahrhunderts – Charles Darwins Name assoziiert sich als erster – bewirkte Zerschellen religiöser Ordnungsvorstellungen. Das Resultat war der Zusammenbruch des gesamten, in England seit den Frühtagen der bürgerlichen Gesellschaft von Liberalismus und Puritanismus geprägten ethischen Wertsystems.

Es hatte den Dichtern bis zur Mitte des 19. Jahrhunderts noch als Grundlage sittlichen Urteilens, als unerläßliche Schaffensvoraussetzung dienen können. Die nächste Generation, von der hier die Rede ist, fand sich solcher Orientierung beraubt. Auf einer Woge des Pessimismus trieb sie der Stimmung des Fin de siècle entgegen. Ihre fieberhafte Suche nach Auswegen aus dem geistigen Dilemma, die das verwirrend widersprüchliche geistige und literarische Bild der Zeit hervorbrachte, führte sie auf die verschlungenen Pfade idealistischer Philosophie oder der Religion. Okkultismus und Spiritismus blühten. ›Lord Arthur Saviles Verbrechen‹ (*Lord Arthur Savile's Crime,* 1890) widerspiegelt das brennende zeitgenössische Interesse an okkulten Phänomenen, freilich auf typisch Wildesche, leicht mokante Weise, was allerdings nicht ausschloß, daß Wilde, wie seine Briefe bezeugen, ebenfalls die Dienste des gerade modischen Chiromanten in Anspruch nahm.

Das war die spannungsreiche Atmosphäre, in die Oscar Fingall O'Flahertie Wills Wilde, 1856 in Dublin geboren, hineinwuchs. Seine Familie war von einem aus Holland stammenden Glücksritter gegründet worden, der sich in Irland niedergelassen und dort geheiratet hatte. Inzwischen war sie zu Ansehen und einem gewissen, allerdings, wie sich nach dem Tod des Vaters zeigen sollte, ungesicherten Wohlstand gelangt. Mit vierzig hatte der Vater als Augen- und Ohrenspezialist internationale Geltung erworben. Aber er war ein universeller Geist, der sich selbst mit einem beachtlichen wissenschaftlichen Ruf nicht zufriedengab. Als begeisterter irischer Patriot verfaßte er zahlreiche Arbeiten zur Volkskunde und Geschichte seines Landes. Sie waren Teil umfassender und fruchtbarer Bemühungen, die irische Volkskultur zur nationalen Selbstbesinnung gegenüber der englischen Vorherrschaft zu mobilisieren, Bemühungen, die schließlich auch das Theater einbezogen. Noch konnte niemand daran denken, aber von hier führte eine Spur zu der Weltgeltung, die irisches Theater und irische Lite-

ratur Jahrzehnte später durch Synge, Shaw, O'Casey wie auch durch Yeats und Joyce gewinnen sollten. So groß die philosophischen und künstlerischen Unterschiede zwischen ihnen im einzelnen sind, gemeinsam war ihnen ihre Dubliner Herkunft.
Wahrscheinlich noch nachhaltigeren Einfluß als der Vater übte die Mutter aus. Gleich diesem hochgebildet, teilte sie seine politischen Interessen und veröffentlichte patriotische Artikel. Gerade während seiner Bildungsjahre aber muß für Oscar Wilde das literarische Fluidum beeindruckend gewesen sein, das die ambitiöse Mutter – wie er selbst später nicht frei von Theatralik und Manierismus – zu verbreiten wußte. Als ihr Zweitgeborener zehn Jahre alt war, veröffentlichte sie unter dem Pseudonym Speranza einen Band Gedichte. Ihr Salon wurde zum geistigen und literarischen Mittelpunkt Dublins, sie selbst bekannt nicht nur als Essayistin und Dichterin, sondern auch als Übersetzerin beispielsweise von Karl Wilhelm Meinholds ›Sidonia von Bork, die Klosterhexe‹ (1847). Sein Leben lang war Wilde stolz darauf, daß zu den Büchern, die Rossetti in seiner Jugend enthusiastisch aufgenommen hatte, die ›Sidonia‹ gehörte und außerdem ›Melmoth der Wanderer‹ (*Melmoth the Wanderer,* 1820), ein auch von Byron und Scott, Balzac und Goethe geschätzter Schauerroman aus der Feder Charles Maturins, eines entfernten Onkels der Mutter.
Seine solchermaßen vorgeprägten Interessen wandte Wilde auf der Portora-Schule, im Trinity College in Dublin und dann in Oxford vor allem dem Studium des Griechischen zu. Es war die klassische Dichtung und Literatur, die sich ihm eröffneten und die er in einem wahren Schönheitsrausch erlebte. Einige Reisen nach Italien und Griechenland ergänzten die Studien. Wilde, der schon auf der Universität Geld und Ehrgeiz als seine ›zwei großen Götter‹ bezeichnete, erhielt Stipendien und höchste studentische Auszeichnungen. Sie waren wohl verdient, denn Wilde widmete sich seinem Studium – zumindest periodisch – mit großem Eifer. Aber es ist charakteristisch für ihn, daß er seine tatsächliche Arbeitsleistung eher zu verhehlen suchte, um sein Image als Genie, dem alles von selbst zufliegt, zu pflegen. Zu diesem Bild gehörte seine avantgardistisch ausgestattete Wohnung, in der der junge Ästhet seine Mitstuden-

ten mit dem berühmt gewordenen Wunsch verblüffte, sich seines blauen Porzellans würdig zu erweisen.
Zu dieser Zeit hatte er bereits bei zwei Oxforder Professoren gehört, die zu den bedeutendsten Vertretern der neuen ästhetischen und zum Teil auch sozial-ethischen Bewegung zählten, von der sich Wilde von da an so stark angesprochen fühlte. Zunächst hatte ihn der Kunstwissenschaftler John Ruskin in seinen Bann gezogen. Seine Kritik an der Häßlichkeit der Maschinenwelt fand kein geringeres Echo als das dagegengesetzte Postulat des Schönen. Seine These von der Würde der Handarbeit, die ästhetische wie soziale Akzente trug, überprüfte er experimentell am Projekt eines Straßenbaus; Wildes Beteiligung ist überliefert.
Solche Folgen akademischen Theoretisierens mochten Wilde auf die Dauer zu anstrengend, Ruskins sehr weitgehendes progressives soziales Engagement zu verpflichtend sein. So war seine Hinwendung zu Walter Pater eigentlich nur folgerichtig. Von ihm übernahm er jenen bindungslosen Schönheitskult, jenen hellenistischer Dekadenz verpflichteten Hedonismus, jene zur höchsten Weisheit erklärten Liebe zur Kunst um ihrer selbst willen, alles Zeichen reaktiver gesellschaftlicher Randständigkeit des bürgerlichen Künstlers, die sich Wilde nun unter dem zusätzlichen Einfluß französischer Vorbilder anschickte, in Leben und Kunst umzusetzen.
Ein Bändchen Gedichte brachte er 1879 nach London mit; 1881 wurde es veröffentlicht. Den Versen wurde Begabung und Mut bescheinigt. Mut, weil der Dichter in von Tennyson her geläufiger Weise die Kommerzialisierung des Empire anklagte. Trotz mehrerer Auflagen innerhalb kurzer Zeit war der Kritik aber sofort klar, daß hier weniger eine originale Stimme als die Stimmen größerer Sänger erklangen, neben der Tennysons und anderer Dichter des 19. Jahrhunderts die von Keats, Byron, Milton, sogar Shakespeare.
Was Originalität anlangt, reüssierte er dafür auf andere Weise erstaunlich schnell; als Salonlöwe, als bald unentbehrlicher brillanter Unterhalter exklusiver Gesellschaften, der bewußt durch herausfordernde Kleidung und lässig exzentrisches Gebaren die Rolle eines Poseurs übernahm. Wilde war aus Ox-

ford gerade drei Jahre fort, als ihn das elegante London höchlichst amüsiert in einer entsprechenden Figur des neuesten Opus der Operettenschöpfer Gilbert und Sullivan erkannte, obwohl möglicherweise gar nicht Wilde, sondern Rossetti von den Autoren gemeint war. Nicht, daß Wilde verstimmt gewesen wäre. Er hatte diese Art Ruhm mit Gusto angesteuert. Aber obwohl sie von seiner Warte als Erfolg erscheinen mußte, befreite sie ihn nicht von der beim Verlassen der Universität brieflich eingestandenen Furcht, ›irgendeine abscheuliche Arbeit ums tägliche Brot‹ tun zu müssen. Die Amerikatournee schien einen Ausweg zu bieten; 1883 folgte ihr eine weitere durch Großbritannien. Wildes von nun an stetig wachsende Geldsorgen behoben sie nicht, zumal er 1884 mit Constance Mary Lloyd, der Tochter eines bekannten Dubliner Anwalts, eine Familie gründete. Sein älterer Bruder verschaffte ihm Beziehungen zu Zeitschriften, für die Wilde nun einige Jahre lang als Rezensent arbeitete.

Vieles spricht dafür, daß Wilde – aller Pose entgegen – seine Arbeit als Kritiker durchaus ernst nahm. Er faßte die Kritik als schöne und produktive Kunst, den Kritiker als schöpferischen Betrachter auf (›Der Kritiker als Künstler‹, *The Critic as Artist,* 1890). Das heißt jedoch nicht, daß seinen recht eklektischen ästhetischen Ansichten, die er fast sämtlich in dieser Zeit zu Papier brachte, irgendeine schlüssige Theorie zugrunde läge. Nicht zufällig aber stehen sie in auffälliger Nähe von denen des George-Kreises in Deutschland. 1892, also vor seiner Entfremdung von Stefan George, zählt Hugo von Hofmannsthal Wilde zu den künstlerisch Gleichstrebenden. Allerdings tadelt der ›Kreis‹, in dem der Einfluß der englischen Ästhetizisten noch vor dem der französischen wirksam wurde, Wildes persönlichen und künstlerischen Hedonismus. Tatsächlich deutet sich in dieser Kritik die Richtung der nachfolgenden Auseinanderentwicklung an. Während Wilde über dem im Privatleben gesuchten Genuß schließlich die künstlerische Produktivität einbüßt, wird George zum hymnischen Künder eines neuen heroischen Zeitalters, für das er ästhetisch erziehen will, und öffnet sich so dem späteren Mißbrauch während des Tausendjährigen Reiches.

Was den George-Kreis in seiner Frühzeit mit Wilde verbindet, ist das Erlebnis der *dècadence,* des Niederschlags bürgerlichen Krisenbewußtseins und ideologischen Verfalls. Die Folge ist die Ablehnung alles Außerkünstlerischen. Der Künstler wendet sich nach esoterischer Abkehr vom bürgerlichen Kunstbetrieb von der Wirklichkeit überhaupt ab. Gesellschaftlich randständig und auf sich selbst zurückgeworfen, fordert er die Austreibung des Ethischen aus dem Ästhetischen. Die schöne Form herrscht über den Inhalt, sie verdrängt ihn. Wesentlich wird das Subjekt des Künstlers, seine Träume, seine erlesenen Stimmungen, seine sensibel empfangenen Eindrücke.

Dieser Impressionismus ist bei Wilde stärker ausgeprägt. Er fordert den Mut, sich seinen Eindrücken hinzugeben. Für ihre Verwandlung in Kunst ist der Dichter der wahre Meister, denn er gebietet durch sein Material – das Wort – über Formen, Farben und Klänge zugleich. Im äußersten, idealen Fall schwebt ihm das Dichtwerk als gedichtetes Bild vor. Doch im Mittelpunkt steht der Zauberbegriff des Stils. Er ist es, der nach Wilde die Kunst dem unvollkommenen, weil stillosen Leben überlegen macht. Der Stil, Form gewordene Phantasie, überlebe alles andere in der Kunst.

Aber Stil, so behauptete Wilde in seinen kritischen Schriften, ist nur an Gegenständen zu vollbringen, die dem Autor fernstehen, die ihn kaltlassen, die ihn nicht zu Parteinahme oder zur Bekundung von Anteilnahme verleiten. Zum Glück für sein Werk ist Wilde – auch hier im Widerspruch jenes Dualismus verstrickt – seinen Thesen weder als Kritiker noch als Dichter konsequent treu geblieben. Als Kritiker nicht, als der er – und wenige Beispiele müssen genügen – ein begründetes Bekenntnis zu dem Realisten Balzac als überragendem Romancier ablegte, während er die Naturalisten und – erstaunlicherweise – Henry James' formale Erzählexperimente als Verschwendung von viel Talent an unbedeutende Motive (*›mean motives‹*) ablehnt. Und als Dichter nicht, wie seine meisterhafte Beherrschung der kleinen epischen Formen beweist. Wilde entdeckte die Mittel der Kurzgeschichte und des Märchens für seine Feder, kurz bevor er die Herausgeberschaft der Zeitschrift ›The Woman's World‹ übernahm.

Während er von Mitte 1887 bis 1889 mit Geschick bemüht war, der ›Welt der Frau‹ zum Erfolg zu verhelfen, war er privatim in dieser Welt ein Fremder geworden. Auch hier zwei Gesichter: nach außen gekehrt, das des Ehemannes und Vaters zweier Söhne, 1885 und 1886 geboren; das andere, das Licht der Öffentlichkeit scheuend. Dieses zweite Gesicht wird aber im Werk durchaus sichtbar und beweist damit trotz der postulierten kühlen Distanz eine unmittelbare Nähe eigensten Erlebens zur literarischen Produktion. Dorian Grays Homosexualität ist ohne Mühe als dessen geheimstes Laster erkennbar. Und ›Das Bildnis des Mr. W. H.‹ (*The Portrait of Mr. W. H.*, 1889) ist so sehr von Wildes persönlichem Anliegen bestimmt, daß er Shakespeare, während er in der Fiktion das Geheimnis der Identität der Unbekannten in den Sonetten lüftet, in einen Mann der Männer umdichtet. Sticht hier das Konstruierte und Ausgeklügelte ins Auge, so trägt ›Der Millionär‹ (*The Model Millionaire*, 1887) beinahe operettenhaft idyllische Züge.

Aber Wilde war mit den Qualitäten des ursprünglichen Erzählers begabt. Mag sein, daß ihn ein Ausspruch Paters, Prosa sei schwerer zu machen als Verse, zum Schreiben herausforderte. Fest steht, daß schon auf der Universität seine Gaben als Erzähler bekannt waren, und es sind Behauptungen von Zeitgenossen überliefert, wonach Wildes extemporierter mündlicher Vortrag in den Londoner Salons alles übertroffen haben soll, was er je zu Papier brachte. Das dürfte übertrieben sein, aber daß sich ein Mensch wie Wilde von einem dankbaren Publikum inspiriert fühlte, erscheint einleuchtend. Jedenfalls erklärt sich seine außergewöhnliche Kunstleistung auf dem Gebiet des Märchens auch daraus, daß die Form der kurzen erzählenden Prosadichtung dem glänzenden Plauderer besonders gemäß war. Dafür spricht auch die Prägung gerade der Märchen durch nominale und parataktische, gleichrangige Sätze nebeneinander ordnende, Ausdrucksweisen, wie sie die gesprochene Sprache kennzeichnen. Waren ursprüngliche Begabung und erzählerische Veranlagung auch unabdingbare individuelle Schaffensvoraussetzungen, so scheint sich Wilde der Gattung des Märchens doch aus ganz besonderen Gründen zugewandt zu haben. Es mag gerade die Schlichtheit und relative Übersichtlichkeit, jene gewisse Naivität gewesen sein, die der Welt des Märchens, auch der des Kunstmärchens, eigen ist, von der sich Wilde angezogen fühlte. Denn sie bot ihm die wichtige Möglichkeit eindeutiger sittlicher Bewertung menschlicher Handlungsweisen, also etwas, das – im Sinne unserer eingangs gemachten Bemerkungen – außerordentlich schwierig geworden war. Wilde wußte die intuitiv erfaßte Chance zu nutzen.

Die nicht zuletzt darauf gründende Schönheit der beiden Märchensammlungen ›Der glückliche Prinz‹ (*The Happy Prince*, 1888) und ›Das Granatapfelhaus‹ (*A House of Pomegranates*, 1891) brachte ihrem Schöpfer, wenn nicht sofort, so doch in der Folge wachsenden Ruhm und rückte ihn für die Kritik in die Nähe der Großen des Kunstmärchens wie Goethe, Novalis, Andersen oder Tolstoi. Auch in seinen Märchen bleibt Wilde indessen unverwechselbar er selbst. Auch in ihnen drängt es ihn beispielsweise zum Paradoxen, das nicht von ungefähr bei Wilde, das heißt in einer Zeit, blüht, in der die überlieferten ethischen Ansichten sich auflösen und ihre paradoxen Umkehrungen den Grad der Wahrscheinlichkeit erlangen, der die Wirkung des Paradoxen erst ermöglicht; denn sonst würde es nicht als paradox, sondern als schlechthin widersinnig empfunden. Man merkt es den Märchen immer wieder an, daß sich ihr Verfasser aus der Welt des Salons in die der Prinzen und Nachtigallen begeben hat, so wenn ›Die ungewöhnliche Rakete‹ (*The Remarkable Rocket*) welterfahren meint, ›seine Freunde zu kennen‹ sei ›ein mißlich Ding‹, oder wenn ausgerechnet der Großinquisitor in ›Der Geburtstag der Infantin‹ (*The Birthday of the Infanta*) bei der Vorführung ›der beinah klassischen Tragödie „Sophonisbe"‹ vom Schicksal der Puppen, ›die aus nichts als Holz und buntem Wachs bestehen‹, ›zutiefst ergriffen‹ ist.

Wildes sensualistische Suche nach der erlesenen Sensation und sein Hang zur Genußsteigerung durch die Analyse des Sinneserlebnisses scheint auch hier durch. Dennoch sind seine Sprache, seine Fügungen und seine Bilder bemerkenswert beherrscht. Wilde gewinnt ästhetische Wirkungen gerade aus einer stilisierten Einfachheit, die mitunter, auch durch wiederholte Erzählformeln wie: ›Und da er schlief, träumte er einen Traum‹, an die Sprache der Bibel erinnert. In der Welt seiner Märchen steigert er das Einfache zum Ornament, ja gelegentlich zum Zeremoniell.

Typisch ist der von ihm betriebene Kult mit Blumen und Farben. Blumen sind auf Schritt und Tritt anzutreffen, nicht als Naturelemente, sondern als Kultgegenstände. Außer Wildes Lieblingsblume, der Orchidee mit ihren bizarren Formen, sind sie jedoch nicht sensualistischer Selbstzweck, sondern haben Symbolwert. Am häufigsten sind Rose und Lilie. Beide stehen für Schönheit und Jugend. Während Perlen und edle Steine, die ja zum allgemeinen ästhetizistischen Bestand gehören, von Wilde kaum eigenen künstlerischen Zwecken anverwandelt werden, haben Farben bei ihm ähnliche Funktionen wie Blumen. Im Gegensatz zu Huysmans etwa genießt er sie nicht als solche. Wildes Farbensymbolik ist aber vielschichtig genug, um nicht im Vordergründigen steckenzubleiben. So stehen seine Vorzugsfarben Weiß und Rot für Schönheit und Jugend, Blut und Unschuld, aber auch für sinnlichen Genuß und Vernichtung. Besondere Vorliebe zeigt Wilde für Mischfarben. Grün zum Beispiel ist bei ihm in den Schattierungen Oliv-, Moos-, Jade- und Zitronengrün anzutreffen. Gelb, die Farbe der neunziger Jahre, bedeutet bei ihm oft Alter und Tod.

Aber Wildes Verherrlichung des Schönen ist, sowenig sie ihre ästhetizistische Herkunft verleugnen kann, in den Märchen wesentlichen Inhalten untergeordnet. Mit bemerkenswertem humanistischem Engagement bezieht sich Wilde unmittelbar auf die weit klaffenden Widersprüche seiner Zeit. Er läßt die kleine Schwalbe in ›Der glückliche Prinz‹ über die Großstadt fliegen, und was sie sieht und dem Prinzen berichtet über ›die Reichen in ihren schönen Häusern‹ und ›die weißen Gesichter hungernder Kinder‹, ist eine poetisch wirksame Anklage eines – wie Wilde in seinem Sozialismus-Essay zwei Jahre später ja klar formulieren sollte – wegen seiner Besitzverhältnisse unmenschlichen Systems. Die Märchen spiegeln menschliches Leid, ›Gebieter über diese Welt‹, und menschliche Grundhaltungen in ihrer sozialen Bedingtheit. Im Schutze eines Schwalls freigebiger Worte plündert der reiche Müller den kleinen Hans erbarmungslos aus (›Der opferwillige Freund, *The Devoted Friend*), und der arme Schlucker merkt es nicht einmal: dem Leser wird der Urteilsspruch überantwortet. Immer wieder sitzt der Egoismus auf der Anklagebank, aber es wird auch die uneigennützige Tat wie ein Wunder in einer Welt des Eigennutzes gefeiert (›Die Nachtigall und die Rose‹, *The Nightingale and the Rose*). Im Zusammenhang dieser Gedankengänge erhalten sogar Kunstmittel aus dem ästhetizistischen Arsenal plötzlich eine neue Funktion. In ›Der junge König‹ (*The Young King*) dient die ausführliche Beschreibung des Prunkgemachs der anschließenden kontrastierenden Hervorhebung des furchtbaren Weberelends. Wenn Wilde in ›Der Fischer und seine Seele‹ (*The Fisherman and his Soul*) die kaiserliche Schatzkammer beschreibt, dann nur, um vermittels dieser Beschreibung die Anmaßung des Reichtums zurückzuweisen. Solche Folgen hat Wildes Engagement, daß er seinem anderen Ich in den Märchen mit selbstironischer Erkenntnisschärfe gegenübertreten kann. Denn das Kopfstehen als Zulassungsbedingung ›zur feinsten Gesellschaft‹ (›Der opferwillige Freund‹) ist nicht weniger beziehungsvoll als das kümmerliche Ende der aristokratischen Rakete, die es entrüstet ablehnt, nützlich zu sein, und die im Schlamm des Wassergrabens landet.

Es ist, als hätte Wilde auch hier Anklänge an zukünftiges Geschehen vorweggenommen; er hat es selbst später so gesehen. Vorerst sollte er jedoch noch den Höhepunkt und den Tiefpunkt seines Lebens durchschreiten. Die Jahre von 1892 bis zu seinem Prozeß von 1895 waren seine Erfolgsjahre. Nach dem Erfolg des ›Dorian Gray‹ und dem Mißerfolg der frühen Dramen ›Vera oder Die Nihilisten‹ und ›Die Herzogin von Padua‹ (*Vera, or the Nihilists; The Duchess of Padua*) setzten sich seine gut gemachten Salonkomödien sofort durch. Daß sich unter ihrer polierten Oberfläche tiefere Bedeutung verbirgt, ist nicht nur mit Hester Worsleys mutig anklagenden Worten gegen den Parasitismus der englischen Oberschicht in ›Eine Frau ohne Bedeutung‹ (*A Woman of No Importance*, 1893) belegbar. Die bereits 1891 in Paris französisch geschriebene lyrische Tragödie ›Salomé‹ hat Wilde nie auf der Bühne gesehen; die Aufführrung dieser Apotheose der Leidenschaft, deren Titelrolle nach Wildes Behauptung die große Sarah Bernhardt spielen wollte, wurde von der Zensur verhindert. Richard Strauss war es, der dem Stück zu bleibendem Ruhm verhalf, als er, von einer Inszenierung Max Reinhardts inspiriert, den Text für seine großartige Opernkomposition verwendete.

Diese Zeit angeregten Schaffens wurde durch den berüchtigten Prozeß beendet. Er war für keinen der Beteiligten ein Ruhmesblatt. Zu deutlich wurde die Absicht spürbar, sich an einem Mann zu rächen, der das Geschäft des *épater le bourgeois,* des Bürgerschrecks, zu hemmungslos betrieben hatte. Dieser Mann hatte sich indessen mehr als genügend Blößen gegeben. Der Marquess of Queensberry, der Vater eines der jungen Männer, mit denen Wilde Beziehungen gehabt hatte, provozierte einen Beleidigungsprozeß, dem ein Strafprozeß folgte, in dem Wilde wegen ›widernatürlicher Unzucht‹ zu zwei Jahren Gefängnis verurteilt wurde.

Wiederum sind die Briefe aufschlußreich, nun allerdings wegen des Ausmaßes des Persönlichkeitsabbaus, der Wilde in den zwei Jahren in Reading widerfuhr. Wie gebannt hatte er auf den Ausgang seines Prozesses geharrt, hatte Fluchtmöglichkeiten nicht genutzt, um auch das Leid als Fortsetzung intensiven Lebens über den Genuß hinaus zu erfahren; so jedenfalls hatte er es dargestellt. Nun aber, als zu äußerster Anspruchslosigkeit verdammter Lebemann, fällt alle Pose von ihm ab. Seine Gedanken ziehen immer engere Spiralen. Er überhäuft die verbliebenen Freunde mit unberechtigten Vorwürfen kleinlichster Art, macht sie verantwortlich für sein Los und seine Zukunft. Was ihn schließlich außerordentlich beschäftigt, ist das Schicksal seines Pelzmantels, den er zwölf Jahre lang getragen und in Amerika bei allen Premieren bei sich hatte.

Noch machte er sich Hoffnungen, nach seiner Entlassung dort fortfahren zu können, wo er aufhören mußte. In Wirklichkeit war seine Schöpferkraft gebrochen. Doch noch einmal gelang ihm ein großer Wurf, ›Die Ballade vom Zuchthaus zu Reading« (*The Ballad of Reading Gaol,* 1898). Sie ist einem zum Tode verurteilten Mitgefangenen gewidmet und hat bis ins

Metrum hinein nichts Gefälliges mehr an sich. In der rauhen Sprache wird echte Erschütterung spürbar. Leider haben spätere Hinzufügungen Wildes manches wieder geglättet. Frans Masereel war der graphische Gestalter der Buchausgabe. Aus derselben Erschütterung heraus setzte sich Wilde in zwei Briefen an die Presse für in Reading gefangengehaltene Kinder ein.

Aber schon ›De Profundis‹, noch während der Haft verfaßt und vorgeblich ein Bekenntnis zur läuternden Macht des Leidens, ist voller Mißklänge. Das Persönliche bleibt in diesem langen Brief der Abrechnung mit Lord Alfred Douglas, dem Sohn des Marquess of Queensberry, trotz vieler Aussparungen zu sehr im Vordergrund. Nach der ›Ballade‹ schrieb Wilde, in Frankreich angekommen, so gut wie nichts mehr. Er lebte jetzt ausschließlich Genüssen, die am Ende nichts Erlesenes mehr an sich hatten, und den Bemühungen, die dafür nötigen Geldmittel zu beschaffen. Am 30. November starb er im Hôtel d'Alsace, einem drittklassigen Hotel in der Pariser Rue des Beaux-Arts.

Im April 1891 hatte Oscar Wilde an Arthur Conan Doyle, den geistigen Vater der Sherlock-Holmes-Gestalt, geschrieben: ›Zwischen mir und dem Leben hängt immer ein Nebel von Worten. Ich werfe die Wahrscheinlichkeit aus dem Fenster um eines Bonmots willen, und für ein Epigramm gebe ich die Wahrheit preis. Und doch strebe ich danach, ein Kunstwerk zu schaffen.‹ Wildes Streben war nicht von dem erträumten, vielleicht nicht einmal von dem möglichen Erfolg gekrönt. Dennoch war es erfolgreich. Denn immer dann, wenn es ihm gelang, widrigen Umständen zum Trotz die Nebelwand zwischen sich und der Wirklichkeit zu durchdringen, und sei es nur für Augenblicke, gelangen ihm Schöpfungen von bleibender Schönheit und Wirkung.

Die vollständige Geschichte der Beziehungen zwischen Oscar Wilde und Aubrey Beardsley und ihre gegenseitige Abneigung beweist nur, wie schwer es für schöpferische Künstler ist, sich gegenseitig zu würdigen: wie Berggipfel stehen sie allein. Oscar kehrte in seinem Umgang mit Beardsley ein wenig den Gönner, die Überlegenheit des Älteren hervor und lobte ihn oft auf übertriebene Weise, während Beardsley bis zuletzt von Oscar als von dem effektvollen *showman* sprach und trocken bemerkte, er wisse hoffentlich mehr über Literatur als über Malerei. Für kurze Zeit arbeiteten sie in Übereinstimmung, aber man darf nicht vergessen, daß Beardsley es war, der Oscar beeinflußte, und nicht Oscar, der Beardsley beeinflußte. Beardsleys Verachtung der Kritiker und des Publikums, sein künstlerischer Mut und sein Geltungsbedürfnis hatten auf Oscar einen gewissen stählenden Einfluß, der sich allerdings, so wie sich die Dinge entwickelten, als höchst unglücklich erwies.

Frank Harris

Als ich im Herbst 1899 bei meiner Rückkehr aus Italien durch Paris kam, trafen wir uns wieder. (. . .)
(. . .) der Eindruck, den ich bei dieser Gelegenheit gewann, war, daß Oscar Wilde der unvergleichbar begabteste Redner war, dem ich jemals begegnet bin. Die fließende Sprache, lässig und selbstbeherrscht, im Ton orakelhaft, im Stoff spielerisch launenhaft, die ohne Pause, ohne Zögern, ohne Veränderung eines einzelnen Wortes dahinglitt, mit der ruhigen Beflissenheit eines Mannes, der in diesem Fach Meister war und der sich bewußt war, daß er wenigstens in jenem Augenblicke wieder in seiner alten Stärke dastand. Dies alles, zusammen mit dem Vergnügen, das auch auf seine Zuhörer ansteckend wirkte, sich wieder im Kreise von Freunden zu befinden, die die Meinung der Welt über seinen Sturz nicht teilten, machte auch anderen als mir dieses Wiedersehen unvergeßlich.

Laurence Housman

Er war immer leidend und oft so krank, daß er in die Krankenabteilung gebracht werden mußte. Hier war er immer beliebt. Sein Gespräch und sein Witz entzückten die armen Gefangenen, und er seinerseits war vergnügt, Zuhörer, wenn auch nur solche Zuhörer, zu haben. Zu solchen Zeiten kam wieder Farbe in seine Wangen, seine ganze Person belebte sich wieder und gewann das Aussehen und den Schein guter Gesundheit und hellen Geistes. So erschien er zwei Beamten, die aus dem Ministerium des Innern gesandt worden waren, um ihn auf Grund einer Bittschrift für seine Freilassung wegen Krankheit, ohne daß er etwas davon wußte, durch ein Beobachtungsloch eine halbe Stunde lang zu überwachen. Er saß gerade auf seinem Bette und plauderte, während alle Kranken äußerst vergnügt waren. Daraufhin kehrten die beiden Herren nach London zurück und berichteten, daß Sträfling Nr. 33 sich in beneidenswertem physischem und geistigem Zustand befinde. (...) Die zwei Jahre Leiden und Erniedrigung hinterließen bei ihm keine äußerliche Spur, mit Ausnahme einer kleinen, nervösen Eigentümlichkeit, die er sich angeeignet hatte, Dinge, die vor ihm unordentlich herumlagen, symmetrisch anzuordnen. »Ich hatte in meiner Zelle alles genau auf seinen Platz zu legen«, sagte er, »und wenn ich etwas nur im geringsten vernachlässigte, so wurde ich bestraft. Die Strafe war aber so furchtbar für mich, daß ich oft im Schlafe aufsprang, um zu fühlen, ob jede Sache so lag, wie die Vorschrift es verlangte, und weder einen Zoll weiter nach rechts oder nach links. Auch jetzt plagt mich noch dieser Schreck, und unwillkürlich schaffen meine Finger dort Ordnung, wo etwas unordentlich ist.«

Robert Harborough Sherard

Wenn ich damals, als Wilde und Whistler für witzige Schwätzer gehalten und in der Presse Oscar und Jimmy genannt wurden, über die beiden etwas schrieb, ließ ich es mir stets angelegen sein, sie ernst zu nehmen und mit ausgesucht guten Manieren zu behandeln. Und Wilde ließ es sich ebenfalls angelegen sein, mich durch sein Verhalten als einen Mann von Bedeu-

tung anzuerkennen und die landläufige Wertung meiner Person als einfacher Spaßmacher zurückzuweisen. Das war nicht der übliche wechselseitige Bewunderungskniff. Meines Erachtens meinte er es ehrlich und war über das entrüstet, was er für eine gemeine Unterschätzung meines Wertes hielt; und ich hatte ihm gegenüber dieselbe Empfindung. Mein Verlangen, in seinem Unglück zu ihm zu halten, und meine Abscheu vor den Zeitungszoten über den ›Kerl Wilde‹ ließ sich nicht bezwingen. Ich weiß nicht genau, weshalb das so war. Denn ich war nicht durch verständnisvolles Wohlwollen, sondern erst durch Lektüre und Beobachtung zur Duldsamkeit gegen seine Perversität und zur Anerkennung der Tatsache bekehrt worden, daß sie keinerlei allgemeine Verderbtheit oder Roheit des Charakters bedingt. (...)
Wir müssen versuchen, uns auszudenken, wie wir Oscar beurteilt haben würden, wenn er ein normaler Mensch gewesen wäre und sich in der gewohnten, achtbaren Weise zu Tode gegessen hätte wie sein Bruder Willie. Beiläufig dient uns dieser Bruder sozusagen als Fingerzeig, denn Willie, der genau dieselbe Erziehung und die gleichen Aussichten hatte, muß von der Literaturgeschichte als gewöhnlicher, unbedeutender Journalist erbarmungslos ausgeschaltet werden. Nun gesetzt den Fall, Oscar und Willie wären beide an dem Tag gestorben, ehe Queensberry die bewußte Karte im Klub abgab! Dann hätte man Oscar als Schöngeist und Dandy doch im Gedächtnis behalten und ihm in der dramatischen Kunst ein Plätzchen neben Congreve angewiesen. Und ein Band seiner Aphorismen hätte neben La Rochefoucaulds ›Maximes‹ auf dem Bücherbrett mit Ehren bestehen können. Wir hätten allerdings ›Die Ballade vom Zuchthaus zu Reading‹ und ›De Profundis‹ entbehren müssen, aber er würde dennoch im ›Dictionary of National Biography‹ eine ansehnliche Rolle gespielt haben und wäre auch außerhalb des Lesesaals im Britischen Museum gelesen und zitiert worden.

George Bernard Shaw

Diejenigen, die Wilde erst gegen Ende seines Lebens kennenlernten, können sich hinter dem schwachen, zugrunde gerichteten Menschen, als welchen ihn das Gefängnis uns zurückgab, nicht mehr den wunderbaren Menschen, der er vorher war, vorstellen. Ich traf ihn 91 zum ersten Mal. (. . .)
Kaum war er in Paris eingetroffen, ging sein Name von Mund zu Mund; absurde Anekdoten wurden über ihn erzählt: Wilde war noch immer nur der, der Zigaretten mit goldenem Mundstück rauchte und mit einer Sonnenblume in der Hand durch die Straßen ging. Denn mit seiner Fähigkeit, jene anzulocken, die für weltlichen Ruhm sorgten, hatte es Wilde verstanden, vor seiner wahren Person ein amüsantes Phantom aufzubauen, mit dem er geistreich spielte.
Ich hörte von ihm zum ersten Mal bei Mallarmé: Er wurde als glänzender Plauderer dargestellt, und ich wollte ihn gern kennenlernen, ohne freilich zu hoffen, daß es mir gelingen würde. Ein glücklicher Zufall, oder vielmehr ein Freund, dem ich meinen Wunsch mitgeteilt hatte, kam mir zu Hilfe. Man lud Wilde zum Essen ein. Es war in einem Restaurant. Wir waren zu viert, aber Wilde war der einzige, der redete. (. . .)
Vor anderen trug Wilde eine Parademaske, die dazu bestimmt war, Erstaunen, Amüsement oder zuweilen Empörung hervorzurufen. Er hörte nie zu und verfolgte selten einen Gedanken, wenn es nicht sein eigener war. Sobald er nicht allein glänzte, verlöschte er. Man fand ihn erst dann wieder, wenn man sich mit ihm allein fand. (. . .)
1896
(. . .) Die Gesellschaft ist sehr erfinderisch, wenn sie einen Menschen unterdrücken will, und kennt subtilere Mittel als den Tod . . . Wilde hatte zu viel gelitten während zweier Jahre und in zu passiver Weise. Sein Wille war gebrochen. (. . .)
Eines Abends auf den Boulevards, wo ich mit G. promenierte, hörte ich, wie jemand meinen Namen rief. Ich wandte mich um: es war Wilde. Ah, wie sehr hatte er sich verändert! (. . .)
Wilde saß auf der Terrasse eines Cafés. Er bestellte für G. und mich zwei Cocktails . . . Ich wollte mich ihm gegenüber setzen, das heißt, so, daß ich den Passanten den Rücken zukehrte, doch Wilde, den diese Geste sehr berührte, weil er glaubte, ab-

surderweise schämte ich mich seiner (er täuschte sich – leider! – nicht völlig), sagte: »Oh! Setzen Sie sich doch hierher, neben mich«, und wies auf einen Stuhl an seiner Seite, »ich bin im Augenblick so einsam!«

Wilde war noch immer gut gekleidet; doch sein Hut war nicht mehr so prächtig; sein Kragen hatte dieselbe Form, war aber nicht mehr so sauber; die Ärmel seines Gehrocks waren ein wenig ausgefranst.

»Wenn ich früher mit Verlaine zusammentraf, wurde ich wegen seiner nicht rot«, fuhr er fort, mit bemühtem Stolz. »Ich war reich, froh, von Ruhm bedeckt, doch ich hatte das Gefühl, daß es eine Ehre für mich sein würde, neben Verlaine gesehen zu werden, selbst wenn er betrunken war ...« Dann, da er glaubte, G. zu langweilen, glaube ich, änderte er den Ton, bemühte sich, geistreich zu sein, zu scherzen, verdüsterte sich. Hier bleibt meine Erinnerung abgrundtief traurig. Schließlich erhoben sich mein Freund und ich. Wilde bestand darauf, die Zeche zu bezahlen. Ich wollte mich verabschieden, als er mich zur Seite nahm und mir zuflüsterte: »Hören Sie, Sie müssen es erfahren ...: ich bin völlig ohne Mittel ...«

Wenige Tage später sah ich ihn zum letzten Mal. Von unserer Unterhaltung will ich nur ein Wort zitieren. Er hatte mir von seiner bedrängten Lage erzählt, der Unmöglichkeit weiterzumachen, eine neue Arbeit in Angriff zu nehmen. Traurig erinnerte ich ihn an das sich selbst gegebene Versprechen, nur mit einem vollendeten Stück nach Paris zurückzukommen. »Ah, warum«, begann ich, »haben Sie Berneval so bald verlassen, wo Sie so lange hätten bleiben können? Ich kann nicht sagen, daß ich Ihnen darum böse bin, aber ...« Er unterbrach mich, legte seine Hand auf die meine, sah mich mit seiner traurigen Miene an: »Man darf einem Menschen nicht böse sein«, sagte er, *»der geschlagen ist.«*

André Gide

›De Profundis!‹ Es war um dieses Dokumentes willen, daß ich dem späten Oscar Wilde einen so prominenten Platz in meiner Ruhmeshalle einräumte; der große Brief des Sträflings an Lord Alfred Douglas bedeutete mir mehr als ›The Picture of Dorian Gray‹, ›The Importance of Being Earnest‹ und ›Salomé‹ zusammengenommen. Der brillante Wilde der Dandy- und Erfolgsepoche ließen mich ebenso kalt wie der charmante junge Heine, der mit artig gespitztem Mäulchen ›Du bist wie eine Blume‹ sang. Es war der ruinierte und verkommene Wilde, der seinen eigenen Untergang gewollt und provoziert hatte (aus Hybris? aus christlichem Leidenswillen?); Wilde, der Büßer, dem immer noch freche Witzworte von den einst verführerischen Lippen kamen. Es war ein tragischer Wilde, den ich mit tiefem Bückling in meine erlauchte Gesellschaft bat.

Dort gesellte sich der arme Oscar – oder tritt er unter dem Namen ›Sebastian Melmoth‹ auf, aus Angst vor den Gläubigern – zu anderen verdächtigen und verehrungswürdigen Figuren.

Klaus Mann

Künstlertum, wie Wilde es suchte, setzt konservative Ordnungen voraus, feudalistische oder großbürgerliche, denn sie bringen den Reichtum hervor, der die Muße und den Genuß erlaubt. Die Forderungen des Mitleids und des Ethos entstehen nicht in der oberen Gesellschaftsschicht, und es hat tiefere Bedeutung, wenn Wilde ihnen erst begegnete, als seine Klasse ihn von sich stieß. Seine Charakterstärke oder auch nur seine Lebenskraft waren nicht groß genug, um wie einer zu handeln, den das Schicksal an einem neuen Kontinent aussetzt: er kann ihn erobern, es gibt viele Welten, doch ungebrochen muß er sein.

Otto Flake

Die Götter hatten mir fast alles verliehen. Ich besaß Genie, einen erlauchten Namen, eine hohe soziale Stellung, Ruhm, Glanz, intellektuellen Wagemut; ich habe die Kunst zu einer Philosophie, die Philosophie zu einer Kunst gemacht; ich habe die Menschen anders denken gelehrt und den Dingen andere Farben gegeben; alles, was ich sagte oder tat, setzte die Leute in Erstaunen.
Ich nahm das Drama, die objektivste Form, die die Kunst kennt, und machte es zu einem so persönlichen Ausdrucksmittel wie das lyrische Gedicht oder das Sonett; zugleich erweiterte ich seinen Bezirk und bereicherte es in der Charakteristik. Drama, Roman, Gedicht in Prosa, Versgedichte, den geistreichen oder den phantastischen Dialog – alles, was ich berührte, hüllte ich in ein neues Gewand der Schönheit ... ich zeigte, daß das Falsche und das Wahre lediglich intellektuelle Daseinsformen sind.
Die Kunst behandelte ich als die oberste Wirklichkeit, das Leben nur als einen Zweig der Dichtung. Ich erweckte die Phantasie meines Jahrhunderts, so daß es rings um mich Mythen und Legenden erschuf. Alle philosophischen Systeme faßte ich in einen Satz, das ganze Dasein in ein Epigramm zusammen.
Daneben tat ich noch anderes. So ließ ich mich in lange Perioden eines sinnlosen, sinnlichen Wohlbehagens locken. Ich belustigte mich damit, ein Flaneur, ein Dandy, ein Modeheld zu sein. Ich umgab mich mit den kleineren Naturen und den geringeren Geistern. Ich ward zum Verschwender meines eigenen Genies und fand absonderliches Wohlgefallen daran, eine ewige Jugend zu vergeuden. Müde, auf den Höhen zu wandeln, stieg ich aus freien Stücken in die Tiefen und fahndete dort nach neuen Reizen.
Was mir das Paradoxe in der Sphäre des Denkens war, wurde mir das Perverse im Bereich der Leidenschaft. Die Begierde war schließlich eine Krankheit oder ein Wahnsinn oder beides. Ich kümmerte mich nicht mehr um das Leben anderer. Ich vergnügte mich, wo es mir beliebte, und schritt weiter. Ich vergaß,

daß jede kleine Handlung des Alltags den Charakter prägt oder zerstört, und daß man deshalb das, was man im geheimen Zimmer getan hat, eines Tages mit lauter Stimme vom Dach herunterrufen muß.
Ich verlor die Herrschaft über mich. Ich war nicht mehr der Steuermann meiner Seele und wußte es nicht. Ich ließ mich vom Vergnügen knechten. Ich endete in greulicher Schande. Jetzt bleibt mir nur eins: völlige Demut.

Aus ›De Profundis‹.

Es waren ganz schmächtige Kinder, das kleinste – dem der Wärter die Kekse gegeben hatte – war ein dünnes kleines Kerlchen, für das sie offenbar keine Kleidung finden konnten, die klein genug gewesen wäre. Ich habe natürlich in den zwei Jahren, in denen ich selbst eingesperrt war, viele Kinder im Gefängnis gesehen. Im Gefängnis von Wandsworth speziell waren immer recht viele Kinder. Aber das kleine Kind, das ich am Montag, dem 17. in Reading sah, war schmächtiger als alle. Ich brauche nicht zu sagen, wie über die Maßen traurig ich war, diese Kinder in Reading zu sehen. Denn ich kannte die Behandlung, die sie erwartete. Mit welcher Grausamkeit man bei Tag und Nacht in englischen Gefängnissen mit Kindern umgeht, ist unvorstellbar, außer für die, die das selbst erlebt haben und die Brutalität des Systems durchschauen.
Die gegenwärtige Behandlung von Kindern ist schrecklich vor allem, weil die Menschen die besondere Psychologie der kindlichen Natur nicht verstehen. Ein Kind kann eine Bestrafung, die von einem Einzelwesen ausgeht, wie von einem der Eltern oder einem Erzieher, verstehen, und es fügt sich einigermaßen darein. Was es nicht verstehen kann, ist eine Bestrafung, die von der menschlichen Gesellschaft ausgeht. Es weiß nicht, was das ist. Mit erwachsenen Menschen ist es natürlich umgekehrt. Diejenigen von uns, die entweder im Gefängnis sind oder gewesen waren, können verstehen und verstehen auch, was diese kollektive Macht, Gesellschaft genannt, bedeutet.

Und was wir auch immer über ihre Methoden und Erfahrungen denken mögen, so können wir uns dazu bringen, sie gelten zu lassen. Auf der anderen Seite wäre eine Strafe, die uns ein Einzelwesen erteilen würde, etwas, was kein erwachsener Mensch hinnimmt, und es wird auch nicht von ihm erwartet. (. . .)
Dieses Entsetzen, das von dem Kind Besitz ergreift und es beherrscht, wie es auch erwachsene Menschen packt, ist natürlich unsagbar verstärkt durch das System der Einzelhaft in unseren Gefängnissen. Jedes Kind ist von 24 Stunden 23 in seiner Zelle eingesperrt. Das ist das Entsetzliche. Ein Kind 23 Stunden lang von 24 in einer schwach beleuchteten Zelle einzuschließen, ist ein Beispiel der Grausamkeit und Stupidität. Wenn ein Einzelwesen, Eltern oder Erzieher, das mit einem Kind täte, würde man diesen Menschen streng bestrafen. Der Verein zur Verhütung von Grausamkeiten gegen Kinder nähme sich der Sache sofort an. Überall würden die, die sich solcher Grausamkeit schuldig machten, scharf verurteilt. Zweifellos würde eine empfindliche Strafe folgen. Aber unsere eigene jetzige Gesellschaft macht es selbst viel schlimmer. Denn für das Kind ist es ja viel schlimmer, von einer fremden abstrakten Gewalt so behandelt zu werden, deren Forderungen es nicht kennt, als wenn es dieselbe Behandlung von seinem Vater oder von seiner Mutter erführe oder von jemand anderem, den es kennt. Unmenschliche Behandlung eines Kindes ist immer unmenschlich, wer sie ihm auch zufügt. Aber unmenschliche Behandlung von Seiten der menschlichen Gesellschaft als Körperschaft ist für das Kind am schlimmsten, weil es den Grund dafür nicht kennt. Eltern oder Erzieher kann man rühren, sie können ein Kind herauslassen aus dem dunklen einsamen Raum, in den es eingesperrt ist, aber ein Wärter kann das nicht. Die meisten Wärter mögen Kinder sehr gern. Aber das System hindert sie, dem Kind irgendwelche Hilfe angedeihen zu lassen. Wenn sie es täten, wie Wärter Martin es machte, verlören sie ihre Stellung.

Aus dem Brief vom 28. Mai 1897 an den ›Daily Chronicle‹ über Kinder als Häftlinge.

An Frank Harris Paris, Hôtel d'Alsace, Rue des Beaux-arts.
[Poststempel vom 13. 10. 1898]

Mein lieber Frank!
Wie geht es Dir? Ich habe Deine Würdigung des Rodinschen ›Balzac‹ mit größter Freude gelesen und rechne darauf, mehr über Shakespeare zu hören. Denn Du wirst doch selbstverständlich alle Deine Shakespeare-Aufsätze zu einem Buch zusammenstellen, und ebenso selbstverständlich muß ich ein Exemplar bekommen. Es ist eine große Epoche für die Shakespeare-Forschung. Zum erstenmal hat jemand in den Dramen nicht nach einer philosophischen Lehre gesucht – denn die ist dort nicht vorhanden –, sondern nach dem Wunder einer großen Persönlichkeit – die etwas viel Besseres und viel Geheimnisvolleres ist als jede philosophische Lehre. – Du hast damit etwas Großes geleistet. Ich entsinne mich, in meinen Aufsätzen ›Intentions‹ an einer Stelle die Bemerkung gemacht zu haben: je objektiver ein Kunstwerk in der Form ist, desto subjektiver ist sein wirklicher Inhalt; – und der Dichter kann nur die Wahrheit sprechen, wenn man ihm eine Maske gibt. Aber Du hast das erschöpfend an dem einen Künstler dargetan, dessen Persönlichkeit für ein tiefgründiges Rätsel, für ein ebenso unerforschliches Geheimnis gehalten worden ist wie das Geheimnis des Mondes.
Paris ist schrecklich bei dieser Hitze. Ich wandere durch Straßen aus glühendem Erz, und kein Mensch ist hier. Selbst die Leute aus den Verbrecherkreisen sind an die See gegangen, und die Gendarmen gähnen und bedauern ihre erzwungene Muße. Ihr einziger Trost besteht darin, den englischen Touristen falsche Auskünfte zu geben.
Es war äußerst gütig und großmütig von Dir, daß Du mir im vorigen Monat einen Scheck überwiesen hast – er gewährt mir gerade so viel Spielraum, daß ich davon und dadurch leben kann. Kann ich in diesem Monat wieder einen bekommen, oder ist Dir das Gold weggeschwommen?

Stets der Deinige
Oscar.

Oscar Wilde
Aus ›Der Sozialismus und die Seele des Menschen‹

(. . .) Unter den neuen Verhältnissen wird der Individualismus weit freier, weit vornehmer, weit kräftiger sein, als dies jetzt der Fall ist. Ich spreche nicht von dem großen, in der Phantasie zur Verwirklichung gelangten Individualismus der Dichter, die ich eben nannte, ich spreche von dem großen tatsächlichen Individualismus, der in der Menschheit im allgemeinen gebunden liegt und entfaltungsmöglich wäre. Denn die Anerkennung des Privateigentums hat den Individualismus wirklich geschädigt und dadurch getrübt, so daß man den Menschen mit seinem Besitz verwechselt. Sie hat den Individualismus völlig irregeleitet. Sie hat bewirkt, daß Gewinn, nicht Wachstum, sein Ziel geworden ist. So zwar, daß die Menschen meinten, das Wichtigste sei das Haben, und nicht wußten, daß es das Wichtigste ist, zu sein. *Die wahre Vollendung des Menschen liegt nicht in dem, was er besitzt, sondern in dem, was er ist.* Das Privateigentum hat den wahren Individualismus vernichtet und einen falschen aufgestellt. Es hat einen Teil der Gemeinschaft von dem Besitz der Individualität durch Aushungerung ausgeschlossen. Es hat den anderen Teil der Gemeinschaft von dem Besitz der Individualität dadurch ferngehalten, daß man ihn auf den unrichtigen Weg geleitet und überlastet hat. In der Tat, die Persönlichkeit des Menschen ist so vollkommen von seinen Besitztümern absorbiert worden, daß die englischen Gesetze Vergehen wider das Eigentum weit schärfer ahnden, als wider die Person; noch immer gewährt nur das Eigentum die vollen Bürgerrechte. Der Fleiß, der notwendig ist, um Geld zu machen, wirkt gleichfalls sehr demoralisierend. In einer Gesellschaft wie der unsrigen, in der das Eigentum unermeßliche Auszeichnung, gesellschaftliche Stellung, Ehre, Ansehen, Titel und andere angenehme Dinge dieser Art verschafft, setzt es sich der von Natur aus ehrgeizige Mensch zum Ziel, dieses Eigentum anzuhäufen, und er häuft müde und langweilig Schätze auf Schätze, wenn er schon längst mehr erworben hat, als er bedarf oder benutzen oder genießen oder vielleicht sogar übersehen kann. Der Mensch bringt sich durch Überarbeitung

um, nur um Eigentum zu gewinnen; und bedenkt man die ungeheuren Vorteile, die das Eigentum gewährt, so darf man sich in der Tat darüber kaum verwundern. Man muß nur bedauern, daß die Gesellschaft so eingerichtet ist, daß der Mensch in eine Bahn gedrängt wird, in der er das Wunderbare, Eigenartige, Köstliche seiner Natur nicht zu entfalten vermag, in der er in der Tat die wahre Freudigkeit des Lebens entbehrt. Auch ist seine Existenz unter den gegenwärtigen Verhältnissen sehr unsicher. Ein sehr reicher Kaufmann kann in jedem Augenblick seines Lebens – er ist es oft – gänzlich von Dingen abhängig sein, über die er keinerlei Gewalt hat. Weht der Sturm ein wenig stärker, schlägt das Wetter um, ereignet sich sonst irgend etwas Alltägliches, dann sinkt vielleicht sein Schiff, seine Spekulationen gehen fehl, er ist plötzlich ganz arm geworden, seine gesellschaftliche Stellung ist völlig dahin. Nur eines aber sollte imstande sein, uns zu schädigen, das eigene Ich. Nichts sollte imstande sein, uns zu berauben; denn wir besitzen in Wirklichkeit nichts als das, was wir in uns haben. Was außerhalb unseres Selbst liegt, sollte völlig belanglos erscheinen.
Die Vernichtung des Privateigentums wird den wahren, den herrlichen, den gesunden Individualismus zur Folge haben. Niemand wird sein Leben mit der Anhäufung von Dingen und deren Symbolen vergeuden. Man wird leben. Wirklich zu leben – das ist das Allerseltenste auf dieser Welt. Die meisten Menschen existieren nur und sonst nichts. (...)
Nur eine Klasse unter uns beschäftigt sich noch mehr mit dem Geld als die Reichen, nämlich die Armen. Diese können eben an nichts anderes denken. Darin liegt gerade ihr Elend. (...)
Da nun die Aufgabe des Staates nicht im Regieren besteht, könnte gefragt werden, worin denn die Aufgabe des Staates liege? Der Staat soll eine freie, die Arbeit organisierende Vereinigung, Erzeuger und Verteiler des Notwendigen sein. *Sache des Staates ist es, das Nützliche zu schaffen; Sache des Individuums ist es, das Schöne hervorzubringen.* Und da ich einmal das Wort ›Arbeit‹ ausgesprochen habe, kann ich die Bemerkung nicht unterdrücken, daß heutzutage sehr viel sehr Törichtes über die Würde der Handarbeit geschrieben und gesagt wird. Die Handarbeit ist keineswegs notwendigerweise etwas, das

Würde verleiht, zumeist ist sie etwas völlig Erniedrigendes. Irgend etwas zu tun, das in einem nicht das Gefühl der Freude wachruft, ist geistig und sittlich demütigend zugleich, die meisten Arten der Arbeit sind aber völlig freudeleere Tätigkeiten und sollten als solche betrachtet werden. Eine schmutzige Straßenkreuzung während acht Stunden des Tages bei scharfem Ostwind reinzukehren ist eine widerliche Beschäftigung. Sie mit geistiger, sittlicher oder auch körperlicher Würde auszuüben, das scheint mir unmöglich. Die Straße mit Freude zu kehren, das wäre geradezu schrecklich. Der Mensch ist für Besseres auf der Welt, als für das Wegfegen des Schmutzes. Jede derartige Arbeit sollte durch Maschinen geleistet werden. Ich zweifle auch nicht, daß dies einmal der Fall sein wird. Bisher ist der Mensch bis zu einem gewissen Grad der Sklave der Maschine gewesen, und es liegt etwas Tragisches in der Tatsache, daß er dem Hunger verfiel, sobald er eine Maschine für das Verrichten einer Arbeit erfand. Diese Tatsache ist jedoch nur das Ergebnis unseres Systems des Privateigentums und des freien wirtschaftlichen Wettbewerbs. Irgendeiner ist Eigentümer einer Maschine, welche die Arbeit von fünfhundert Menschen leistet. Fünfhundert Menschen sind dadurch arbeitslos geworden, sie fallen dem Hunger und dem Diebstahl anheim. Was die Maschine produziert, nimmt der eine für sich in Anspruch, behält es und besitzt solcherart fünfhundertmal mehr, als er besitzen sollte und als er vermutlich, dies ist von noch größerer Bedeutung, wirklich begehrt. Wäre die Maschine das Eigentum aller, so wäre der durch die Maschine geschaffene Nutzen ein allgemeiner. Dies wäre für die Gemeinschaft von unabsehbarem Vorteil. Alle mechanische Arbeit, alle einförmige, stumpfsinnige Arbeit, jede wirkliche Arbeit, die unter unerfreulichen Verhältnissen verrichtet wird, muß durch die Maschine geleistet werden. Die Maschine soll für uns in den Kohlebergwerken arbeiten und alle sanitären Verrichtungen leisten, sie soll unsere Dampfer heizen, sie soll an regnerischen Tagen Botendienste tun und alles Häßliche, Widrige vollführen. *Gegenwärtig konkurriert die Maschine mit dem Menschen. Unter richtigen Verhältnissen wird sie dem Menschen dienen.* Dies ist ohne Zweifel die Zukunft der Maschine, und wie die

Bäume wachsen, während der Landwirt schläft, so wird die Menschheit sich vergnügen oder sich einer gebildeten Muße erfreuen – Muße, nicht Arbeit, ist das Ziel des Menschen – oder wundervolle Schöpfungen genießen oder einfach die Welt mit Bewunderung und Entzücken betrachten, während die Maschine die notwendige, freudelose Arbeit besorgt. Es ist eine Tatsache, daß die Zivilisation der Sklaven bedarf. Mit dieser Anschauung hatten die Griechen ganz recht. Solange nicht Sklaven die häßlichen, schrecklichen, stumpfsinnigen Arbeiten verrichten, sind Kultur und Beschaulichkeit so ziemlich unmöglich. Aber die Versklavung der Menschheit ist unrecht, unsicher und entsittlichend. Von dem mechanischen Sklaventum, von dem Sklaventum der Maschine, hängt die Zukunft der Welt ab. Wenn Männer der Wissenschaft nicht länger genötigt sein werden, in die traurigen Quartiere des Ostendes von London hinabzusteigen und schlechten Kakao und noch schlechtere Wolldecken unter die hungernde Bevölkerung zu verteilen, werden diese Männer die frohe Muße finden, herrliche Dinge zu ihrer eigenen Freude und zur Freude der ganzen Welt zu ersinnen. Für jede Stadt, wenn es nötig sein sollte, für jedes Haus, wird man mächtige Kraftreservoirs errichten, diese Kraft wird man in Wärme, Licht oder Bewegung, je nach den Lebensnotwendigkeiten, umwandeln. Ist dies utopisch gedacht? Eine Weltkarte, die das Land Utopia nicht enthielte, verdient diesen Namen nicht, denn ihr fehlt das einzige Land, in dem die Menschheit immer landet. Und wenn sie dort landet, dann späht sie wieder aus, und sobald sie ein reicheres Land vor sich sieht, segelt sie weiter. Der Fortschritt ist nur die Verwirklichung von Utopien. (. . .)
Ein praktischer Plan ist ein solcher, der entweder bereits besteht, oder der unter den gegenwärtigen Verhältnissen ausgeführt werden könnte. Aber gerade die gegenwärtigen Verhältnisse sind es, die man bekämpft; und jeder Plan, der sich den gegenwärtigen Verhältnissen anpaßt, ist falsch und töricht. Diese Verhältnisse werden abgeschafft werden, und das Wesen des Menschen wird sich verändern. Man weiß über die Natur des Menschen nur das eine mit Sicherheit, daß sie sich verändert. Veränderlichkeit ist die einzige Eigenschaft, die wir von ihr zu

behaupten vermögen. Irreführend sind die Systeme, die auf der Beständigkeit der menschlichen Natur sich aufbauen, nicht auf ihrem Wachstum und ihrer Entwicklung. Der Irrtum Ludwig XIV. bestand darin, daß er meinte, die menschliche Natur bleibe stets die gleiche. Das Ergebnis dieses Irrtums war die Französische Revolution. Es war ein wundervolles Ergebnis. Alle Ergebnisse aus Irrtümern der Regierungen sind ganz wundervoll.

Oscar Wilde
Aphorismen

Schlechtigkeit ist eine von guten Menschen erfundene Fabel, die die merkwürdige Anziehungskraft der anderen erklären soll.

Wären die Armen nur nicht so häßlich, dann wäre das Problem der Armut leicht gelöst.

Eine wirklich tadellose Knopflochblume ist das einzige, was Kunst und Natur verbindet.

Bei allen unwichtigen Fragen ist der Stil, nicht die Ehrlichkeit, das Wesentliche. Bei allen wichtigen Fragen ist der Stil, nicht die Ehrlichkeit, das Wesentliche.

Nur wer seine Rechnungen nicht bezahlt, darf hoffen, im Gedächtnis der Kaufleute weiter zu leben.

Nur die Seichten kennen sich gründlich.

Alle guten Vorsätze haben etwas Verhängnisvolles. Sie werden beständig zu früh gefaßt.

Im Examen stellen Toren Fragen, auf die Weise nicht antworten können.

Ehrgeiz ist die letzte Zuflucht des Mißerfolges.

Greise glauben alles; Männer bezweifeln alles; Junge wissen alles.

Nur den Meistern des Stils gelingt es, dunkel zu sein.

Es ist abgeschmackt, ein hochnotpeinliches Richtmaß anzulegen, was man lesen sollte und was nicht. Mehr als die Hälfte der modernen Kultur hängt von dem ab, was man nicht lesen sollte.

Sittlichkeit ist lediglich die Haltung, die man gegenüber unsympathischen Menschen einnimmt.

Selbstaufopferung sollte polizeilich verboten sein. Sie wirkt so demoralisierend auf die Menschen, für die man sich aufopfert.

Aus ›Sätze und Lehren zum Gebrauch für die Jugend‹.

Die Übersetzung der Texte von André Gide und Frank Harris besorgte Eva Walch.

Quellen: Otto Flake: Werke. Frankfurt am Main 1976. André Gide: Oscar Wilde. In Memoriam (Souvenirs). Le ›De Profundis‹. Paris 1938. Frank Harris: Oscar Wilde. Eine Lebensbeichte. Berlin 1923. Frank Harris: Oscar Wilde. Michigan State University 1959. Laurence Housman: Gespräche mit Oscar Wilde. Ein Zusammentreffen in Paris. Berlin 1925. M. Montgomery Hyde: Oscar Wilde. Häftling C. 3.3. Heidelberg 1964. Klaus Mann: Der Wendepunkt. Ein Lebensbericht. Berlin 1979. Robert Harborough Sherard: Oscar Wilde. Die Geschichte einer unglücklichen Freundschaft. Minden 1903.

12 *Memnon:* in der griechischen Sage Sohn von Eos, der Göttin der Morgenröte, und des trojanischen Königssohnes Tithonos; fiel im Kampf um Troja gegen Achill. Hier Anspielung auf die beiden sogenannten Memnonkolosse bei Theben.

13 *Tempel von Baalbek:* antike Tempelruinen in der in Syrien gelegenen Stadt Baalbek.

31 *Werwolf:* in der Sagenwelt verschiedener Völker ein Mensch, der für eine bestimmte Zeit Wolfsgestalt annimmt und Menschen und Tiere anfällt.

59 *bengalisches Feuer:* nach der vorderindischen Landschaft Bengalen benanntes Pulvergemisch sowie dessen farbiges Abbrennen; Feuerwerkskörper dieser Art.

60 *Inferiorität:* Minderwertigkeit, Unterlegenheit.

72 *›La Joyeuse‹:* frz., die Heitere.

73 *Antinoos:* der aus der kleinasiatischen Landschaft Bithynien stammende Lieblingsknabe des römischen Kaisers Hadrian (76–138).

Endymionbildnis: Bildnis des schönen jungen Geliebten der griechischen Mondgöttin Selene.

75 *kanneliert:* mit Kanneluren, senkrechten Rillen, versehen.

Kassettendecke: eine aus kastenförmig vertieften Feldern bestehende Decke.

Narziß: in der griechischen Sage der schöne Jüngling Narkissos (lat. Narcissus), der sich in sein Spiegelbild verliebte, danach verzehrte und schließlich in die nach ihm benannte Blume verwandelt wurde.

77 *lateinisches Segel:* dreieckiges Segel, auch Lateinsegel genannt, dessen Rahe länger als der Mast ist, mit ihrer Mitte an ihm befestigt wird und schräg nach oben steht.

78 *Ormuzd:* Ormazd, ›weiser Herr‹, neupersische Namensform des Hauptgottes Ahura Mazda, des Gottes des Guten, der Wahrheit und der Reinheit, in der Lehre des Zarathustra.

80 *Isis und Osiris:* ägyptische Gottheiten; Isis ist ursprüng-

lich die Gottesmutter, zugleich die Schwester und Gemahlin des Osiris, des Totengottes.

84 *Mauren:* Bezeichnung für die Bewohner der vom Atlasgebirge durchzogenen Länder Nordafrikas sowie für die aus Spanien vertriebenen Mohammedaner.

85 *Phiole:* bauchige Glasflasche mit langem engem Hals.

Monstranz: in der katholischen Kirche kostbares, reich verziertes Behältnis, das ursprünglich eine Reliquie, ein verehrungswürdiges Andenken, barg, später die geweihte Hostie, ein Stück Abendmahlsbrot, enthielt.

90 *Aureole:* Heiligenschein.

Grandezza: span., würdevolles Benehmen.

91 *Mi reina!:* span., meine Königin!

päpstlicher Nuntius: päpstlicher Botschafter.

Eskorial: San Lorenzo del Escorial, prächtiges Schloß und Augustinerkloster, Sommer- und Herbstresidenz der spanischen Könige.

Autodafé: port., Glaubensgericht, Ketzerverbrennung; wörtlich: Glaubensakt.

92 *Titularprior:* ein ehrenhalber zum Klostervorsteher Ernannter.

kalvinistische Fanatiker: Anhänger der Lehre des Johann Calvin (1509–1564, Mitbegründer der evangelisch-reformierten Kirche) in den Niederlanden, die sich im 16. Jh. gegen die spanische Krone erhoben und die Unabhängigkeit erstritten.

vrai sourire de France: frz., wahrhaft französisches Lächeln.

93 *Toreador:* span., berittener Stierkämpfer.

Hidalgo: span., Angehöriger des niederen Adels.

Grande: span., Angehöriger des Hochadels.

Camarera Mayor: span., Oberhofmeisterin.

94 *Schabracken:* Satteldecken.

›Bravo toro! . . .‹: span., Bravo, Stier!

Coup de grâce: frz., Gnadenstoß.

95 *Nuestra Señora del Pilar:* span., Unsere Liebe Frau von Pilar.

Hostie: s. Anm. zu S. 85.

98 *Kastraten:* durch Kastration im Kindesalter ihre Knabenstimme behaltende italienische Sänger früherer Jahrhunderte.

100 *Steintritonen:* Steinplastiken des niederen Meergottes Triton der griechischen Sage.

101 *comme il faut:* frz., wie es sich gehört.

103 *Männer in seltsamen gelben Röcken:* von der Inquisition Verurteilte auf ihrem letzten Weg.

104 *Hifthorn:* Jagdhorn.

Portefeuille: frz., Brieftasche, Aktenmappe; zugleich Geschäftsbereich eines Ministers.

Hindin: veraltet und poetisch für Hirschkuh.

105 *korduanisches Leder:* Ziegenleder, nach der spanischen Stadt Córdoba.

Taburett: niedriger Hocker.

109 *Mi bella princesa:* span., meine schöne Prinzessin.

115 *Stückpforten:* Ladeluken.

Nautilus: eine Muschelart (Perlboot), Kopffüßer.

116 *Novize:* Mönch während der Probezeit vor der Aufnahme in den Orden.

127 *Opuntie:* Feigenkaktus.

128 *Oxus:* antiker Name des in den Aralsee mündenden Amu-Darja.

130 *Mitra:* mützenartige Kopfbedeckung orientalischer Herrscher.

131 *Myrrhe:* aromatisch duftendes Harz.

132 *Kothurn:* hochsohlige Fußbekleidung der Schauspieler im antiken Theater.

133 *Derwisch:* Angehöriger eines islamischen Bettelordens.

134 *Galbanum:* eine als Droge verwendete Harzart.

Narde: Sammelbezeichnung für verschiedene wohlriechende Baldriangewächse.

138 *Schildpattschalen:* Schildkrötenpanzer.

145 *Samaris:* Samaria,ursprünglich die Hauptstadt des alten Reiches Israel, in der gleichnamigen Landschaft Palästinas gelegen, heute zu Jordanien gehörend (Sebastije).

Henna: rotgelber, aus dem Hennastrauch gewonnener Schmink- und Farbstoff.

150 *Tabernakel:* Altarschrein in der katholischen Kirche zur Aufbewahrung der geweihten Hostie, der Monstranz.

151 *Diakone:* niedere katholische Geistliche.

Alba: weißes Leinengewand, das der katholische Priester, besonders bei der Messe, über dem schwarzen Talar trägt.

173 *hylo-idealistisch: hylo-* bezieht sich auf die Lehre des Hylismus, die den Stoff, die Materie, für belebt hält und als Grundlage der Wirklichkeit betrachtet.

Gardenien: Gattung tropischer Sträucher mit duftenden Blüten.

Break: engl., hoher offener Wagen mit zwei Längssitzen.

178 *Tudorhalle:* Halle im englischen spätgotischen, nach dem Herrscherhaus der Tudors benannten Baustil.

185 *Anblick eines ›Geistes . . .‹:* Anspielung auf die Ballade ›The Skeleton in Armour‹ (Das Geripp im Harnisch) des amerikanischen Dichters Longfellow.

189 *pittoresk:* malerisch, hier: blumig.

190 *Astralleiber:* Astralleib oder Metaorganismus, im Okkultismus angeblich wahrgenommener Körper.

191 *Gretna Green:* schottisches Dorf an der Grenze zu England, berühmt durch die vom ›Schmied von G. G.‹, einem Tabakhändler und Friedensrichter, vollzogenen Trauungen.

194 *Lacrosse:* hockeyähnliches Spiel, kanadisches Nationalspiel.

Euchre: ein dem Whist ähnliches amerikanisches Kartenspiel.

Inhalt

Der glückliche Prinz 5
Die Nachtigall und die Rose 19
Der eigensüchtige Riese 29
Der opferwillige Freund 37
Die ungewöhnliche Rakete 53
Der junge König 69
Der Geburtstag der Infantin 87
Der Fischer und seine Seele 111
Das Sternenkind 153

Das Gespenst von Canterville 173

Auskünfte

Biographische Übersicht 213
Günter Walch, Die zwei Gesichter Oscar Wildes 216
Stimmen zu Oscar Wilde 236
Selbstzeugnisse 242
Oscar Wilde, Aus ›Der Sozialismus und die Seele des Menschen‹ 246
Oscar Wilde, Aphorismen 250
Anmerkungen 252